bibliophile

书 之 爱

Bibliographical Analysis:

A Historical Introduction

分析书志学纲要

[美] G. 托马斯·坦瑟勒 著 苏杰 译

ZHEJIANG UNIVERSITY PRESS
浙江大学出版社

RECUEIL

DE PLANCHES,

SUR

LES SCIENCES,

LES ARTS LIBÉRAUX,

ET

LES ARTS MÉCHANIQUES,

AVEC LEUR EXPLICATION.

SIXIEME LIVRAISON, ou SEPTIEME VOLUME, 259 *Planches.*

A PARIS,

Chez { BRIASSON, *rue Saint Jacques, à la Science.*
{ LE BRETON, *premier Imprimeur ordinaire du Roy, rue de la Harpe.*

M. DCC. LXIX.

AVEC APPROBATION ET PRIVILEGE DU ROY.

狄德罗与达朗贝尔主编的《百科全书》(Paris: André Le Breton et al, 1751—1772)

Papetterie, Vue des Batiments de la Manufacture

《百科全书》中用详细的插图和对造纸工艺的描述来讨论书籍的生产。
Louis-Jacques Goussier 插图，Robert Bénard 版刻

Pl. I

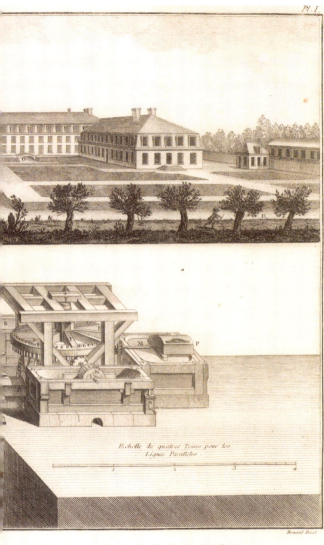

Échelle de quatres Toises pour les
Lignes Parallèles.

1   2   3   4

Benard Fecit

...ntargis. Vue du Rouage d'un des Moulins de cette Manufacture.

Pl. I.

IMPRIMERIE EN CARACTÈRES.

GLOIRE à DIEU.
Honneur au ROI.
Salut aux ARMES.

Epreuve des caractères représentée en bas de la Planche ci-jointe, par laquelle on voit que ce sont des tailles en relief, s'imprimant en blanc dans un plein; que ces tailles ci sont, Page 1. Dans la planche on les imprime par l'enfoncement du sillon, & que c'est le grain de papier qui représente l'encre, pour le rendre en noir.

Imprimerie en Lettres, Dépendance de la Casse.

《百科全书》中关于铅字排版的插图

德国巴伐利亚州立图书馆所藏《克扫利肯大词典》的一页（T 字头和 U 字头），可能是古登堡所印，1460 年

bominū et pprie xxx. scilij ala Sed ala continet
xxx milites. turma xxx pedites. vnde tumatim
aduerbium. sicut a turba turbatim
Turmella se diminutiuum. parua turma
Turmula se dimi. parua turma. et corripit mu.
Tugonis ciuitas est. et cor ponit sic tigonis ms.
Turpeo pes in turpis est.
Turpiloquus. A turpe et loquor componit tur
piloquus qua quū penul cor. i. turpia loquens.
vnde hoc turpiloquium quij. turpis locuno
Turpilucu. turpis componit cū lucu. et di turpi
lucius cra ciū. i. turpiter lucru faciens. vnde ß tur
pilucu cri. turpi acqsitio lucri. et cor tu naturalit
Turpio. a turpeo pes dicitur ß et ß turpis et ß
pe. mformeū. q turpeat. et compar. A ōo turpi
addita tudo ß turpitudo dinis. Jrem a turpis tur
po pas. inqnare. turpem facere. vnde turpeo pes
pui. i. esse ut fieri turpem. Et hinc turpesco ōs in
choatiuū. Turpo componitur deturpo pas. Et est
turpo actiuum cum suis compositiō
Turricula cule diminutiuum parua turris
Turris. a turreo ōz ß turris huius turris. dicunt
turres quasi terretes. qz longe sint et recte. et pcul
rotūde vident. licet qꝰq sint quadrate ut late. ut
dicitur a tueor. qz ßbent defensionem. Et definit
act iīs singularꝰ in em et in Jm. turrem ut turrim
et ablatiōe in. e. et in. J. turre ut turri. et oīus plu
ralis in iū turriū. et actiue pluralis in es et in is.
turres ut turris. vñ turritus ta tū. turribus plenus
ad modū turris dispositus. Et ponit ponī
scias qz turris gregis dicebat sm Jero. locus ubi
iacob gges suos pauit nōn loco iñ relinquens
Turris ōo custodum dicebatur ubi custodes pos
ti erant ad custodiam prouinciarum
Turritas ta tum. in turris est.
Turtur nūis a sono nomen babet. genus auis
est. vnð turturinus na nū ponit pouera. et declina
tur ß turtur nō pmiscuū genus ponit genitū oñ.
Et sub vno genere et vno articulo comprehendit a
nimalia utriusq sexus. potest ergo dici alba aqui
la. et unus turtur tam p patre qz p femina. nec
sit restrictio ad masculinū cū diciē unus ut solus
turtur. sicut consueuit fieri in cōmuni genere cū
diciē albus ciuis. tamen qꝰq nomina pmiscua
recipiūt adiectiua contra naturaliā sui articuli cau
sa discernendi sexū. vnde inueniunt anser erat cu
ibam pdofo gemine fera. Similiter est dictum ð
turture sola uolabit sola sedebit. cumq nobiliores
autores bijs abusionibus nō utilitur. De hoc dixi
in tracta pte in tratati ð genere nominū ubi egi
ð epicenio genē. Et ß turtur auis pudica. vnde
dicit beatus in lxx sermone canticor. Turtur compa
re uno contenta est. quo amisso alteri iam nō ad
mittit numerositatem in bominibꝰ nupciar. robur
quens. Itam et si forsitan culpa ꝓpter incontinen
ciam uenialis est. ipsa tamen nauis incontinencia
turpis est. pucet ad negociū honestatis racionem
non posse in homine qz natura deuitat in uoluc
cernē. cū turturem tempe sue uiduitatis sanctae ui
duitatis opus strenuae atque insaciabiliter exe
quentes uideat ubiq singularem ubiq gementes
audiat. nec umqz in uirido ramo residentem. pspic
es. ut tu ab eo discas uoluptatū uitanda uirulen
ta uitare. Adde qz in iuge mordus et in summi
tate arbor frequendos illi comisceo est. ut qō ut
maxime apositū pudicicie docet. qz eat ños raro

na despicere et amare celestia ex quibus colligit
qz uox sit turturis ꝓdicatio castitatis. Neqz enim
a principio uox ista in terrio audita est. ß magis
illa Crescite et multiplicamini. et replete terram
Turturi. dicunt pastores qui fistulis canunt
tus turis. uide in tbus aspiratim
Tuscia a tus turis ōz ß tuscia de. quedam par
ptialie. A frequencia turis et sacrou orū. Eadem et
tirena a tironu fratre diodi vñ tuscus ca cū gentile
Tussicula se dimi parua tussis uide in sudia
Tussis A tundo dis ōz ß tussis his qz tundit pec
tus. Vel ōz sic a ron.i. ab altitudine. qz a ꝓfundo
pectoris ueniat Et definit ablatiuus in i ut tussi.
et actiis in im tantū Et sunt quamq nomina lati
na que faciunt in im tantū accū vñ iñ isus Jm tū
fiount hec quartum nomina casum Vim burim
tussim magudrim q sitim A tussis ōz tussio sis
sini siue situm vnde hic tussitus tus q tussieo tus
Tussitus tus. Jn tussio ōz. ẝ fie penī ꝓducta
Tutimen a tueor tarie ß tutamen inia.i. tutum
Tutela A tueor eris tutue. ꝓ ßt. pō pnī nō
sum ß tutela le. desension. et est tutela in bbeu. ca
put absciuus qui aputo etatꝰ nec se nec sua defen
dere ß tutela dabatur libero. patronus cū ñ
tutelo tus.i. defende Vñ ß tutelao et ß tutelaiū
et ß tutelatus tus et ß tutelator defensor et pō re
Tutelarius A tutela ōz tutelarius ria rium re
Tutor tus Jn tutor uide ẝ Tutorius. ꝓtectorius
Tutor taris frequenter defendo fruare. ubi ß fre
ōz a tueor eris tutū tutu. addita ti ꝓ ß modinō Et
componit contutor taris. tamen antiqui dicebant
contuto tus. Vnde in v. c. baruch Sacerdotes seria
bossia tutant Et producit in
Tutudi preteritū ð tundo dis Jn tundo dis uide
Tutus A tueor ferunt connig ōñoit ōñoit tutus ta
tum vnde dicennum est tutus cetutus intuitus ob
tutus. Sed tuitus desendeir a tuor eris. tercie con
ingacionis. Vide in tutus et securius

Vacca et a uacillo ōz ß uac
ca et a bos. quasi uacilla
et debilis respectu tauri. ut
uacca a bos quasi boacca
sicut a leo leona et a dia
co deacena. vñ uaccinus
na num Et hic uaccarius
a uaccaria. castos uac
cau Et ß uacca. quedam
quitas hispanie Ab abil
danda uaccaū ita dicta Vacca etiam quedam ciui
tas in numidia vnde uaccensis cea ceum Et ß et ß
uaccensis et hoc ß Et geminate et uacca
Vacillo se. pua uacca Et est diminutiuum
Vacillo A uaco tas ōz uacillo illas. titubare. in
stabilem esse. tremulare. labare. trepidare. vñ ua
cillans ꝓpiūs. et pōuicit ua. Vnde ouiō. maior
Spes mea uacillat subtili pendula filo. ut dicit ma
Vaco cas caui care caū. i. esse ut Tqsisse bene
fieri uacaū. Et licet uideatur ab aliis significatiō
nes transferri ñ oñs uolebit illam. ōz eni uaco
lectiōi.i. insisto lectiōi et opam do et uaco a lec
tiōe.i. cesso uel uesico a lectione. uaco nūnis.i.
caro. Sed omnes iste significatiōes redolent pri
m.m. Cum enim dico uaco lectiōi idem est ac si
diceretur. uaco ab alijs rebus. ut insisto lectiōi.
vnde uacat impsonale.i. esse uacuū ut liciti esse.
ut optimū. vnde uacat michi legere quasi oportu

Robert Hayman 的 *Quodlibets*（1628 年，伦敦 Elizabeth All-de 印刷），背光可见纵向的蔑条纹和横向的编织纹，内边中心有部分水印，据此推断应为四开本

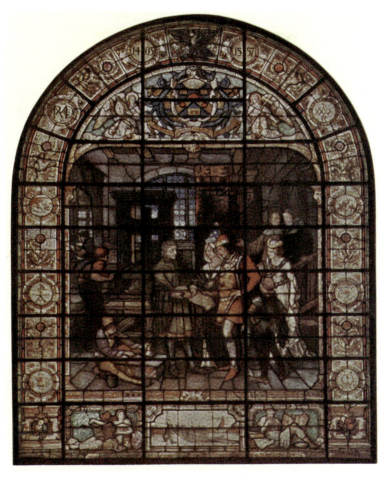

英国出版同业公会（成立于 1403 年，1557 年获得皇家特许状）大厦彩色玻璃窗画，内容是印刷商卡克斯顿向英格兰国王爱德华四世展示他的印本样品

L'Art Typographique.

傅尼叶（Pierre-Simon Fournie）《印刷手册》，
巴黎：Barbou, 1764—'1766'（=1768），两卷

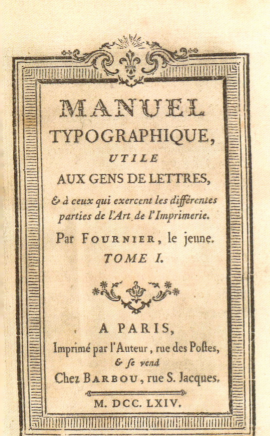

MANUEL TYPOGRAPHIQUE,

UTILE

AUX GENS DE LETTRES,

*& à ceux qui exercent les différentes
parties de l'Art de l'Imprimerie.*

Par FOURNIER, le jeune.

TOME I.

A PARIS,

Imprimé par l'Auteur, rue des Postes,
& se vend
Chez BARBOU, rue S. Jacques.

M. DCC. LXIV.

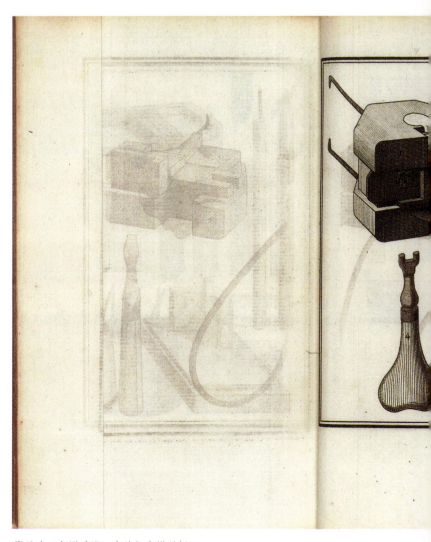

傅尼叶《印刷手册》中的铅字模具插图

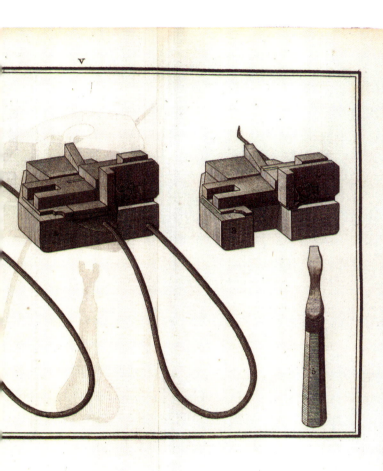

波多尼《印刷手册》（两卷），帕尔马，1818 年

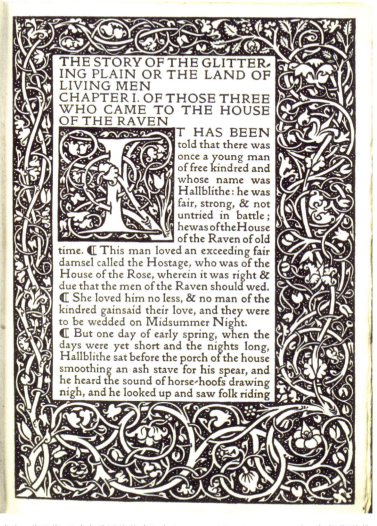

THE STORY OF THE GLITTER-
ING PLAIN OR THE LAND OF
LIVING MEN
CHAPTER I. OF THOSE THREE
WHO CAME TO THE HOUSE
OF THE RAVEN

IT HAS BEEN told that there was once a young man of free kindred and whose name was Hallblithe: he was fair, strong, & not untried in battle; he was of the House of the Raven of old time. ❦ This man loved an exceeding fair damsel called the Hostage, who was of the House of the Rose, wherein it was right & due that the men of the Raven should wed. ❦ She loved him no less, & no man of the kindred gainsaid their love, and they were to be wedded on Midsummer Night. ❦ But one day of early spring, when the days were yet short and the nights long, Hallblithe sat before the porch of the house smoothing an ash stave for his spear, and he heard the sound of horse-hoofs drawing nigh, and he looked up and saw folk riding

威廉·莫里斯《呼啸平原的故事》（*The Story of the Glittering Plain*），凯姆斯科特出版社，1891 年

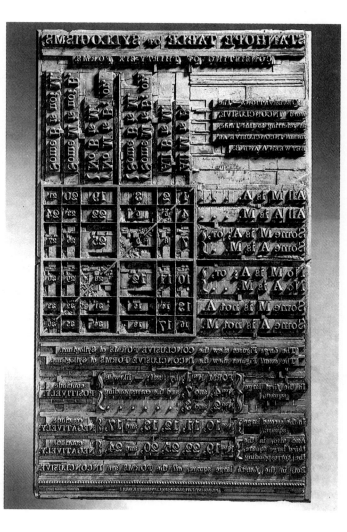

为斯坦霍普爵士（Lord Stanhope）准备的铅字印版。该印版是从版框拆卸下来的，留下铅字和其他排版部件。此外，印版中表格部分行距的调整，也清晰可辨

献给保罗·尼达姆

目录

译者序

说起西方的"分析书志学",多数读者大概不知端的。约略说来,"书志分析"与中国所谓"版本鉴定"差可比拟,不妨姑且归之于"西方版本学"。

版本学曾被看成是传统国学中"一门古老而玄妙的绝学"(黄宾《评〈版本学〉》,《北京大学学报》1994 年第 5 期)。《中国大百科全书》对"版本学"的解释是:"研究书籍各种不同版本在制作过程中所形成的特征和在流传过程中所形成的记录,辨识其差异,鉴别其真伪优劣的科学。"

"德不孤,必有邻"。对号称"绝学"的中国版本学感兴趣的读者,无疑也希望一窥西方版本学之究竟。然而在中学西学融会贯通的汹涌浪潮中,译介西方版本学的文献资料却寥寥罕觏。借着翻译 G.T. 坦瑟勒《分析书志学纲要》(*Bibliographical Analysis: A Historical Introduction*)一书的机会,我们对西方版本学领域进行了一番爬梳;今撮述其大略,并与中国版本学勘同辨异,以为导读。

一

　　《中国大百科全书》"版本学"所注英文为"science of edition"，是似通非通的中式英文（"science of edition"又被当作"编辑学"的英文译名，也不恰当）。凭藉大百科全书的权威影响，"science of edition"这个山寨术语充斥于众多版本学论文的英文摘要。

　　关于版本学的各种综述、概览、回顾，鲜有提及西方版本学者。见闻所及，也几乎没有专门介绍西方版本学的文章。偶尔有论文提到西方版本学，也往往张冠李戴。比如"从西方版本学看《红楼梦》的诠释问题"（《明清小说研究》1999 年第 3 期）一文，文中所谓"版本学"对应的英文却是"textual criticism"，实际上是校勘学。"关于版本学若干问题的探讨"（《郑州大学学报》1997 年 5 期）一文，倒是反复引用了一篇专门介绍西方版本学的文章——1985 年《信使》上所刊安娜-玛丽亚·比安基的"新兴的版本学"，但是，这篇中译文章的篇幅只有区区五百字，而且，其英文版"The new science of bibliology"中与"版本学"相对应的是 bibliology——据该短文介绍，bibliology 是bibliography 的扩充，研究范围包括图书的出版、发行和阅读的各个方面——其实相当于所谓"图书学"。不过，根据《大英百科全书》"bibliography and bibliology"条，两个词语表示的是同一个概念，现在 bibliology 已基本不用。

"Bibliography"或"bibliology"无疑比"science of edition"正宗。然而"bibliography"并不等于"版本学"。其实在汉语中找不到与"bibliography"语义完全相当的词语。最早有人音译为"遍列格来夫"，现在一般译为"目录学"，也有译为"书志学"者。"书志学"这一术语主要是日本人在用，并没有进入汉语学界的主流。现在百度百科上搜不到"书志学"，也搜不到"书志"。

我们倾向于译为"书志学"。从词源上来讲，"bibliography"由两个词根构成，第一个是 biblio，意思是"书"。日常语言中，"书"有以下两种用法：

（1）我写了一本书，正在联系出版社。

（2）我买了一本书，品相有点差。

这两个"书"字，所指其实有不同。前者是文本的内容，主要指抽象的语言结构（对这抽象语言结构的考据称为"文本学"[textual scholarship] 或者"校勘学"[textual criticism]），后者是文本的载体，主要指具体的物质实体。"书志学"中的"书"，用的是后一种意思，即作为具体物质实体的书。

从构词上看，"书志"（bibliography）与"地志"（chorography）似可类比。"地志学"是按照位置、面积、地形、气候、水文、土壤、植物、居民、物产、交通、聚落、文化、政治等地理要素描写区域地理特征，而"书志学"则是按照图书的开本、字体、纸张、印刷、设计等材质形体要素考量、描述具体图书。正如格雷格所说，书志学是将图书作为物质对象、作为承载并传达文学作品的物质载体加以研究的。

如前文所说，西方的"书志学"并不完全等于中国的"版本学"，在翻译的时候，做不到"词义的铢两悉称"（match the meanings of words across the systems），只能进行"系统的整体比对"（align the systems as wholes）。

"书志学"（bibliography）分为彼此紧密相关的四个方向：列举书志学（enumerative bibliography）、描写书志学（descriptive bibliography）、分析书志学（analytical bibliography）和文本书志学（textual bibliography）。

所谓"列举书志学"（enumerative bibliography），倒过来是"书目列举"（bibliographical enumeration），就是按照一套统一的原则（诸如图书创制者、书名、时期、主题或者其他要素）列举图书。列举书志的一个条目，提供一个文本资料的核心要素，包括书名、作者、出版日期、出版地点，等等。列举书志学具有系统性、参考性，可以囊括无遗，也可以有所选择，最终形成某一主题的出版物的综览，其宗旨相当于我们所说的"辨章学术，考镜源流"。举例来说，学位论文后所附的"参考文献"就是一个专题列举书志，因而是评审论文时的一个重要关注点。可以说，列举书志就是文献目录。"bibliography"今多译为"目录学"，原因就在于此。

所谓"描写书志学"（descriptive bibliography），倒过来是"书志描写"（bibliographical description），就是将图书作为物质实体加以系统描写。在进行书志描写时有约定俗成的体例和程式。书名页、插图、字体、装订、纸张，以及其他所有与识别图书有关的物质要素都要遵从规定的程式。

所谓"分析书志学"（analytical bibliography），倒过来是"书志分析"（bibliographical analysis），就是调查图书的印刷过程和图书的所有物质要素，在所得出的相关证据的基础上重建图书形成和传播的历史。这是书志描写的预备阶段，为书志描写提供所需要的术语、原理、分析的技术，以及描写的基础。

所谓"文本书志学"（textual bibliography），主要追溯各版本异文究竟来自于作者、编辑、排字工、印刷工，又抑或其他什么人，藉以对文本异文进行甄别，其宗旨是"确立最正确的文本形式"。这其实应当归于"文本校勘学"（textual criticism）。

韩国将书志学分为"系统书志学"、"形态书志学"与"原文书志学"三个分支（李惠国《当代韩国人文社会科学》，商务印书馆，1999年）。其所谓"系统书志学"相当于前面所说的"列举书志学"，也就我们所说的"目录学"。其所谓"原文书志学"相当于前面所说的"文本书志学"，也就是我们所说的"校勘学"。其所谓"形态书志学"相当于前面所说的"描写书志学"和"分析书志学"，也就是我们所说的"版本学"。

不难看出，"书志学"这个西方的"版本学"，其实包含了"目录学"和"校勘学"。中国学者对西方"版本学"如雾里看花，甚至觌面不识，各相关学科之间名实葛藤歧互的复杂关系是一个重要原因。在对相关术语进行"系统的整体比对"中我们发现，非但"书志学"如此，"校雠学"和"目录学"也有类似的情况。

程千帆先生《校雠广义》分为"版本编"、"目录编"、"校勘编"以及"典藏编"。言下之意，"校雠学"可以包含"版本学"与"目录学"。

李小缘先生在其所著《中国图书馆事业十年来之进步》(1936)中将1920年代至30年代的目录学家划分为四派："史的目录学家"、"版本目录学家"、"校雠目录学家"，以及"介于三者之间的新旧俱全者"。似乎"目录学"又包含"版本学"与"校雠学"。

"版本学"、"目录学"、"校勘学"，文献学的这三个主要分支学科之间各有侧重，彼此借资，甚至互相包含，这种情形在中西之间也形成饶有意思的对照，可谓东海西海，名理攸同。

要厘清相关中西概念的名实关系，除了通过"系统的整体比对"加以勘同之外，从语义演变历史的角度对相关术语进行溯源探流，也是一个有效途径。

比如中国所谓"版本"，是雕版印刷之后才有的名词，本来只涉及印本，后来推而广之，用"版本"一词来指称包括写本在内的所有形式的图书。

而 bibliography 的希腊词源由 biblio（图书）和 graphos（书写）构成，意思是"图书的抄写"，本来只涉及写本，后来则指称包括印本的所有形式的图书，再后来为了区分写本与印本，又用来专指印刷图书。

中国学者大多倾向于将写本与印本囊括在"版本"这一概念中，不强调两者之间的区分。

西方学者则倾向于将研究写本图书与研究印本图书分为两门学问。前者称"写本学"（codicology）或"古文书学"（paleography）。后者称"书志学"（bibliography, bibliology）或"古印本学"（palaeotypography）。

"古文书学"也是一个需要加以仔细厘清的术语。英语中有两个词与之相对应：一个是 diplomatics，一个是 paleography。这是相互关联但又彼此独立的两门学问，然而在使用中却每每相混。

与 diplomatics 相对应的"古文书学"，其研究对象是古代的"文书"或者说"公文"（diploma）。往往聚焦于"文书"的体例程式等等。近年来中国社会科学院历史研究所主办的"中国古文书研究班"和"中国古文书学研讨会",就属于这一类。

与 paleography 相对应的"古文书学",其研究对象是古代的"文字"或者"书写"(graphos),包括考释出土文献文字内容的"古文字学",也包括研究以抄写形式传播文献的过程中所出现的各种问题的"古写本学"。与"书志学"相对立的"古文书学",指的正是"古写本学"。

与 paleography 在形式上形成对照的是 palaeotypography (古印刷学,古印本学)。不过现在已不用这个术语,而是用 bibliography(书志学)来表示与"古写本学"相对立的"古印本学"。

二

作为印本考古学的"书志学",其核心工作是"书志描写"和"书志分析"。

书志描写在著录图书基本项目之外,主要对图书物质载体进行全面细致地描写,描写的项目包括开本、折叠、页数、封面加装、书名叶、内容细目、用纸、插图、印刷、检核过的拷贝及其藏家,等等。近些年来,描写所涉及的项目益趋精细。

西方所谓"书志描写",相比于中国所谓"版本著录",有以下几点值得注意:

首先，西方活字印刷工艺与中国雕版印刷工艺之间有所不同。比如，西方的活字排印，一般一个版面（forme）排多页，因而就有印张（sheet）以怎样的方式、怎样的顺序折叠以形成一"叠"（quire）的问题。

其次，西方图书印刷中由于停机修正等因素，同一版本的不同拷贝之间往往存在着差异。书志描写注重这些有差异，一般要检核尽量多的拷贝，从中确定最能反映印刷者的设想和意图的理想拷贝。值得注意的是，这里所说的"理想拷贝"并不等同于中国学者所说的"善本"。

第三，西方书志描写不只是对观察到的状态的记录，更是对相应状态在具体情境中的意义的唤回。譬如某些古印本 et 的缩写为（⁊）、词尾的 rum 的缩写为（ꝛ），这在书志描写的时候当然需要加以记录（就像中国版本学记录避讳等用字现象一样），然而更为重要的是，还要注明这些缩写记号在历史上使用的整体情况（在何时何地流行）。

弗雷德森·鲍尔斯《书志描写原理》（*Principles of Bibliographical Description*，1949）一书论述了描写书志的标准流程，至今被学界奉为圭臬。鲍尔斯将描写书志的宗旨概括为"提供足够的信息，庶几使读者宛若亲见，领会其印刷形式，掌握其文本内容"。

应当指出的是，"书志描写"所"提供"的这些"信息"，是必须经过别择和认定的，而这别择和认定，则需要进行分析。可以说，"书志分析"是"书志描写"的前提和基础，是书志学的根本。

作为书志学之根本的书志分析，其宗旨是调查图书的印刷过程和图书的所有物质要素，在所得出的相关证据的基础上重建图书形成和传播的历史。书志分析是书志描写的预备阶段，为描写书志学提供所需的术语、数据、技术，以及描写的基础。而书志描写基本上就是对书志分析结果以准确、简便又易于理解的形式加以记录。

三

G. T. 坦瑟勒的《分析书志学纲要》一书概述了分析书志学的历史与现状，介绍了分析书志学的理论和方法，堪为西方版本学之入门津梁。

对于坦瑟勒，我们并不陌生。他是美国书志学、校勘学领域的泰斗级人物。几年前我们曾翻译过他的《校勘原理》（收入《西方校勘学论著选》，上海人民出版社，2009 年）。在那本书中坦瑟勒开篇讨论"文本的本质"时援引了济慈的《希腊古瓮颂》，用古瓮"触手可及的存在状态"与"诗"相对照，藉以彰显文本的本质——抽象的语言结构。"诗"的稿本、抄本、印本即使尽数焚毁，只要有一个人还能背诵出这首诗，那么其文本就依然幸存。秦火之后有些中国文献不绝如缕的传承，依靠的就是这种抽象的"记忆中的文本"。

作为文本载体的书本，却是具体的存在，有其形，有其质。比如一首诗的文本，其抽象的语言结构，需要以具象的文字书写呈现出来。这种呈现，是一种艺术，有美恶优劣之分；是一种文化，有其传承因革。这种呈现从设想的"构形"到实现的"赋质"，需要经历一个制作过程，这个过程是技术，是图书的物质形成历史。所以，对作为文本载体的书本的分析，亦即所谓"书志分析"，就可以分为对制作过程的历史回溯和对设计要素的分析考量两个方向。

四

西方分析书志学首先聚焦于对具体图书制作过程的历史回溯。

书本作为文本载体，作为物质对象，在许多方面可以跟济慈所歌颂的"古瓮"相比，与如今电视上收藏鉴赏类节目中的古董文物（比如青花瓷）有不少共同之处。对于青花瓷，人们首先感兴趣的是它的时代、产地、窑口，而要回答这些问题，则需要从工艺和材料上比对同期同地域的青花瓷归纳出其特点。人们对于古印本的兴趣，也是首先聚焦于时代、地域、印刷坊等这些问题，从而也就需要通过对工艺和材料的分析，对古印本的制作过程进行历史回溯。"书志学革命"的发起者、被誉为"图书馆员的图书馆员"（librarian of librarians）的英国书志学家亨利·布拉德肖主张要"按照其印刷地点和印刷作坊对早期的图书进行梳理"，认为这是"认识早期印刷图书的唯一方法"，而这种方法，"为判定那些来源不明的图书的印刷时间以及印刷者提供了一个基础"。布拉德肖的这个认识是革命性的，"他不但认识到图书中的物质细节有其自身的故事，而且认识到这些故事与对书中文本的研究密切相关"。

个体图书的生命历史，可以分为出版前和出版后两个阶段。从个体图书的物质细节中的线索出发回溯其出版前历史，又可以分为排字研究和印刷研究两个方面。

西方分析书志学对排字过程的研究，相比于中国的古籍刻本鉴定，有以下几点值得注意：

首先是关于排字工、活字以及其他要素的识别。中国版本学中的刻工研究，主要聚焦于刻工书体字迹的个人特点。西方采用活字印刷，活字书体与排字工无关，而拼写的个人习惯，就成为排字工研究最早的内容之一。例如莎士比亚第一对开本中就有将"do"拼写成"doe"、将"go"拼写成"goe"、将"here"拼写成"heere"等拼写异文。具体活字在反复使用的过程中可能会有所破损磨泐，成为可识别的因素，可以透露出排字过程的某些信息。除此之外，一本书有着相同或者相近的页头和栏外标题，这些要素在排印过程中往往会重复利用，形成所谓的"龙骨版"。这些可识别因素，也是排字过程历史重建的重要证据。

其次是关于开本和估版。中国雕版印刷，基本上都是按叶剞劂，一叶一印。而西方活字排版，则有所谓"开本"问题。"开本"的概念值得细辨。《辞海》："开本，书刊幅面的大小。"《汉语大词典》："拿一定规格的整张印书纸裁开的若干等分的数目做标准，来表明书刊本子的大小，叫'开本'。"汉语中所说的"开本"一般指书本纸面的大小。西方的 format（"开本"），"是指印刷者决定在一个未折叠的印张的一面要排放书页单位的数量"，本来并不是表示纸张尺寸大小的概念（只有在整张纸的大小及形状比例标准化以后，"开本"才有确定的大小）。"开本"是书志学分析的基础概念，因为它决定了估版、排印、折叠这一系列图书制作环节的特点。譬如四开本，有可能是第 1 页、第 4 页、第 5 页和第 8 页排在一个版面（forme）上同时上机印刷。出于工作效率的考虑，排字的时候不应该按页码顺序排完第 1 页排第 2 页，而是应该排完第 1 页排第 4 页。这样就要跳过中间第 2 页和第 3 页的内容；这些内容的篇幅长短起讫，只能依靠排字工的估算，此即所谓"估版"。"估版"难以精确，故而随后排字的第 2 页、第 3 页的行数往往多于或者少于该书的标准行数。这些页面在印好折叠时被折在里面，称作"内版"（inner forme）。1948 年 W. H. 邦德考察了伊丽莎白时代三个印书坊的四开本和八开本，发现行数不标准的页面几乎总见于内版。1955 年欣曼通过破损活字重现页面的考察，证明莎士比亚第一对开本不可能按页码顺序排字，而是按版（forme）排字（比如，第 1 页之后接第 4 页，因为这两页在同一版，同时上机印刷）。对估版现象的揭示具有革命性的意义，也关系到文本校勘。"因为不准确的估版，将会迫使排字工扩展或者压缩材料（比如将散文按诗行来排，或者将诗行按散文来排），甚至删掉其中一部分以便使之容纳进预先确定的空间。"

西方分析书志学对印刷过程的考察，相比于中国古籍刻本鉴定，有以下几点值得注意：

首先是拷贝之间的差异。坦瑟勒曾说，图书并不能"豁免于人类修修补补的天性冲动"，更不能"豁免于人类不能两次做同样的事情的自然哲理"（《校勘原理》），因而在全面细致的检核之前，不应轻率断言同一版次的不同拷贝之间不存在差异。中国古籍刻本有字的挖改描补，叶的抽换；西方活字印刷本则有所谓"停机修正"和"替换叶"。通过考察"停机修正"在同一印次不同拷贝之间所形成的异文，可以了解该印版的印刷过程曾有几次中断。"停机修正"在活字印刷初期广泛存在，可以贯穿整个印刷过程。如果印刷后发现图书某叶有问题，有时会将该叶裁下，重新排印，粘在原叶的残根上，称为"替换叶"。这"问题"可能是文本讹误，也可能是内容违碍。替换叶的做法始于 16 世纪中叶，盛于 17、18 世纪，现代则比较少见。中国雕版印刷中叶的抽换，与此差可对照。对于这些书志学事实的调查，也是文本校勘的重要工作。

其次是对纸张的分析。中国版本学往往通过图书所用纸张的特点（比如帘纹）来判断图书的年代、产地等等。分析书志学也十分重视纸张证据的运用。纸张上的水印和帘纹不仅被用来判定纸张的年份批次，而且通过考察纸张帘纹的走向和水印在页面的位置，还有助于判定、印证图书的开本（重申一下，开本的本义并不是页面纸张的大小）。因为水印通常位于整张纸的一半的中心，而帘纹（编织纹）通常与整张纸的短边平行，所以可以根据具体书叶上水印的有无及位置、帘纹是纵向还是横向来推断其开本。这种方法的使用可以上溯到 18 世纪。

此外还有各种痕迹物证，可据以重建印刷过程的细节。比如通过考察重复使用的页头和边线的进行性磨损，据以判定各页组版上机印刷的先后次序。利用侧光观察印张两面活字印压所留凸痕的差异，藉以判定一叶的两面中哪一面先印。通过研究针孔（纸张在印刷机的压纸格上用针尖加以固定）的位置，可藉以确定页心在印版上是如何安放的。18 世纪英美及欧陆所印图书常常在书页地脚可以看到数字记号（press figure），这些记号与用来指示书叶叠放次第的书帖（signature）不同，可能是用来记录印刷工的工作量以作为付酬的依据，学者们还结合印刷坊的分类账本对此进行了仔细的研究。

　　以上所列书帖、印刷记号、针孔、活字压痕、帘纹、替换叶，以及由于估版不精确所导致的页面字数过多或过少，这些在图书制作过程中所留下的痕迹线索，"并非意在引起读者注意"。尽管开本问题影响到叶面大小和高宽比例并最终影响到作者的阅读体验，但是书志学分析通常着眼于"有多少排定页面同时上机印刷，它们在印版上的位置安排，以及印张如何折叠以构成毛书"，而这些问题与绝大多数读者的阅读视觉体验并没有直接的关联。总之，对制作线索的分析，目的是为了重建图书生产的历史过程，这是西方传统分析书志学研究的重点。

五

　　西方分析书志学最初并没有将对图书设计要素的分析纳入研究范围。字体、行款、边白、插图、装帧以及纸张的选取，这些"希望对读者所有影响的物质细节"，直到 20 世纪末才越来越多地被个体图书生命史研究者以及版本校勘家们所讨论。坦瑟勒说，将设计要素分析与制作线索分析放在一个题目下加以讨论，是他自己的一个创举。为了论证这样做的合理性，他引述了杰罗姆·麦根的观点：图书由"语言代码"（linguistic codes）和"书志代码"（bibliographical codes）构成，两者都由读者读取。所谓

"语言代码"，指的是作为文本内容的抽象语言结构；所谓"书志代码"，则是指将这抽象结构表而出之的包括字体、行款、插图等要素的视觉形象。

坦瑟勒还首次提出了对设计要素进行分析的讨论框架。对书志代码的分析解读，可以从科学和人文艺术的角度，分别形成心理研究、文化研究和美学研究等三种研究路径。

从科学的角度，对字体、行款等图书设计要素进行阅读生理和阅读心理的分析考量，就是所谓的心理研究路径。

宋代陈振孙《直斋书录解题》论及曾噩所刻《九家集注杜诗》时曾说："字大宜老，最为善本。"即从阅读生理的角度关注刻字的易读性。当然，近现代西方的相关分析要更为细致深入。比如对于字体行款，有"易辨性"（perceptibility）、"易识性"（legibility）、"易读性"（readability）这一组概念。

所谓"易辨性"，主要就字母层面而言，是指个体字母之间（聚合关系，即符号与符号之间的替换关系）的区分度。比如我们几年前编译的《西方校勘学论著选》封面上英文书名中的"Anthology"被一些图书馆错误地登录为"Antbology"，就是因为那种字体的"b"和"h"的区分度不够高，易辨性较差。

所谓"易识性"，主要就词语层面而言，是指在页面其他文字的背景下字母组成词语（组合关系，即符号与符号组合为更高一级的意义单位）的醒豁程度。词内字母间距离、词语间距离以及行间距离，对此都会有所影响。比如说，古抄本在词语之间没有用间距显示切分，其易识性就比较差。

所谓"易读性"，主要就句段语篇层面而言，与读者瞬时记忆的局限性相关。比如说，行宽的设计，应当让绝大多数读者可以在有限的几眼之间领会一行中的词语；如果一行太长，那就必须"看太多眼"，"不但多了额外的焦点转变，而且还有头从左到右再回来的转动"，从而影响到"易读性"。

字体行款之类的图书设计，其根本价值在于呈现文本。1967年，克利夫兰艺术博物馆的梅拉尔德·E. 弗罗尔斯塔德创办名为《排印研究杂志》（*Journal of Typographic Research*）的学术季刊，几年后更名为《看得见的语言》（*Visible Language*）。从刊名的改换不难看出排印艺术的基本认识：作为抽象语言结构的文本，正是藉由排印设计呈现眼前。正所谓"得鱼而忘筌"、"见月而忽指"、"登岸而舍筏"，排印作为文本的容器和载体，其首要原则是透明无碍。碧翠丝·瓦德说，"印刷应当视而不见"；否则读者"潜意识里就会受到困扰"。她有一个经典的比喻，将排印艺术比作水晶高脚杯。美酒鉴赏家品酒，一定不会选华美的金杯，而是会选用水晶高脚杯，以使酒与人的视线之间没有障碍。排印虽说在一定程度上可以发挥创意，但是其艺术性不应妨碍其实用目的实现。

这种创意，表现为图书的视觉形象，意图对读者有所影响。

对这意图和影响的分析，即是所谓美学研究的路径。

从相关学术著作的书名中可以窥见此间消息，譬如伊拉姆1990 年的《表达性的印刷：词语作为形象》。不难理解，插图作为图书设计要素，其表达会比较直接。而字体、字号、字母间距、版心大小等相对"安静"的设计要素，其表达往往须仰仗于对公共知识的指涉，即所谓"用典式"的设计。

一般说来，作者并不认为图书设计像文字和标点那样是其文本不可或缺的组成部分。大多数作者对于图书设计并不参与意见。当然，有些作者会参与设计某些元素，比如卡罗尔·刘易斯曾为自己写的童话《爱丽丝漫游奇境记》配作插图；有些作者则将某些视觉元素作为辅助表达文字主题的一种手段，比如阿波利奈尔题为"埃菲尔铁塔"的具体诗（concrete poem，又称"图形诗"），整首诗的字词排列成埃菲尔铁塔的形状，照应诗题，显然是作者创作意图的一个重要组成部分；甚至有些作者借用排印视觉元素在文字意蕴之外别有所寄，比如 2010 年书海出版社所出《独唱团》，序文页面中心空出一个锤子的形状，就是暗中指向电影《肖申克的救赎》中主人公为越狱在一册圣经中所藏的那一把尖锤。杰罗姆·麦根说，图书的"语言代码"和"书志代码"都由读者读取；这里书志代码的表达效果几近于语言代码，是较为突出的一例。

图书设计在呈现文本内容和表达审美旨趣的过程中，还积淀为一种文化，承载有多种信息。考察图书设计在一时一地的流行、相沿不替的传统，分析所有这些现象背后的缘由，就是所谓的文化研究路径。

著名书志学家、牛津大学教授 D. F. 麦肯齐曾有过这样一种课堂设计：他把一沓白纸折叠缝为配页，没有印刷文本，也没有装帧，然后将这个空白书芯展示给学生，让他们说出这个空白书芯是为哪一种文本设计的，并指出其年代。麦肯齐说，在他的启发下，学生们可以通过对纸张的种类、开本和配页的整体样貌的观察，得出正确的结论，即，该书芯是 1930 年代普及本小说的样子。如果再加上印刷文字，即使看不懂文义，也将进一步获悉字体、字号、行间距、栏外标题和页码、边白的宽窄、装饰和插图的风格等丰富信息。由此证明，借助有关图书市场文化潮流的历史知识，我们可以在无须省视印刷文本内容的情况下，从图书的物质细节中读出许多重要信息。Times New Roman 字体的设计者、英国印刷史研究者斯坦利·莫里森倾向于将印刷品作为普通的人工制品（文物）加以考察，因为，人类生产的所有物品，无论是否带有语言文本，都可以解读为人类在特定的政治、宗教和文学艺术的历史情境下施展其才智的证据。沿着这样的思路，剑桥大学图书学教授大卫·麦克基特里克所著《印本、写本以及对秩序的寻求：1450—1830》（2003）继续探讨"书志形式与公共意义之间的联系"，试图把握"五百年来作者、印刷者、出版者和读者之间赖以分享思想和知识的途径"。

六

西方分析书志学的基本主张可以概括为以下两点：一、"图书中有其自身生产历史的证据线索"；二、"图书的生产过程对文本有影响，也就对作品以图书形式所传达的文学意义有影响"。只有通过厘清图书的生产历史，才能正确阐明图书中指向文本历史的证据线索。中国版本学虽不曾揭橥此类理论，但在实践中却与西方有颇多契合之处。

西方分析书志学将图书中的物质细节区分为无意让读者注意的制作痕迹和有意对读者有所影响的设计要素，采取多种路径展开全方位的研究。中国的版本鉴定学似乎没有强调这种区分，不过总的说来，也是与一般文物鉴定差相仿佛，兼顾到制作痕迹与设计要素。

在一般文物鉴定中，比如铜器鉴定中失蜡法的痕迹，瓷器鉴定中支钉的痕迹，这些都是制作线索分析；器物的设计用途，器形以及纹饰的历史文化内涵和审美旨趣，这些都是设计要素分析。在古籍版本鉴定中，纸张帘纹、版片修补痕迹的考察，属于制作线索分析；字体、行款、版式，则属于设计要素分析。

分析书志学从材料推断其来源，从痕迹归纳施为者的习惯，从锱铢琐屑的物质细节中寻绎个体图书的历史，在一些蛛丝马迹的基础上，力图准确复原事实的真相：何时，何地，何人，如何做，缘何如此……犹如福尔摩斯探案一般，充满着智力上的挑战，总体说来也不失其科学性。不过，有些书志学家希望从有限的证据中榨取更多的信息，有时候会从片面的假定前提出发，得出错误的推论结果。比如有些学者假定，印刷坊在一本书的印刷过程中，为了避免出现停工待料的局面，会合理安排排字工与印刷工的人数比例，以达成一种平衡。实际上印刷坊常常有多个印刷项目同时进行，如果拘于一隅，从只有一个印刷项目的假定出发，那么所得出的推论就必然存在问题。其实，不仅同一印刷坊的不同印刷项目之间紧密关联，不同的印刷坊之间也可能存在着合作。可以说，分析书志学近几十年的发展，就是不断拓展问题视野、修正片面之见的过程。

麦肯齐提醒人们，对于研究的假定前提应当保持清醒的意识，他说，如果我们确保其作为假定的性质，遵循"假定－演绎"的方法，通过举出反证，严格制约"草率的概括"，那么，书志学研究就可以得到更安全的发展。麦肯齐还说，"在进行创造性推理的过程中，想象力必须配以仔细的观察和系统的论证"。这让我们想起胡适所说的"大胆的假设，小心的求证"。

书志分析工作的成果往往见于各种书志学刊物，不过大部分却是归于描写性书志。各种描写性书志存贮书志学证据，丰富着我们对印刷与出版活动的总的知识。随着数码科技的发展，通过研发电子数据库，大众可以更为便捷地获取相关的分类信息。

书末所附"延伸阅读"，是"列举书志"十分应景切题的现身说法，是坦瑟勒这本书的一个重要组成部分。读者藉此"辨章学术，考镜源流"，可以详细了解英美分析书志学的全景图。

七

近几年来稍稍从事西方文献学的译介工作。承蒙周运兄以此书译事相委，遂借机对西方版本学研究的理论和方法进行了一番梳理。这个领域的译介，可以说基本上仍然处于拓荒阶段，因而未免临事而惧，迟迟其行，交稿和校对都有所延宕。周运兄皆予以优容和理解，并时时赠我以好书，高情厚谊，谨表谢悃于此。

学术翻译之险难，非亲为者不能尽知。翻译要征服原文，使其归化（陆谷孙《源文本的"征服者"》，《文汇读书周报》2006年9月8日）。就中译而言，西方版本学领域可谓草莱未辟，其征服和归化都非易事。如负重行远，路多崎岖，又不得绕行（严耕望《治史三书·翻译工作的重要性》："著作居于主动地位，比较自由，不懂的可以避而不谈；但翻译是被动的，不懂处不能逃避。"），故而跟跄甚至颠仆，都在所难免。

翻译多绵绵之事，却无赫赫之功。在昔为高士所鄙（张元济

23

有言曰：士族儒流多鄙视别国方言为不屑；而习攻翻译，大抵闾阎寒贱，性识暗钝之人），至今为流俗所轻（准诸某些高校考核评价系统，一部全译详注的西方学术名著，尚不如一篇发表在核心期刊的综述得分高）。学者每以"著书谋稻粮"自嘲，而译书并"稻粮"亦难谋得。在这种形势下，堪荷翻译之任者，未免"邪径趋时捷"。智巧者避难就易，跑马圈地，摘译资料，敷衍成"概论"专著；计拙者甚至冒译著为专著。

其例不劳远求。1934 年商务印书馆"百科小丛书"出版马导源《书志学》。这个小册子分为"书志学的概念"、"综观的书志学"和"分观的书志学"三编。"综观的书志学""就全体的图书而论"讨论"图书的意义"、"图书的成立"和"图书的传来"。"分观的书志学""为各个图书的记载"，实际上就是"目录学"。目录学、图书学、出版学等学科的历史回顾中每每提及马氏的这本书，认为是目录学"新旧俱全者"的"代表作"之一，"最早的一部图书学专著"，"起到了发凡起例的作用"……

这本书实乃攘窃之作。1934 年《图书馆学季刊》第八卷第三期、第九卷第二期刊登了李尚友译日本小见山寿海著《书志学》。李尚友在译者序中指出，马导源的书"是实际译的署为著的"，"剽窃"了小见山寿海的书，而且译笔多有错误；另外为了掩饰攘窃之迹，每有删易。马导源毕业于日本东京法政大学，治学每取资于日本。其于 1935 年在商务印书馆出版的《吴梅村年谱》，也被指为完全抄袭日本铃木虎雄的《吴梅村年谱》。

攘窃之举，不必论矣；圈地之行，亦所羞为。我迂执地以为，译事虽鄙，亦不可躐等而进。一个相对陌生的领域，在大规模翻译之前就急于总结，固然可以取巧避开难点，但恐怕因此也就容易陷于片面和错误。《西方校勘学论著选》出版已逾四年，概论尚未推出，有负师友督责；今涉足西方版本学，又流连忘返，欲罢不能。述而不作，窃比先贤，虽绠短汲深，愿勉为其难。读者诸君幸有以教我。

引言

后面几章的主要内容，曾分别于 1997 年 5 月 12 日、14 日 1

和 16 日在剑桥大学"桑达斯讲座"上演讲过。在撰写这些讲稿

的时候，我的目标是，通过勾勒书志分析（即对印刷图书、传

单、海报之类的物质特点所进行的分析研究）发展演变过程中的

若干主要事件，简单介绍一下这一学科领域的研究现状。这样的

勾勒，在举出分析书志学家们所面临的主要问题的同时，也对他

们所取得的成就进行了描述，从而也就为从事这项工作提供了一

种理论，为开展这项工作提供了可以运用的基本方法，同时也为

全面了解这一领域的研究文献提供了一个视点。通过我在这里尝

试进行的总结，以及后面所附的分类延伸书目，我希望，本书能

够对初学者和专业研究者同样有所助益。

第一章对这一学科领域的理论基础的思想演进过程进行了描

述，后面两章则对书志分析所能采取的两种思路进行了探讨：其

一，旨在从图书本身所存在的线索重建图书制作的过程；其二，

旨在发掘图书设计要素中所包含的历史意义。前者主要涉及（但并不局限于）图书的那些并非意在引起读者注意的物质细节，后者则涉及那些希望对读者所有影响的物质细节。两者合在一起，覆盖了图书作为物质存在的历史的大部分，从图书制作的最初环节，一直到一代又一代的读者对图书物质外形的感受反应。

2　　　这第二个主题，即图书设计的历史含义，那些自称"分析书志学家"的学者传统上并未加以研究；但是自 1970 年代以来，却越来越多地被"图书史"研究者和那些对文献的外部表征感兴趣的校勘家所讨论。这两种思路（其一着眼于图书制作的过程，另一则着眼这一过程所形成的产品）应当齐头并进，因为都关注图书中所发现的物质细节；而要对图书中所呈现的基本物质证据进行全面的考察，就必然要求将两种思路结合起来。将它们放在一个标题下进行研究是我们的一个创举。虽说两者都还没有可资比较的综述，但相比关于图书制作过程之线索那一章而言，关于图书设计要素这一章的内容，无疑可以说是探索性的初步的讨论。那些线索可以按印刷坊流程各相应环节加以分门别类，而关于设计要素的研究却缺乏同样显而易见的参照框架，本文首次提出这样的框架。

我们有意控制这三章的篇幅（许多细节讨论被置于尾注中）以便读者通览，任何书志分析，无论其涉及哪一时间段、聚焦于何种问题，研究者都要将这三章的所有内容谨记于心，作为其理论工具的一部分。事实上不独专业研究者和那些从事图书业相关活动的人为然，对于作为物质实体的图书与其所承载的文本内容（以墨迹形式呈现的文本也可以说是物质性的）之间的联系，所有读者都应当有所了解。对于通过检视同一版本的多个副本可以得出什么样的认识以及在阅读显而易见（由文字、音符、图画以及地图所传达）的抽象内容的同时解读作为物质实体的图书这句话究竟意味着什么，每一个人都应当有所认识。换句话说就是，每一个人都应当认识到，图书的物质实体性也像其他一切物体一样，是关于过往历史的信息资源。图书是物质文化的一个组成部分。每一件人工制品，每一个由人类制作的物质实体，都是对特定时间特定地点的人类努力的一种记录，也是对其存世时光的具体见证。我们对于每个物质实体所讲述的故事的理解，都在丰富着我们对它们的使用。图书对于我们的用途主要是阅读，而阅读体验，取决于我们对以下事实的了解：文本是如何构成的，图书设计的细节是如何落实在我们面前的书页上成为其目前的样子，以及它们对前代读者曾有过怎样的影响。

在这三章之后则是可供进一步阅读的参考文献，包括本书正文以及注文中引用到或者提到过的著作的目录，并附以编年索引和主题导览。最后一部分应当看成是本书的一个有机组成部分。读过前面几章讲解内容的读者，如果想要进一步了解印本图书研究中发展出来的书志分析方法的基本纲目，都可以通过利用这个颇有信息量的分类指导达到其目的。这是从该领域大量研究文献中精选出来的一个基本书目，读者可以藉此就具体主题、方法和时间段找到基本的研究资料。如果对这里所提供的参考文献仍感到不满足，那么我的《书志学入门：高级研讨班教学大纲》的最新版本（写此文时，对应的是 2002 年版。该大纲亦可从网上找到，网址是 www.rarebookschool.org/tanselle/）有更为详尽的目录。

与分析书志学相对立的描写书志学，本书很少提到。虽说分析无可避免地会涉及描写（而且实际上分析也是描写的一种工具，因为描写包括认定，而认定是需要分析的），但两者的不同点是很多的，因而将它们分开来各自进行研究是可行的、合适的。书志描写旨在记述（或详或略）图书作为整体的物质结构和外观；这样的记述往往也会援引外部资料，它们常常被汇集在一起，为具体作家或者出版社的产出情况提供全面的描写，通过编排以反映同样作品的不同版次、不同印次以及不同发行之间的关系（所用流程经过一个半世纪的发展，现在已经非常成熟定型了）。而另一方面，书志分析则是旨在通过物质细节了解生产出某一特定图书及其文本的具体制作过程，其物质外观背后的历史影响，以及其设计所引发的反应（这可能需要我们注意历代拥有者对具体图书做了什么）。每个分析也许会研究一本书的一个或者几个方面，但不一定会进行全面细致的描写。多个这样的分析可能会被结合在一起以形成更全面的研究并成为书志描写的 一部分。

自 R. B. 麦克罗堪称经典的《文学研究者书志学入门》（1927）以来，对于书志分析还没有全面的概论，然而书志学研究的其他方面，近来却有很好的概论综述。就描写书志学而言，有弗雷德森·鲍尔斯的《书志描写原理》（1949），还有我所撰写的一系列文章，打算汇为一册。（1987 年之前的研究文献的目录，见于《书志学研究》1987 年卷的"书志描写示例"；对于描写书志学宗旨的总体简介，则有随后大卫·L. 范德穆伦和我各自在恩格尔哈德讲座上的演讲，分别发表于 1988 年和 1992 年。）对于活字、纸张、插图、装帧、印刷以及发表的历史，则有菲力普·加斯克尔的《书志学新论》（1972），该书对进行书志分析和书志描写必须知晓的基本背景知识进行了概括总结。本书旨在补充以上各种文献之不足。

这里的重点是印本图书，实际上一般关注的是其中的语言文本部分，而不是其插图或者装帧；不过，如果存在插图（或者其他非语言材料）和装帧的话，也是必须加以分析的，本书的第二章和第三章将在几个地方略有论及。对于抄本和电脑终端屏幕，本书也没有展开讨论，不过，这里所论述的总的方法和基本原则也适用于所有以可见形式载有语言（或者语言－图像）文本、地图文本以及音乐文本的物质对象。对于写本的物质分析，通常称作"抄本学"或者"古文书学"，是一个相当成熟的学科，甚至比书志学还要广为人知；相对应的电子文件分析，则几乎还没有开始。不过所有这些领域都可以通过加强互动得到促进。我们越来越清楚地认识到，印刷图书的到来并没有导致写本作为一种发表载体完全被取代，而我们如今在两种旧有的物质载体之外，还有电子文本，因而要研究由语言文字、音符、图画和地图构成的作品之生产和接受的历史，就必须考虑到其所有的呈现形式。充分理解对文本载体展开物质研究之价值（就印本图书而言已表述得非常充分），对于研究知识和文化的历史以及文本考据，都有着非常重要的意义。

这里没有展开讨论的相关分支学科，还有关于文书之真伪及其年代的司法应用研究。虽说大多数书志学和古文书学的分析并不是出于认定印刷或者书写材料之真伪的需要，但是所有这些分析（在厘清历史的同时仔细进行的分析），却的确常常揭示出可疑的特征，从而得出是伪作的结论。本书所反映的思维框架，甚至本书所论述的具体分析方法，不仅适用于书志分析，也同样适用于司法文本分析。这两种研究都展现了批判精神，本着这种精神，我们可以极富成果地研究和体验所有的人工制品，揭示它们赖以形成的人类活动，阐明曾经与它们觌面相值的那些人的所见所感。

W. W. 格雷格 1930 年在书志学研究会上发言时曾提到，剑桥大学"有资格成为英国［书志学］研究的大本营，理所当然，多年前它最早拥有了我们这一学科的一个正儿八经的有极高素质的读者群"。很荣幸我能利用这一读者群来谈一谈关于书志学的历史，而且我要感谢彼得·福克斯、A. W. F. 爱德华以及剑桥大学这一领域的其他成员，他们向我展示出，剑桥大学对于书志学（以及谈论书志学的学者）的殷勤好客的传统，依旧盛行于焉。我还要向大卫·麦克基特里克、保罗·尼达姆以及大卫·L. 范德穆伦等人深表谢意，在这个讲稿出版之前，他们曾阅读过并提出意见；不过当然，书中存在的瑕疵完全由我个人负责。

第一章 学科创建史

1908 年之前

1870 年 4 月，剑桥大学图书馆员亨利·布拉德肖出版了一本小册子——《M. J. 德迈耶所藏十五世纪图书（1869 年 11 月售于根特）分类引得》[①]。虽然题目不怎么吸引人，但却称得上是知识史上的一座里程碑。事实上就书志学而言，它是最重要的里程碑之一，因为其中有一段非常重要的文字，

亨利·布拉德肖，Hubert von Herkomer 绘，1888 年

6

---

① 亨利·布拉德肖（Henry Bradshaw，1831—1886），英国学者，图书馆员，因研究古印本而闻名，对图书管理学贡献良多，被誉为"图书馆员的图书馆员"（librarian of librarians）。——译者注，下同

强调指出系统调查研究印刷图书之物质证据的重要意义。布拉德肖坚持认为，按照其印刷地点和印刷作坊对早期的图书进行梳理，是厘清早期印刷图书的唯一方法，这种方法，为判定那些来源不明的图书的印刷时间以及印刷者提供了一个基础：

> 我们希望对每一个印刷者的字体和习惯都进行专题研究，其研究结果显示出逐年的变化，甚至有些地方能显示出逐月的变化。做到这一点之后，我们就可以说，对于任何时期不明或者错判了时期的图书，我们都可以根据其包含如此等等之特点，将其归于某一特定的时间点，而我们所标名的时间点，其实也只不过是我们在该书中所注意到的这些特点的另一个名称罢了。事实上每一个印刷商都必须看成是一个"属"（genus），而书则是"种"（species），而我们的工作就是，根据我们所观察到的书中的特点，追寻该家族中不同成员之间或多或少的亲密联系。截至目前，人们对于古印刷学（palaeotypography）基本上是一知半解，浅尝辄止，可是，一旦我们将其当作博物史的一个分支来加以研究，也会像大多数题目一样，将取得饶有趣味的成果。（pp.15-16）

7　布拉德肖此前对这一观点的提及，至少可以追溯到十年前他给威廉·布莱兹的信[1]。不过这段文字仍具有里程碑意义，因为

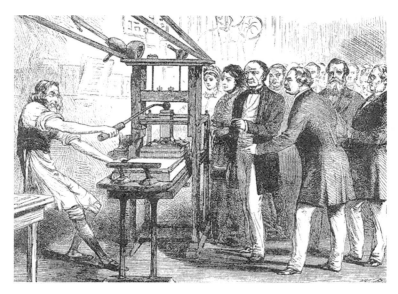

1877 年 6 月在伦敦南肯辛顿举办的卡克斯顿印刷博览会的场景，中立者为英国首相 W. E. 格拉德斯通，其右有髭须者为威廉·布莱兹，最右为塔尔博特·里德的父亲查尔斯·里德。佚名绘

它是书志学方法论的首次公开发表，明确规划了整个研究领域。斯坦利·莫里森所谓"书志学革命"，论其发动者，则非布拉德肖莫属[2]。

这革命就是越来越深刻地认识到，图书中的物质证据为探究其历史提供了有力的工具，也与解读其所承载的文本密切相关。实际上这革命仍在进行中，因为事实证明，图书作为物质对象这一概念对于人们来说是难以把握的，至少许多人不会自动地从这一角度去思考问题。图书，包括写本和印本，总是看起来与其他物质对象迥然不同，因为它们包含的是语词，而比起其他物质细节，语词更为直接地诉诸我们。我们阅读文本时，对于图书的物质特点很少留意（或者自认为很少留意），相信其他任何载体也能同样传达这一文本。大多数人都不曾思考过这一问题，即图书也像其他物质对象一样，必定带有种种历史印迹：有制成时努力赋形之迹，工艺背后文化传承之迹，以及形成以来所受把玩之迹。即便是那些有着历史头脑的读者（包括文学研究者），一般说来也没有兴趣去追寻这一方面的历史，显然（与那些不怎么有历史头脑的读者一道）认为这种承载之器对于其中的内容、对于我们对其过往的认识而言，并没有直接的关联，或者说没有什么影响 [3]。

这一情形背后的根本事实是语言的抽象性：读者可以直观地理解这一事实，因为他们知道，只要相应语词用书面的或者口头的形式组合在一起，语言作品就可以同时存在（或者重新制成）于多个地方；故而他们倾向于贬抑在特定情形下传达这些语词的载体 [4]。这种倾向在读者中几乎是普遍存在着的，无论其知识水平如何。正是这一倾向，使得"书志学革命"历久方至，而且今日仍然迟迟其行。但这一运动本身以及它在一个半世纪中所取得的成果，却构成了近代知识历史上最引人入胜的故事之一，构成了我们对周遭人工制品不断加深的理解的一个章节。

这革命是我们对名为图书的物质对象的认识上的重要变化；而在这一过程中布拉德肖本人的认识堪称开创先河，因为他不

8

约瑟夫·埃姆斯《古代印刷》伦敦，1749 年，George Bickham 版刻插图，附有卡克斯顿铅字字样

埃姆斯《古代印刷》一书中所收的部分印刷商的书标

但认识到图书中的物质细节有其自身的故事，而且认识到这些故事与对书中文本的研究密切相关。不过，如果宣称布拉德肖是表述这些认识的第一人，则未免言过其实。譬如1715年，托马斯·贝内特发表了《三十九篇宗教文献研究》，十分出色地运用1571年"文献"八个副本中破损铅字和特异空格等证据，判定那些存在异文的副本究竟是来自相同的还是来自不同的排字（typesetting）。贝内特进而运用他（显然是在剑桥大学出版社任职过程中所获取的）关于印刷的知识对这些异文何以发生以及它们有什么样的影响作出解释，从而展示了这样的分析是如何解决了一个文本疑难问题（第二十篇的有些副本中开头一句有阙）[5]。

另一个更能称得上是布拉德肖的先驱者的人是约瑟夫·埃姆斯 ①，他1749年出版的《古代印刷》一书将印刷分析作为对未标明印刷时间的古印本（"incunabula"，15世纪用金属活字印制的印刷品，又称"incunables"）进行时间判定和印刷者认定的基础。他认识到对字样进行图示（和编号）的用途，以及"从每一个印刷商的第一张印刷品开始，尽可能按照时间顺序"排列相关描写的意义。他对第一手证据的理解在他的前言里有简明扼要的表述："我书中的数据不是来自目录，而是来自图书本身。"

殊途同归，在古书研究从观风望气走向系统的学术研究的这

---

① 约瑟夫·埃姆斯（Joseph Ames, 1689—1759），所撰《古代印刷》（*Typographical Antiquities*）一书，对英国印刷的起始和发展进行了论述。

卡克斯顿 1477 年在威斯敏斯特大教堂向英格兰国王爱德华四世和皇室展示他的印本样品。Daniel Maclise 绘，1851 Frederick Bromley 钢版雕刻，原尺寸：560 × 420 mm。

卡克斯顿向英格兰国王爱德华四世展示他的印本样品。佚名绘，1877 年

一运动中，贝内特和埃姆斯都算得上是标志性的人物，而这一运动的影响，也正逐渐扩散，波及对所有种类的人工制品的研究。不过，贝内特关注的是 16 世纪的图书，他对文本的看重使他看起来像是兴起于 20 世纪早期的"新书志学"的一个孤独的先行者；而埃姆斯的兴趣则是按照图书的印刷商对 15 世纪的图书进行分类编年，这就直接将他置于一个贯穿整个 18 世纪的国际性的学术谱系——从米歇尔·迈泰尔的《印刷编年志》（始于 1719 年）到 G. W. F. 潘策尔的《印刷编年志》（始于 1793 年）[6]。18 世纪的藏书家也对图书的物质方面相当关注，尽管他们的目标不可能是系统的研究；而到了 19 世纪早期，即使是托马斯·弗罗格纳尔·迪布丁，当时藏书狂最喋喋不休的鼓吹者，也通过其

9

对埃姆斯一书的扩展版（1810—1819 年。此前已经过一次扩展，由威廉·赫伯特于 1785—1790 年完成）[7]，表现出对考察古书印刷状况的非常认真的兴趣。

而托马斯·哈特韦尔·霍恩，受到 1812 年罗克斯伯勒公爵藏书卖出后的藏书热的触发，于 1814 年推出《书志研究概论》①，该书已经在一定程度上认识到，书志学证据对于研究图书文本内容具有重要意义。他将书志学看成是一个系统探索的领域，在其序言中称之为"书志学的孩提时代"（p. viii），将藏书史、图书分类、印刷史以及对于图书"形制"的分析（比如借助纸张上的水印来判定图书的版式）综合起来"以免在版本描写时出现混淆"（p. 288）——为了说明这一点，共用了四页篇幅，小标题为"关于图书的形制与尺寸"（pp. 288-292）。

如果说这些著述以及其他一些类似的努力[8]，都是为布拉德肖的出场搭建舞台，那么对于后来者来说，布拉德肖的角色就是奠基者：他的分析意识为图书的结构分析提供了精密的思路，而他志在推进该学科领域的无私愿望使他对其他学者予以慷慨的帮助。最初一个半世纪的书志学革命留下了一些里程碑式的重

---

① 托马斯·哈特韦尔·霍恩（Thomas Hartwell Horne, 1780—1862），英国图书馆员，长期供职于大英博物馆印本部。罗克斯伯勒公爵，指约翰·克尔·罗克斯伯勒公爵三世（John Ker, 3rd Duke of Roxburghe, 1740—1804），苏格兰贵族，藏书家。未婚，无嗣，去世后其藏书被拍卖，其中一套薄伽丘《十日谈》1471 年第一版以 2260 英镑由布兰德福特侯爵（Marquess of Blandford）购得，是当时书价的最高纪录。

威廉·卡克斯顿（约 1415—1492），英国历史上第一位印刷商。Rev. C. Arthur Lane，*Illustrated Notes on English Church History*（London: Society for Promoting Christian Knowledge，1901）

要著述，这些著述的封面上诚然有着其他人的名字，但是其基础却往往是布拉德肖的影响。第一个里程碑是威廉·布莱兹的《威廉·卡克斯顿的生平和图书印刷》①，上下两卷分别出版于 1861 年和 1863 年（上卷是生平，下卷是图书印刷）。这部书的革命

---

① 威廉·卡克斯顿（William Caxton，约 1415—1492），印刷商，首次将印刷机引入英国。

性从其 1863 年下卷的前言中可以清楚地看出来，它不仅将其按
照字样所进行的"系统的"分类与之前研究者所采用的方法加以
对照，而且强调指出物质细节的广泛用途。"卡克斯顿所做的印
刷"，布莱兹说，是"以对自己的技术进行批判研究为基础的"，
而且包括"一些前所未有的特点"，诸如"造纸作坊、铸字作坊、
排字作坊、印刷作坊以及装订作坊等等所施为的证据"。这个序
言，就 1863 年来说，是一个值得注意的宣示，表明了对每一本
书"进行仔细的物质面相研究"的重要性——实际上也就是"对
那些理应无异的副本进行仔细比对"的价值。

　　布莱兹继承了埃姆斯的思路，对卡克斯顿的字样进行描写分
析并加以编号排序，藉以对卡克斯顿所出产的印刷品进行识别和
描写；不过，布莱兹研究的许多细节，却是直接或间接地得益
于布拉德肖。虽说布莱兹对早期印刷的思考领先于布拉德肖，
但是布拉德肖的敏锐洞见很快就超越了布莱兹，正如布拉德肖
1850 年代末至 60 年代给布莱兹的书信所显示的那样。布莱兹
在其下卷前言中对布拉德肖对其工作的贡献有所提及："对于剑
桥大学国王学院的 H. 布拉德肖君，我深表谢意，他提供了关于
早期未标明时间的图书的认真校对结果，并在本书的排印过程中
提出了许多建议和批评意见。"虽说布拉德肖的名字在布莱兹的
叙述中时有出现，但是其实际贡献显然要比布莱兹明确承认的
要大得多 [9]。

布拉德肖在分析书志学早期所起的催化剂的作用，亦可从其他通信中得到证实——譬如他写给大英博物馆 J. 温特·琼斯的信，他写给海牙皇家图书馆 J. 霍尔特洛普（后来是写给坎贝尔）的信。[10] 像布莱兹一样，霍尔特洛普开始研究古印本要早于布拉德肖，其《荷兰十五世纪印本汇编》（*Monuments typographiques des Pays-Bas au quinzième siècle*）的第一辑成于 1856 年，而布拉德肖则称他为"我的老大"[11]。不过，布拉德肖在信中也显示出自己的道行，在那里他是师父，不是徒弟；而在坎贝尔 1886 年写给布拉德肖的传记作者 G. W. 普罗瑟罗的一封信中，则又提供了霍尔特洛普和坎贝尔承认布拉德肖领导地位的证据。"布拉德肖先生，"坎贝尔写道，"在早已引入印本学的那些国家，总是将我们的书抬举为值得效仿的典范。然而他本人，即使是在描写时也远为精确得多，往往列出我们觉得没有必要列出或者做梦也想不到的一些事项。"（p. 242）

11

这些评价点中了布拉德肖之所以重要这一问题的核心所在：他的能力，洞悉物质细节之分析价值的能力。他揭示出的印刷历史事实令人耳目一新，但是他的发现，端赖于他的研究方法。研究他的那些学者，从弗郎西斯·詹金森到保罗·尼达姆，所强调的都是他的方法。詹金森在其为《布拉德肖论文集》（1889）所写的导言里提到，这些论文"的价值，不仅在于所得出的结论，而且在于所展示的方法"，他还补充道，所展示的这些方法，在书志学研究领域，尤为亟须。一百年后，尼达姆在其堪称历来研究布拉德肖最好的论文中，将论文的题目定为"布拉德肖的方法"（1988），而且他还强调指出，布拉德肖具有"综合和分类的强大能力"（p. 17），布拉德肖的研究作为这一领域的认知基础具有永恒的价值（p. 23）。

1892 年，在布拉德肖去世六年之后，若干对早期印本感兴趣的学者聚会于伦敦，成立"书志学会"。尽管这个组织设定的影响范围主要是 16、17 世纪的图书，并不是最早的印本；可是，正是随着对图书研究中系统方法的必要性的认识的不断深入，人们开始希望把书志学作为一个独立的学科领域加以认识和推进，而这，显然反映了布拉德肖所推动的思潮的影响。在该学会首任会长 W. A. 科平杰的就职演说中，并没有非常强调布拉德肖的名字 [12]。不过科平杰的确强调了对系统或者方法的需要。将图书作为物质对象加以研究——他称之为"正宗书志学"（Bibliography proper）（p. 31）——他说，"正在迅即成为一门严格的科学"（p. 33），他呼吁"通过研究印刷商以真正科学的模式达成"新的研究（p. 41），最后他要求学会的成员"努力工作不断进步，直到书志学作为一门严格的科学得到确立"（p. 43）。

次年，科平杰在其第二次会长致辞中调侃道，"我们的故友迪布丁满怀诗人的多愁善感从事版本的比对"（p. 117），主张在描

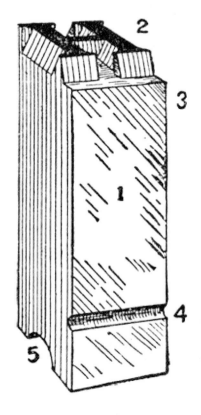

活字（type）。(1) 字身，(2) 字脸，(3) 字肩，(4) 缺口，(5) 凹槽。采自 Ellsworth D. Foster ed. *The American Educator*, *vol. 8*（Chicago，IL: Ralph Durham Company，1921）

写早期印本时采取"严格科学的程序和方法"（p. 106）。"笼统而言的日子已成过去，"他说，"现而今要求精确，而这精确只有通过对微小细节的研究才能达到。"[13]（p. 117）科平杰所说的"严格科学"与布拉德肖所说的"博物史"（以及布莱兹所说的"相面式的检核"）前后呼应；而书志学应当企及科学之高标这一理念，成为贯穿后来许多讨论的一条主线。当然，问题的关键，并不在于人工制品之研究在每一方面都追求与物理科学相类似，而是在于要以与之相同的学术品质为立身之本，即：在广泛观察的基础上，通过认真细致的逻辑推演，毫无成见地追求真相。

如果说"书志学会"的成

12

立以及两年后剑桥大学桑达斯书志学教席的设立[14]，总体上显示了布拉德肖学术思想的影响，那么世纪之交英国和德国关于早期印本的最好的书志学著作《大英博物馆藏早期印本索引……并附注牛津大学图书馆所藏早期印本》（1898），对这两个机构所藏的所有早期印本按照其铅字从而也是按照生产出它们的印刷商所进行的分类，则是以更具体细致的方式展示了布拉德肖的研究方法；而分类的编排结果（按照国家、城市、印刷坊，依其在印刷史上的年资排序）——有时称为"普罗克特排序"，但实际上是布拉德肖排序——成为《大英博物馆现藏15世纪印本图书目录》的基础，其第一卷出版于1908年，主编是A. W. 波拉德①。也正是通过普罗克特，针对早期印本的这种英国研究方法开始影响到德国学界。保罗·施文克在其1896年关于魏因赖希印刷图书的研究中也有相类似的对于铅字的勘同②，虽说其是否受到过普罗克特的影响尚未能确知，但这一领域其他人的研究显然主要得益于普罗克特这一榜样的力量，譬如康拉德·黑布勒，其《印刷铅字研究》（1905—1924）就进一步阐发了普罗克特的系统[15]。

① A. W. 波拉德（Alfred William Pollard, 1859—1944），英国书志学家，主要研究莎士比亚文本，曾长期主编"书志学会"刊物《图书》，是古典校勘家A. E. 豪斯曼的挚友。
② 汉斯·魏因赖希（Hans Weinreich, 1480/1490—1566），16世纪上半叶德语、波兰语图书的出版商和印刷商。

雕版所用的黄杨木，大多由土耳其进口。采自 *The Popular Cyclopedia of Useful Knowledge*（New York: F. M. Lupton, 1888）242

英国分析书志学的历史可以分为三个阶段，第一阶段止于1908 年，其标志为《大英博物馆古印本目录》第一卷的出版 [16]。这一卷具有里程碑意义，因为它是在自布拉德肖和布莱兹以来半个世纪的深入研究的基础之上、在方法论上着眼于印刷史、对这一伟大馆藏进行大规模系统化描写的研究项目的第一个成果。换句话说就是，它意味着，足以建构伟业的分析工具已然应运而生，而这种感觉，在波拉德那篇精彩前言中呼之欲出，从中可以看出他对该书的历史意义有着特别清楚的意识。那篇前言首先对这项研究的先驱进行了回顾：这研究是"建立"在普罗克特的"方法和宗旨"的基础之上的，而普罗克特"之前主要"有潘采尔

13

和布拉德肖，布拉德肖则是"创始方法，启发他人的一代宗师"
(p. x)。波拉德对在尝试判定（未标明时间）印本之生产年代的
过程中所要考虑的几点问题的论列，不仅顺便总结了当时分析书
志学的情况，而且对布拉德肖最著名的"博物史段落"中的"每
个印刷商的字样和习惯"等术语也进行了解释。波拉德在开始论
列之前，把布拉德肖的这一段文字引在上面。布拉德肖的这些
术语所蕴含的是对人工制品进行分析的一个根本点：不仅要关
注直接可见的物质特点，而且要关注造成这些特点的那些人类
的活动。

波拉德列举了"按照布拉德肖所确定的路线开展工作的"书
志学家必须考察的三个"要素"：印刷者的底本；印刷者的"个
性"；印刷者的材料（p. xii）。推原排字工所依据的底本的本来面
貌，对于解释文本之于书本结构和排字版面的关系，具有重要意
义（由于多部印刷机同时印刷会导致装册和排字之间的差异，故
而在估测其底本时有许多困难），从而也就有助于判定同一作品
的不同版次（因为新版根据一册旧版印本排印，大概更为常见）。
波拉德所谓"印刷者的个性"实际指的是印刷书籍的某些特点，
这些特点反映了具体印刷者在操作之效率和呈现之吸引力方面各
不相同的考虑。波拉德举了一些细节为例，如书帖（在书页下部
边白的一些字母，其用途是便于将书页按序排放）的有无以及针
眼（用来确保对齐的大头针所留下的针眼）多少的不同；总而言

之一句话，各种特点都有可能用来证明相关印本版次的先后。波拉德所谓"材料"是指纸张、铅字以及插图所用的雕版，不过他承认，对于纸张的研究很不充分，因为当时这一类证据用得很多。但是检视铅字和雕版的磨损，与对铅字之排放和雕版之印制的检视一起，都是进行印刷时期判定的重要途径（正如布拉德肖之前所认识到的那样）。当作为个体的印刷者所生产的印本被搜集到一起，当所有这些证据都被检验过以后，波拉德说，"由此所获得的对某一印刷坊的内部工作情况的知识往往令人耳目一新。"（p. xvii）这个说法很重要，因为它的言下之意是，书志分析本质上是对历史的发掘，而一册书（或者书中的一个部分）是如何生产出来的这一问题，可以从该书本身找到答案。

从波拉德的前言以及与之并行的目录可以看出，到1908年时，对早期印本的书志分析已经达到了相当谙练的高度。当时已经认识到要以书本结构考察为基础，并有一套程式化的方法记录相关结构[17]；通过测量和细节观察对各印刷坊所用铅字的型体进行勘同，将特定印本认定为某一印刷坊所印，这种方法已经取得共识；而对印刷坊具有其特色的业务实践中的发展变化进行仔细研究，被认为是通向印本早晚之时期判定的一把钥匙。所完成的有价值的工作已然数量可观，但同样具有重要意义的是，书志学意识得到了发展。或谓昭然订误者，其时必晚（p. xiv），波拉德认为其说失之武断，并用他称之为"常常是文学研究者所运用的"一个论据加以证明，实际上他已经注意到在认识文本发展演变的时候，外在物质证据的分析占有优先地位。而且他正在思考，觉得有必要学习如何通过书本文字内容之外的其他途径让书本呈现自身。

1908—1945

此后几年，对 15 世纪图书印本的研究仍在继续。之所以取这一年作为书志学研究两个历史阶段的分界点，是因为在连续两年之内前后并峙着两部里程碑式的著作，一个（《大英博物馆所藏早期印本目录》第一卷）是此前工作的登顶，另一个（《莎士比亚对开本和四开本》，1909）是未来工作的嚆矢。这两部书由同一个人——波拉德——负责这一事实，则象征着新旧嬗递。那本关于莎士比亚的书，标志着研究对象转向了伊丽莎白和詹姆斯一世时期的戏剧，随后六十年之内在这一领域有着最富创新的书志分析。那是后来被称为"新书志学"的第一座丰碑。之所以称之为"新"，不但是因为其聚焦于 16、17 世纪的图书印本，而且是因为其奉行者的宗旨是阐明文本历史，而这反过来又要求关注影响印刷文本的印刷坊的工作[18]。

如我们所见，有些早期研究古印本的学者并非没有意识到图

古代印刷坊。采自 Frank Moore Colby，*Outlines of General History* (New York: American Book Company，1899）324

书之文本内容与其外在物质结构之间的关系；但是总的来说这些学者都只是致力于将印本识别为某个印刷坊所印，并对其生产时间予以确定，而他们对印刷坊习惯的分析，几乎从不用来解决文本正误问题。与此形成对照的是，新书志学的先驱们，他们所研究的，是文学表现形式最丰富的渊薮之一——文艺复兴英国戏剧，而对印刷历史的厘清，是他们在进行文本校勘整理时藉以作出取舍的一种手段。事实上新书志学通常被归结为这样一种认识，即，文学研究不能忽略文本通过印刷过程时所留下的物质证据。

波拉德在其 1909 年那本书的前言里，通过解释他与西德尼·李①之间的分歧，展示了他对文本的强调。他称李为"书志学悲观主义者之首"，与他自己的"坚定的乐观主义"恰为对照——这里的悲观主义和乐观主义对应的是人们对莎士比亚文本的文献资料可以有何种程度的信任。在波拉德看来，李似乎"偏执于盗版现象这一想法"，认为那是"在莎士比亚时代图书市场的主导因素"，而波拉德则认为印刷坊"一般而言是诚实可信的"，只将五个莎剧四开本认定为是"坏的"。按照 F. P. 威尔逊（新书志学早期高明的史家，相关论文发表在 1945 年书志学会成立五十周年纪念集）的说法，波拉德的书具有"开创新纪元"的意义，因为它成功地辨析了四开本的"好"与"坏"，扬弃了

16

① 西德尼·李（Sidney Lee, 1859—1926），英国校勘家，传记作家，参与主编《英国名人词典》（*Dictionary of National Biography*），推出莎士比亚作品集整理本。

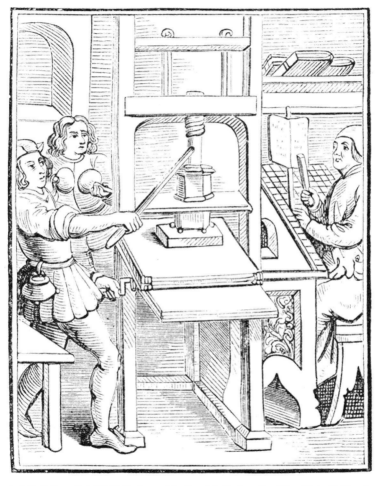

古代印刷坊。采自 W. H. De Puy，*The People's Cyclopedia*（New York: Phillips & Hunt: 1881）1427

"将对开本和所有四开本混为一谈的旧的认识"（p. 13）。而波拉德用来支持其论点的方法与他的结论一样具有开创性：他不但仔细讨论了莎士比亚时代出版业的情况，对四开本和对开本进行了书志描写，而且还展示了图书中的物质证据如何可以帮助我们认识图书生产时的情况。

其中一章精彩回顾了新书志学的第一个重大成果：发现带有不同戳记、原来被认为分别印于 1600 年、1608 年和 1619 年的共九个四开本其实都是 1619 年为托马斯·帕维尔印制的[①]。虽说波拉德 1906 年 6 月在《学园》上曾发表论文讨论过这些四开本，但最终论定其时间作伪的是 W. W. 格雷格 1908 年发表的论文[②]，该文举出了存版（standing type）和纸张批次（paper stocks）的证据。在另一章，关于第一对开本（the Fisrt Folio）的印刷，波拉德讨论了所用的活字和图饰，然后在短短一页（p. 134）之内，陈述了两个重要的观察，为书志分析中最常用的两种方法导夫先路。在研究了页头书名（running title）的排版特点之后，他得出结论说："这些页头并不是每页重新排过，而是从一个版面顺延到另一个版面，也就是说，在拆版时页头

[①] 托马斯·帕维尔（Thomas Pavier，？—1625），17 世纪初英国伦敦出版家、书商，因参与莎士比亚戏剧早期版本的出版而毁誉参半。1619 年帕维尔参与了出版作伪，出版四开本莎士比亚戏剧以及伪托莎士比亚的戏剧共十部，其中有几部的版权页上信息造假。

[②] W.W. 格雷格，"莎士比亚四开本中的出版日期造假"（On Certain False dates in Shakespearian Quartos），刊于《图书》（*The Library*），vs2-ix，n34-36，1908。

保留在版面里，只是下面的铅字重新排过"；然后他将某特定页头书名中同样的错讹多次重现作为"一个非常过硬的证据"证明贾格尔德的人"印那些喜剧时是一次印两页，从一折纸的中间开始"①。

根据这里的第一点可以用页头书名来踪迹各个版面印刷的次序；从第二点开始人们逐渐认识到，版面排字与印刷的进行是依照每一个版面中需要什么（在印刷机上一次所用的材料），而不是依照页码次序[19]。波拉德明确说，他在"力图认识贾格尔德印刷坊的排印习惯"。"习惯"这个词布拉德肖曾经用过，而且我们可以肯定，布拉德肖也会喜欢波拉德渐次发掘出的这一类习惯：不仅是那些反映在印成书页上的关于排印布置的习惯，而且还有行为习惯——印刷坊的工作流程——正是这些流程形成了那些排印布置。新书志学未来的方向隐现于此：从印成书页的静态，走向印刷坊的动态。 17

波拉德的书所展示出的这类研究在文本考据中的作用，在新书志学下一座丰碑中展示得更加清楚，该文的写成与波拉德的书仅隔四年，发表于 1914 年，这就是罗纳德·B. 麦克罗的"16、17 世纪英国文学作品研究和整理中的书志学证据"。这篇一百页的研究论文，发表于书志学会《会刊》（*Transaction*）第 12 卷

---

① 威廉·贾格尔德（William Jaggard，1568—1623），英国伊丽莎白、詹姆斯一世时代的印刷商、出版商，因印制莎士比亚戏剧第一对开本而闻名于世。

（并有少量单印本），其基本理念（见开头部分的标题）是"现代文献整理方法要求懂一些书志学知识"，基本认识（见开头第一句）是，甚至"在其他方面都很博洽的学者"也"对图书生产技术方面最初级的事实"表现出"令人诧异的无知"[20]。该文对这些事实（当时所知）进行了适时的总结，但它并不是一部印刷史；它是展示这些事实如何可以用于文学研究的一个手册。例如其中一章的标题是"关于书帖 [signature，即用来标识书页叠放的印刷字母] 以及可以从书帖中得到什么样的认识"，而另一章则展示了意外事件所蕴含的启示 [21]。这里强调的是过程。正如麦克罗在绪论中所说，文学研究者"对于他们面前作品的物质载体所经历的整个过程应当始终保持清楚的意识"（p. 220），而且他们应当这样看待一本书："它不是囫囵一个，而是各个部分的组合，而且每一个部分都是一系列清晰宛然的过程的最终结果。"（p. 221）

对于读者来说，与麦克罗关于物质细节之运用的讨论同等重要的，还有他自始至终展示出的那种思想意识。他知道自己不能穷尽所有的运用，但他可以为读者提供一种道路，让读者可以顺着这条道路去发现自己的运用："能做的不外乎提示一些可能的研究路线"，而"研究者本人，通过自己的研究，凭借自己的巧思"，可以将这些提示付诸运用（p. 222）。麦克罗提醒读者，说到底，没有什么东西能够取代常识在分析每种情形的特定细节时的作用。读者沿着麦克罗逐个细节加以研究的这一条道路，开始明白"要始终关注那些由实际形式所提供的并且'组成'一本书的各个小的证据"的真正含义（p. 220）。

麦克罗不但展示了针对印刷文本的书志学研究方法的构成，而且传达了由书志学发现（一如所有其他发现）所带来的兴奋之情。其绪论部分倒数第二段写得很好，他说，"我们开始研究的几乎每一本书，都是一个草莱未辟的新疆域"，故而书志学是"各种形式的历史探询中最吸引人的一种"（p. 221）[22]。在麦克罗这本书的扩展版亦即出版于 1927 年的《文学研究书志学概论》中，继续保持着这种精神，而该书无疑是现有关于书志学研究的著述中读者最多影响最大的一本。书志分析所必需的历史知识背景随着时代的推移而变化，从这一点来看，麦克罗的书现在已略显陈旧；但是作为对解读图书的物质细节所要求的意识品质以及由这种品质所带来的恰当妥帖的一种表述，他的书可谓历久弥新，永不过时。

到 1914 年时，其名字已成为新书志学一词的同义语的那三个人——波拉德、格雷格和麦克罗——已经作出了重大贡献。在接下来的几十年间（直到他们分别卒于 1944 年，1959 年和 1940年），他们仍然不断推出新作 [23]。不过，清晰展示新书志学的整体面貌的，却是格雷格向书志学会定期提交的总览报告。他的第一个重要报告题为"什么是书志学？"，1912 年 2 月 19 日发表于书志学会全体会议（1914 年刊于该学会的《会刊》，同期还载有麦克罗的"16、17 世纪英国文学作品研究和整理中的书志学证据"），其睿见卓识至今仍有其价值。他开宗明义正确地指出，布拉德肖一派"科学"书志学家与此前那些半吊子学者之间的区别"不但在于'学'，而且在于'识'"（p. 40）。然而在描述书志学的观点究竟蕴含着什么的时候，格雷格的重点却没有放在当时"科学"研究的大宗——古印本研究上，而是为新时代勾勒出发展规划。他说，书志学还不是"一门令人满意的科学"，因为太过注重于描写，而"如果一门科学只是描写的话，就难免贫瘠"（p. 40）[24]。

这个报告未免低估了描写，不过他想要表明的是，他更关注分析，确切地讲就是，那些关系到文本历史的物质证据的分析。他始终坚持以文本为中心的观点。从他的生平自述：作为一个文学研究者，他认识到自己需要书志分析的结果，故而进入了书志学领域；到他对自己所谓"批判书志学"（critical bibliography）的正式界定："关于文学文本物质传达的科学"（p. 48），都可以看出这一点。他承认校勘整理需要品味需要历史知识和语言知识，但是他认为，"书志学调查占据校勘工作的四分之三"（p. 47）。他虽则强调文本，却没有明确论述过书志分析可以为印刷史研究作出的贡献；无疑他觉得这一点已是理所当然，是他所鼓吹的文本史研究的题中应有之义——在一开始的时候——这

19

会成为分析书志学的一个不准确的刻板印象，即将其简单地看成是校勘学的一种工具。

他的论说也表明他将书志学界定为对图书生产历史的研究；在把对藏书票的研究作为"这一主题的一个杂种分支"（p. 45）而加以拒斥的时候，他宣称"书志学只关心在成品图书上留下其印记的那些过程"（p. 45）。这里他简要表述了大多数历来自认为是分析书志学家的那些人的立场观点。藏书票代表物质证据的一个种类，现正在被热情地研究着，以揭示图书在生产过程之后的历史，这一事实，并不当然推翻格雷格断然主张应聚焦于每一本书的更早阶段的历史的这一观点。是否两者都应称为"书志学"？这是个相对无关紧要的问题；不过，为什么格雷格在1912年鼓吹一种创新的、人们还不太理解的方法的时候希望明确这一点，却是不难理解的。

二十年之后，格雷格在其担任书志学会会长时期的两次讲话中详细阐述了自己的观点。第一次讲话，题为"书志学现在的处境"（1930），他指出，随着人们对物质证据在研究文本传达中的重要意义认识的不断加深，在书志学"事业的新阶段"（p. 250）应运而生的"新精神"（p. 251）"新方向"（p. 255）是给这个领域以"指导原则"（p. 261）的一大发现[25]。他再次将对数据的记录与对"意义和关系"的探寻加以区分和对比，认为随着从前者走向后者，这个领域"就不再是描写的和静态的"，而是"成

20

为动态的和历史的"（p. 248）。关于它是不是科学的这一问题，他进行了化解，没有让它成为一个纯粹的定义问题。在 1912 年的文章中，他正确地说道，如果我们把科学看作是"藉以组织事实，踪迹恒常因果"、运用"缜密方法研究并解释新鲜的证据"（p. 39），那么，近来称书志学为一门科学"可以看作是显示了一定的真实"。这些话比他在 1930 年的讲话更好地描述了他的学术主张的基础，在后面这篇讲话中，他说道，书志学"作为一种发现的方法"是"完全科学的"（p. 222）。一种历史追寻如何可以是"科学的"，格雷格对这一问题的理解，将书志学是不是一门科学的这一问题，转化成进一步厘清书志学所采取的新方向的一个手段。

格雷格另一次会长讲话，"书志学辩"（1932），重申了他自 1912 年以来的主要观点，包括援引"书志学是文学研究的语法"这句名言（书志学会首任会长科平杰在第一次会长讲话中首次用到）来强调方法是理解书志学的特殊功能的关键[26]。对曾经留意过格雷格以前的观点的那些人来说，他这篇"书志学辩"的要旨并不陌生，这就是，如果"所有文学批评的根本"在于"传达"（transmission）这一问题，那么，"使我们可以处理这一问题"的书志学，就是"研究的基本工具"（pp. 113-114）。这篇讲话包含有他那个著名的惊人之论：书写的或者印刷的字符在书志学家眼里"只是任意的记号"，他说，"它们的含义，书志学家并不关心"（p. 122）。这个说法常常被人断章取义；但是如果作为格雷格整个论述的一部分来看，却并非没有道理。正如他在 1912 年那篇文章（在那里他曾说，"书的思想内容与书志学家毫不相干"[p. 46]）中所说，他首先要努力将列举特定主题之书目的工作（一般人以为的"书志学"概念）与对图书的物质证据的研究区分开来，而这物质证据的效用，与其所呈现的文本的性质，并无关系。更为重要的是，他还希望将物质分析的作用及其历史依据从文本校勘的其他构成要素中区分出来。他希望传达的要点是，通过其他方法所达成的文本校勘结论，如果与通过检视承载文本的物质对象所确立的事实相矛盾的话，那都将值得怀疑。他显然清楚自己在力图强调这一理念的时候，有些夸大其词，因为他承认，在实践中，文本的意义"常常可以让我们抄近路抵达严格的书志学方法必须通过艰辛跋涉才能抵达的结果，还可能将我们带领到书志学方法根本无法抵达的结果"（p. 123）。不过，为了弄明白各种不同的方法如何可以协同使用，关键先要知道每一种（缜密构想的）方法包括什么。

21

格雷格这个序列的第四篇文章（"书志学回顾"）写于十年后，是他对书志学会成立五十周年庆典（1942）的贡献，纪念文集出版于 1945 年。基本上是对他自己标准观点的重申，不过值得注意的是他对图书的"生命历史"这一概念的强调——他在 1932 年的文章中曾详细讨论过这个概念，把文本说成是"随着岁月流逝"而变化的"生命有机体"，并且宣称书志学"以同等的重视程度认真对待文本历史中的每一跬步"（p. 135）[27]。到 1945 年他已经将这一概念放进了这一领域的基本定义之中，强调"书志学研究的目标是……为每一个特定的图书重建其生命的历史，使其以最私密的细节，展示其作为活的语词的物质载体的出生和历险的故事"（p. 27）。正如文本校勘必须运用书志学一样，对文本的生命历史的研究，也必须包括那承载文本的图书的生命历史的相关知识。尽管格雷格本人的兴趣是在这些历史（关系到作者意图的文本和图书的历史）相对较早的阶段，但是他缜密的头脑认识到这个领域从逻辑上讲应当更为广阔，他对这一领域的展望，拥抱了 20 世纪后叶的发展。

在这四篇文章中，格雷格彰明较著地担当起一个宣传公关的角色：正如他在 1930 年所报告的那样，他曾对波拉德说，他愿意利用他书志学会会长的身份"从事宣传"（p. 256）。而这个领域在关键时期也幸而有他这样一位思想和表达都很清楚的人来承担这个功能。正如他经常对比 20 世纪前后书志学工作的不同所显示出的那样，他对自己曾参与其中的"令人兴奋的历险"的历史意义，有着非常敏锐的意识。到 1945 年五十周年纪念集出版的时候，这个运动已经有足够的成果，要求 F. P. 威尔逊作一次长篇述评，不过这个总结（其中称格雷格为"英雄"）恰巧也同步标志着这个领域领袖的更迭。格雷格文章的结尾部分提到了"来自美国的……颇有意思的工作",特别是弗雷德森·鲍尔斯和查尔顿·欣曼所写的论文,于是用洞悉未来的这一瞥,结束了这篇回顾。

1945—1969

1945 年格雷格提到的那两个人后来成为第二次世界大战后分析书志学新一波高潮的领军人物。在美国参战前那一年,欣曼还是鲍尔斯在弗吉尼亚大学的学生,两个人在其开始在美国海军服役之前都发表过关于页头(running-title)的分析论文。当鲍尔斯在战后回到弗吉尼亚大学之后,很快就确立了自己在这一领域的主力地位,他不但发表了一系列论文、出版了一本里程碑式的著作《书志描写原理》(1949),而且在 1948 年创立了一本学术期刊《书志学研究》[28]。虽说这本刊物对图书史研究的各个方向都予以开放,但是鲍尔斯本人的兴趣和他积极的组稿,使得这个期刊与分析书志学的新发展有着特别紧密的联系。这些发展表现为一种新的书志编写风格,包括详尽列举可藉以区分不同排字工人的工作以及可藉以回溯版片上机印刷的先后次序的那些证据,主要是关于伊丽莎白和詹姆斯一世时代的戏剧四开本和莎士比亚第一对开本。

鲍尔斯作为运动领袖很快就得到了公认，甚至在针对《书志学研究》第一卷的书评中就已经有所体现；其中一篇，库尔特·比勒提到了分析书志学的"鲍尔斯学派"，另一篇，格雷格称弗吉尼亚大学"不仅在由少数几个美国学者所垄断的高度技术化的方向上，而且在所有的方向上，都是一个富于活力、辐射广泛的书志学学派的中心"[29]。当然，这种书志学研究工作并不限于弗吉尼亚大学，而且《书志学研究》以外的其他期刊实际上也刊登这一类文章，但是说到持续了四分之一个世纪之久、留下了大量文献的这一分析书志学大爆发的学术现象，鲍尔斯和他主编的刊物无疑是其背后的主要推动者。

虽说鲍尔斯本人在这方面也写了一些重要文章，但他更具影响力的角色却是这一领域的一种催化剂和一个宣扬者，最著名的是他1954年在费城的罗森巴赫讲座，以及1958年在剑桥的桑达斯讲座，尽管之前之后他还有抱持同样宗旨的其他讲座和文章[30]。像格雷格一样，鲍尔斯（后来成为一位多产的文本整理者）专注于书志学在文本校勘中以及（进而在）文学批评中的作用。但与格雷格总体而言节制而又谨慎的宣传风格有所不同的是，鲍尔斯是一位激进的推销者，将自己的思想包裹在长篇大论之中。显然，他成功地让更多的一般文学研究者知晓他所说的"书志学之道"；但是他的风格——当然再加上许多被视为反映了他的"学派"的文章中的那种热衷而又自信的口吻——引起了一些人的反感。

　　大概正是由于意识到这种情形（至少部分是由于这个原因），鲍尔斯决定将自己1959年牛津大学莱尔讲座的主题确定为解释物质证据如何使用以及其结果能够达到何种程度的确定性。五年后这个讲座最终出版（《书志学与校勘》，1964），在其前言中，他提到自己"强烈感受到需要说明什么是书志学思想——即书志学头脑在处理特定问题及其相关证据时的运转方式"。他认为自己的书是运用书志学工具"解决具体问题"的"实务"教科书。在第一个讲座的开头部分，他提到自己的目标是探索"文本书志学藉以运行的那些证据的性质、其推理的逻辑形式、其所使用的技术，以及其所达到的结果"（p. 7）。这本书的核心是审视"确定性的三个层次"，他分别标签为"确然可证的"（the demonstrable）、"极可能的"（the probable）和"有可能的"（the possible），而这一讨论的关键一节其标题是"对常态的推定和科学的方法"。于是鲍尔斯突破了归纳性调查的限制，不顾有些结论的不确定性，而试图证明其有效性。

24

　　他对分析书志学可能会遭受的主要批评意见进行了直接的反驳，并且通过展示严密的逻辑如何可以适用于相当广泛的书志学情境，为这一领域提供了一种基础服务。然而这本书并没有被公认为是标准教科书，原因之一可能就是其咄咄逼人的腔调。讲座开头部分当时就曾引发骚动的一句话是，"当书志学判断与校勘学判断相冲突的时候，校勘者必须接受书志学的发现并作出相应的调整。"（p. 29）鲍尔斯的意思显然与之前格雷格曾说过的并无二致，但是这种表达方式却不大可能让人心悦诚服。还有诸如"书志学思想"之类的过甚其词，让一些读者反驳道，并不存在书志学特有的清晰的思想。当然鲍尔斯清楚自己并不是在描述一种新的逻辑，而是在证明书志学证据如何可以用一种符合逻辑论证传统概念的方法加以处理。更多的人需要得到指导的地方在于如何正确认识可能揭示图书生产过程的那些物质证据的意义。但是鲍尔斯的主题——正如他在其前言部分所承认的那样——却"只是方法"；他的目标并不是为书志分析中所用到的那些技术（即他所说的"工具"）提供一个系统的解释。

事实上几乎与此同时，一年前出版的欣曼的两卷本巨著《莎士比亚第一对开本的印刷和校对研究》（1963）完成了这一任务。尽管这部书并没有想要成为教科书（欣曼在自序中称之为"分析书志学的一次演练"），但第一卷的题目却是"需求，工具，方法"，并且在展示第一对开本中所发现的证据的过程中，不可避免地要说明那些可以用来解决 16、17 世纪图书问题的各种技术（其中有一些乃欣曼首创）。然后在第二卷中，他利用这些聚集起来的证据，一折（quire）一折地考察每一部分的排字、校对、印刷和拆字（即将铅字放归它们的盒子）的情况，对第一对开本生产的历史展开分析。因而该书是对分析书志学如何工作的最详尽的解说，也是我们所看到过的最有根有据的个案分析。该书除了在一开头说其宗旨是向"文学研究者"展示书志分析如何"可以弄清楚各种文本现象的根本缘由（舍却此法即无从得解）"（i,vii）外，并没有明确依照鲍尔斯所论述的那种原理。欣曼的书是比鲍尔斯的书更大的成就，不过，两者的书互为补充，一并成为战后书志分析繁荣局面的两座丰碑[31]。

1969 年以来

鲍尔斯的书出版后只过了五年，新书志学时代已接近其顶点的重要标志就已经出现，这就是 D. F. 麦肯齐的"心智的印刷者：略论书志学理论和印刷坊实践"①，1969 年刊于鲍尔斯本人主编的刊物《书志学研究》。这篇重要文章，是到当时为止对分析书志学最有分量的批判，对此前三十年间发表过的各种怀疑和告诫进行了梳理总结。早在 1941 年[32]，两位美国学者——在英文学会②年会（鲍尔斯和欣曼早年曾在这里发表过关于页头分析的论文）上发言——对书志学证据的不可靠提出了警告（他们

---

① 唐纳德·弗朗西斯·麦肯齐（Donald Francis McKenzie，1931—1999），书志学家、校勘家，生于新西兰，曾任教于牛津大学。

② 英文学会（The English Institute），位于哈佛大学，创立于七十多年前，每年举行一次学术研讨会，并将会议论文结集出版，对英语文学的批评、解释和教学起到了非常重要的推动作用。

的论文出版于 1942 年）。马德琳·多兰和 R. C. 鲍尔德相当赞同新书志学，因而更加希望其能保持方法的缜密。多兰的论文题为"莎士比亚文本校勘中证据的评估"，他正确地指出，"来自印刷坊的证据并不总是明确而不含糊的"（p. 102），而赋予不同种类证据以不同"层级的证据效力"（p. 101）的所谓进步，须仰仗"对观测结果的牵强附会"（p. 113）。鲍尔德的论文"书志学中的证据和推论"更为尖锐地指出书志学工作（一如所有归纳性工作）中的根本性危险——诸如"从最纤微的迹象中榨取寓意直至最后一滴"的倾向，"将推论推到极致"的倾向，在"很小一部分"（pp. 170-171）证据的基础上构拟出整体性结论的倾向（最后一种倾向因为有些版本存在相当一部分内容的缺失而益形严重）。鲍尔德理解推论在学术研究中的地位，但是他也理性地呼吁"对每种情况下那些推测和假定赖以存在的基础要有更加清楚的认识"（p. 173）[33]。

在此后十年里，随着对分析书志学热情的增长，那些警觉待之的人的怀疑态度，时或益见直率。了解相关讨论的一个好办法是阅读那些针对《书志学研究》逐年各卷的评论。譬如 1957 年，赫伯特·戴维斯充分理解但也坚定指出，"将讨论建立在对印刷作坊里的历史真相的难免带有部分推测的论述的基础之上，有其危险"；在同一年，利奥·基尔希鲍姆不大看好分析书志学（堪比"僭拟君王"的仆人）的作用，怀疑其在校勘方面的贡献"在

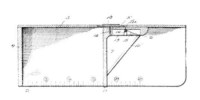

排字框条（composing stick）。左图采自 Government Printing Office, *Official Gazette*（Washingon, DC: Government Printing Office, 1912）。右图采自 William & Robert Chambers, *Encyclopaedia – A Dictionary of Universal Knowledge for the People*（Philadelphia, PA: J. B. Lippincott & Co., 1881）

各种矫饰之外，究竟能有多少"[34]。1965 年，E. A. J. 霍尼希曼稍显温和，但其《莎士比亚文本的稳定性》以"新书志学的'乐观主义'"为标题的结语部分也同样有力，认为"排字工研究以及其他'科学'方法"导致整理者对其探知排字工错误的能力过于自信："那些乐观主义者最为冒险之处"，他说，"正是当他们向世界提供新的'书志学事实'的时候"（p. 170）。

麦肯齐的著名论文汇集了以上所有方面。其做法是，参照从印刷坊档案中所得出的信息（主要是剑桥大学出版社 17 世纪晚期和 18 世纪早期的记录），对某些已确立的分析书志学假说进行检验；在每个个案中都发现那些假说太过简单，无法应付实际印刷坊存在着的复杂变数。比如说，版本规模（印数）的巨大差异以及排字工和印刷工在给定时间内所完成工作量的巨大差异，让"标准"的概念变得毫无意义；还有，如果认识到印刷坊的排字工和印刷工时常同时操作着多个印刷项目的话，那么，认为一个

The true Effigies of Laurenz Ians. Koster. Delineated from his Monumentall Stone Statue, Erected at Harlem.

MEMORIÆ
SACRVM.

LAVRENTIO
COSTERO,
HARLEMENSI,
ALTERI CADMO,
ET ARTIS
TYPOGRAPHICÆ
CIRCA AN. DOM.
M. CCCC. XXX.
INVENTORI
PRIMO,

BENÉ DE LITERIS
AC TOTO ORBE
MERENTI, HANC
Q. L. C. Q.

STATVAM, QVIA
ÆREA. AVT MAR-
MOREA DE FVIT,
IRO MONVMEN-
TO POSVIT CIVIS
GRATISSIMVS

PETRVS
SCRIVERIVS
1635.

约瑟夫·莫克森《印刷技术讲义》，伦敦，1683 年

MECHANICK EXERCISES:

Or, the Doctrine of

⟨Handy-works⟩.

Applied to the Art of

⟨Printing⟩.

The Second VOLUMNE.

By *Joseph Moxon*, Member of the Royal Society, and *Hydrographer* to the King's Most Excellent Majesty.

LONDON.

Printed for *Joseph Moxon* on the West-side of *Fleet-ditch*, at the Sign of Atlas. 1 6 8 3.

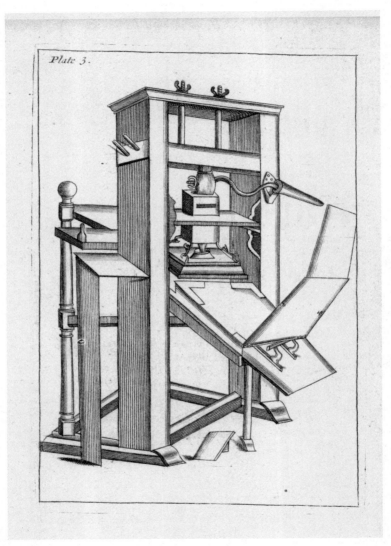

Plate 3.

《印刷技术讲义》中的印刷机图片

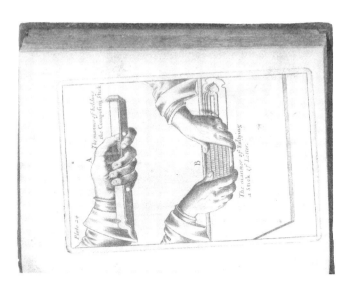

此图及下图为《印刷技术讲义》中的印刷工艺流程图

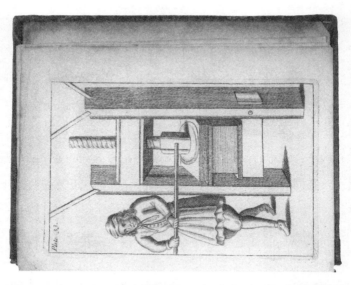

印刷坊出于经济考虑需要在一本书的排字人工和印刷人工之间
达成一种平衡的那种观点（这是许多已发表的针对个体图书的
分析的一个基本观点）就不再成立。接下来麦肯齐用更多的印刷
坊档案的例子证明，书志分析的一些标准方法——关于排字工的
行宽（放入排字框条的行的长度）、版面大小的划定、龙骨版的
数量和次序、校对的证据，以及印刷数字记号等等的意义的那些
假说——在同时印刷的情况下就都很成问题。（这些方法将在下
一章讨论。）所有这些他认为都是归纳性推理的不完美性的证明，
而他的结论是，"书志学也许可以得到更可靠的发展，如果我们
更好地确保其作为假定的性质"——如果我们遵循"假定－演绎
的方法"，通过举出反证对归纳性推理进行严格检验藉以"很好
地制约草率的概括"（p. 61）的话。

毫无疑问这个警告是非常适时的，因为太多的书志分析论文
已经暴露出——用麦肯齐的话来说——"草率地将个别调查提升
到概括真理的地位"（p. 50）。任何领域都可以从一篇表述中肯、
引证宏富、旨在提醒缜密思维的必要性的文章中获益，麦肯齐
这篇文章的清晰和博雅令人印象深刻。但它却有一个令人不安
的缺点：相较于它对从调查物质证据归纳出历史事实这一过程
中的内在危险的精妙揭示，似乎在麦肯齐看来，从印刷坊档案
或者其他外部文件发现历史真相是件理所当然的事情。这篇文
章一再明确区分从档案文件中所得出结论的确定性与根据印刷

品本身所得出结论的不确定性。例如，他说，"再多从历史角度的吹毛求疵都不能抵消剑桥档案文件的直白事实"（p. 16）；在另一个地方他又声称"在某些个案中我们偶然得以确知鲍耶们做过些什么"（p. 31），因为鲍耶印刷坊的分类账本幸存了下来，这个账本提供了一些信息"其确定性是任何纯粹的推导性构建都无法比拟的"（p. 52）[35]。他进而使用"原始证据"（例如p. 52）或者"原始记录"（例如 pp. 53，60）等词语来表示印刷坊档案之类是自泄天机的片言只语，因为这样一来就不必将幸存印刷品从其显然的中心地位上予以贬降从而对归纳推理的危险提出警告。在任何情况下，原始证据，不管它究竟是什么，都不会仅仅因为其"原始"而变得明晰不含糊。因而这篇文章就背上了两个谬误：过去生产的印刷品对于其生产过程而言并不构成原始证据，存在一类不包含错误也不需要诠释的历史证据。换句话说就是，这篇文章似乎没有认识到所有的历史研究者（包括分析书志学家）在与其所必须使用的证据的关系上都处在相同的位置[36]。

　　揆麦肯齐之初衷，与其说是力图将分析书志学置于更为可靠的基础之上，不如说是旨在否定其作为一种研究方法的可靠性；既存此疑，则对麦肯齐文章之敬意势必大为减损。他是否有意劝阻人们从事这类研究，且置不论，但他的确承认自己对"分析书志学的前景颇感失望"（p. 60），认为难免劳而少功。许多读者认为他是在叫停这类研究。甚至弗雷德森·鲍尔斯也说麦肯齐"濒于建议""干脆取消分析书志学"[37]。菲利普·加斯克尔1972出版的、题献给麦肯齐的《书志学新论》也反映出同样的结论，只是少了鲍尔斯的批评意味：虽然很好地论列了图书研究者所应了解的基本历史信息，但它并不完全认可书志分析是发现此类信息的一种有效方法。

自从1970年代初期以来，分析书志学研究真的变得比较少，不过麦肯齐的文章对此只承担部分责任。因为当时的文学研究已经开始从对作者意图的关注转向对文学的社会生产和接受情况的关注。虽说新书志学并非天生就与对作者意图的研究绑在一起，但它的确是由关注作者意图的那些整理者研发出来的，因而其方法也就随着作者意图一起受到冷落。的确，更为晚近批判这一运动的学者事实上关注的是整理者的态度，却没有认识到他们的苛评并没有触及真正的对物质证据的分析[38]。而真正关切到书志学调查的那些讨论，在穿透力和悟性方面却远逊于麦肯齐的文章（彼特·布莱内是个引人注目的例外，下一章将作讨论）[39]，该文仍然是文本校勘学与书志学研究重要转折点的关键文献。

并不令人意外的是，麦肯齐继续撰文讨论其所谓"文本社会学"，在这门学问中，检视文本载体的物质特点以分析其中的文化意蕴，分析作者、出版者和读者所加载的意义。在这一领域引领发展的麦肯齐，堪比六十年前共同创立新书志学的波拉德；两者都是承前启后的角色 [40]。迄今为止，将图书设计作为一个文本问题、作为置于读者目前等待阅读之物的一个必不可少的部分来加以研究，已经形成数量相当可观且充满活力的学术论著。这一领域的学者不是从物质细节去探寻图书生产过程的线索，而是聚焦于那些设计元素——那些旨在让读者留意的、事实上读者一般也以某种方式（或自觉，或不自觉；或达到了预期的效果，或没有）留意到了的设计元素。（当然，图书设计是藉由生产过程才得以赋形，对图书设计的正确研究，离不开对生产过程的认识。）这种研究是一个更大的研究框架中的一个有机组成部分，这个更大的研究框架就是现在所谓的"图书史"——即自从 1958 年吕西安·费夫贺和亨利—让·马尔坦的《印刷书的诞生》（*L'Apparition du livre*）①出版以来兴盛至今的——对图书生产和发行的社会影响的努力追寻 [41]。

在那些接受了新书志学训练的人看来，对图书设计的社会研究几乎根本不能算是书志学。但是比起人们如何称呼更为重要的是，像新书志学一样，它是解读图书中的物质证据、藉以了解其历史的一种途径。这是一个很好的发展，因为——再一次跟新书志学一样——它将我们的注意力引向被忽视的一类证据；同

① 《印刷书的诞生》（*L'Apparition du livre*），有中译本，译者为李鸿志，广西师范大学出版社，2006 年。

样地，人们从事此类研究的热情（而且比新书志学得到了远为高得多的关注度）很快就引发了大量的洞见，其中有一些经得起一 30
再的检验。不过，如果说现在人们对与新书志学有关的研究工作的热情有所降低的话，那么这并不意味着其失去价值；这绝不可能，只要还有图书需要检核[42]。不管挑战有多大，都无可回避，必须从事这一方面的研究。承载语言文本的人工制品，构成了与这些语句本身意义截然分开的、关于过去的、一个巨大的信息库；而那些有志于了解过去的人，将会坚持探索各种可能的方法，去获取这些信息。

第二章　制作线索分析

16、17 世纪图书排字工研究

　　1860 年代亨利·布拉德肖认识到，一个印刷文本的物质特点可以揭示出排印该文本的印刷坊生产方法的有关信息，之后，他多次指出，页面布局和排字工作中也体现出个人特色。但是直到大约五十年之后，才有人对如何系统性地识别个体排字工提出了一个详细的方案。1920 年 6 月 3 日，《泰晤士报文学增刊》发表了托马斯·萨切尔大约一年前（1919 年 7 月 9 日）发自日本神户的一封信，题为"第一对开本的拼写"。萨切尔注意到 1623 年莎士比亚第一对开本中的拼写异文，开篇提出了一个极有见地的假说："揆诸常情，如果伊丽莎白时代排字工的拼写是遵照他们各自的习惯倾向的话，那么我们就应当发现，每个排字工所排稿子的份额，都对应着一系列拼写异文。"

　　他进而对第一对开本《麦克白》部分的拼写异文进行了比

对，发现除一些异文无可归类外，其他异文形成了整齐的阵营，除第一幕外，文本可分为两半，上半部分的特点表现在：do 和 go 末尾有"e"（"doe"，"goe"），here 中有双"e"（"heere"），词末倾向于选择"ie"而不是"y"（"merrie"，"plentie"）；而在下半部分：do 和 go 末尾没有"e"，here 中不是双"e"，词末倾向于选择"y"而不是"ie"。萨切尔感觉"这些异文序列绝非出于偶然"，但是他也意识到，这种歧异并不必然指向两个排字工，因为它们也可能反映的是两个抄写工的习惯倾向。他说，如果他对稿件在排字工之间是否正常划分有所了解的话，那么他将会有一些根据藉以在这两种解释中作出取舍；可在当前这种情形下，他只能得出结论说"很难判断"。

虽说未免依违莫定，但是萨切尔的信基本上提出了一个方法步骤，至今仍然是分析书志学基本方法之一（至少是针对 1700 年之前的印刷图书）。甚至他列出的三个关键拼写异文——"do"／"doe"，"go"／"goe"，"heere"／"here"——四十年后在查尔顿·欣曼对整个第一对开本所进行的穷尽性研究（《莎士比亚第一对开本的印刷与校对》，1963）中，仍然是最有用的异文。萨切尔的信在其他方面也有启发。其开篇所言，对开本的拼写"还没有受到莎士比亚研究者足够的注意"，这意味着，研究的基本动力是希望更多地了解莎士比亚的文本，而不是其印刷的历史。当他说到自己的研究"得出了一些关于排字工对其'底本'之态度的很有意思的事实"的时候，毫无疑问，他对"排字工态度"的兴趣，源于希望了解印刷文本究竟有哪些特点来自于排字工用作底本的写本，而最终可归于莎士比亚本人。这一过程的内在困难，此时已见端倪，后来才详加讨论。萨切尔从《麦克白》的两半中所举出的拼写异文的例子，有些在每一半中只出现一次，因而除非已经断定这两半是由不同的排字工所排，这些异文是没有意义的。对于他所发现的分类格局，他也举了一些反例，提出了相反分类格局存在的可能性。此外，他承认"对莎士比亚时代排字间的工作流程"（即关于将底本分配给不同的排字工的标准做法）一无所知，从而指出了在解释所得证据时历史语境的必要性，也强调了在归纳时循环论证的危险性。

　　然而的确存在由排字工所造成的拼写异文（还有不一致的标点用法），而且是大量存在；它们实际上构成了用以研究排字工行为的体量庞大的证据，这一点一经指出，无疑必定加以研究。麦克罗在其《文学研究书志学导论》（1927）一书中写道，"有时候从同一本书不同部分之间所存在的拼写上的和风格细节上的歧异，可以推断出曾有两个以上的排字工从事该书的排字工作；如果我们想要考察作者的拼写在印刷文本中究竟保留几何的话，这一点就会显得尤为重要。"（p. 128）这对于研究印刷过程也同样重要。而麦克罗的论述，除了阐明其对文学问题的强调之外，值得注意的还有其将这一方法从拼写引申到"风格细节"（指排印风格）——这是个顺理成章的引申，因为拼写情况并不是印刷页面反映排字工个人选择偏好的唯一方面。在麦克罗这本书面世三年之后，1930 年，A. K. 麦基尔雷思展示了这"风格细节"包括些什么：他根据各幕的标题（特别是其句读）、台词前缀（特别是名字的缩写）和行款（特别是半行诗句的处理）等排印风格歧异，得出结论说马辛杰《女嫔相》1632 年四开本是由两个排字工排印的。

当然，这些特别的检验（后来在查尔顿·欣曼、艾丽斯·沃克和其他许多人手中，这成了标准），在研究非戏剧类散文文本或者来自于图书设计细节明确交代给排字工的其他时期（或者其他印刷坊）的文本的时候，将不会有什么用处。但是，一个适用于所有材料的总的原则却就此确立：排字工有选择余地（相对于某印刷坊或者某一地域排印惯例的要求而言）[1] 的任何拼写或者排印的细节，都可以作为一个依据用来区分不同排字工所排的文本，从而用来识别与排字工分工无关的那些施为，那些因而有可能是构成（排字工据以排印的）底本的特征的有关施为 [2]。

E. E. 威洛比在其 1932 年地标式著作《莎士比亚第一对开本的印刷》中为这一研究取向增重，给萨切尔的依违莫定提供了一个答案：萨切尔所发现的这一系列拼写歧异绝对源自于排字工而不是抄写者，因为它们不但存在于以写本为底本所排的《麦克白》中，也存在于以先前四开印本为底本所排的《理查二世》

61

中。由此威洛比认识到很明显的一点：证明某种习惯属于排字工而不是抄写者（如果印刷底本已佚），端赖于探知同一作坊根据不同来源底本所排出的文本中存在同样的习惯。同时威洛比指出，第一对开本的许多部分，不符合此前已知两个排字工的任何一个，因而也就开启了进一步探寻其他排字工（或者如他所想，"另一对字工"）的习惯的道路。不过在他看来，探寻其他排字工"与其说是排印史研究者的任务，不如说是文本整理者的任务"（pp. 58-59）——尽管其结果无疑会增加关于文艺复兴时期印刷作坊如何运作的知识。这一工作——不限于第一对开本——在接下来的几十年里倒的确是由文本整理者在从事：起初论文涓涓而出，二战后化为洪流，并采用了其他检验项目，比如间距和缩略形式[3]。

随着论著的增多[4]，有些作者开始停下来思考统辖这些研究的基本原则。第一人当是欣曼，其发表于 1940 年 6 月的文章，为其 1963 年书中广泛运用拼写异文证据奠定了基础，在该书中他说道，对排字工的确定必须"主要依靠拼写证据"（1，181）。其文章论述了他是如何得出重要异文分组，以及如何将各幕标题、舞台指示和台词前缀作为印证检验项目。最重要的原则之一（只是在一个脚注中提出）是要对可能影响到排字工拼写的各种要素保持警惕，比如铅字短缺，或者调整行尾的需要（即形成右侧对齐）；在这种情况下产生的拼写异文，显然不一定反映排字工的习惯，因而必须区别对待，小心使用 [5]。艾丽斯·沃克在其1955 年论文"莎士比亚文本排字工判定暨其他问题"（1950 年代她在排字工研究方面所写的几个颇为有理的论著中的一篇）着重讨论了其他一些复杂因素，比如印本作为印刷底本的影响（"我觉得重印本很难反映排字工的通常习惯"[p. 8]），还有排字工的习惯可能会随着时间的推移而发生变化 [6]。

欣曼主张过滤掉"无意义"拼写——即不能纳入藉以区分两 35个排字工的异文格局的那些拼写——的意见，T. H. 霍华德 - 希尔在接下来的关于拼写分析的重要论文，即其 1963 年发表的"拼写与书志学家"（他最早发表的关于书志分析的重要论文）中，曾予以中肯的批评，该文是迄今为止对此类研究的思想方法的最全面的展示。他强调任何研究都必须以全部拼写为基础，因为如果不这样做，就会很容易张冠李戴（例如，一个排字工的拼写习惯与此前鉴别过的某位排字工的排字习惯部分相同，因此而被忽略）。另外，排字工所排定的所有拼写只是其全部工作的一部分。为了鼓吹这种囊括材料的研究进路，他响应艾丽斯·沃克关于扩大研究基础的倡议，认为："不仅包括看起来能够区分一个排字工和另一个排字工的那些拼写，而且包括看起来会将二者混同起来的拼写，还包括变动不居的拼写和一成不变的拼写"（p. 6） [7]。

所有这些试图将拼写研究加以系统化的努力，根本上都是为了记录那些对于任何严谨的头脑来说显而易见的陷阱。然而，考虑到这些陷阱，以及随着排字工研究的增多，结论有时候会发生变化（例如，1940 年认为四开本的排字工是两个，经过四十年的研究变成了九个），因而有人会质疑这种耗费时日的研究的价值，也就不足为奇了。当 D. F. 麦肯齐在其 1985 年帕尼齐讲座（《书志学与文本社会学》）上将排字工分析研究的特点归结为"鉴赏古董般地试图发现证据中的分类，而这分类完全是主观的（internal），甚至根本就是虚构的"（p. 7）的时候，他其实是说出了过去这些年其他人也有的想法。但这与其说是对拼写分析的批评，不如说是对所有归纳性调查的不公正的描述。"内部的"（internal）分类（就这里而言，是指源自于印刷图书，而不是印刷坊档案记录）并不因为其内部性而变得不真实，或者就比源于"外部的"分类（无论怎样定义它们）可靠性差。运用归纳法存在危险，但这并不意味着所有归纳的努力都是无益的，在学习过程中，归纳必然处于中心位置。

　　对拼写分析、同时也是对分析书志学其他分支的最中肯最公允的审视，来自于彼特·W. M. 布莱尼的关于《李尔王》的巨著（《〈李尔王〉的各种文本以及它们的来源》，1982），该书对四开本印刷书研究得非常全面细致，堪比欣曼对对开本的研究（"四开本"和"对开本"的界定见下文）。布莱尼坦承拼写分析有其局限，而且表明，比起莎士比亚对开本，四开本更是如此，因为四开本每一页所印的内容更少，故而据以提取的证据的体量也

36

排字工手执排字框条，在铅字盒前排字。采自 *The Popular Cyclopedia of Useful Knowledge*（New York: F. M. Lupton，1888）

就更小——这是一个严重的问题，因为，正如他所说，"可以在一本书大部分页面得到检验的现象，其所提供的证据最为有用"（p. 152）。不过，他认识到，比排字工习惯认定的局限性更为重要的是研究者的水准："有些研究者"，他说，"不会那么急于乞灵于循环论证，会比其他人更为谨慎"（p. 152）——或者换句话来说，缜密就是一切。值得提醒的是，正如他所指出的那样，排字工研究即便不能做到对一本书所有的排字工都加以区分，也可以是有用的：比如说，发现某排字工没有参与某一部

剑桥大学印刷厂里的斯坦霍普（Stanhope）印刷机，罗伯特·沃克（Robert Walker）制造，1814 年 4 月交付使用

剑桥大学出版社印刷厂内景，拍摄于第二次世界大战期间。排字工在铅字盒前排字，左手拿着排字框条

分的排字工作，这一发现本身是有助益的。根本在于，这种研究要小心从事，同时报告不能夸大其词——这一心法要诀也适用于其他情形。

到目前为止，针对排字过程的研究方法，我们主要提到了对排字工习惯的研究——包括拼写、标点、词语缩写，以及空格的

铅字盒

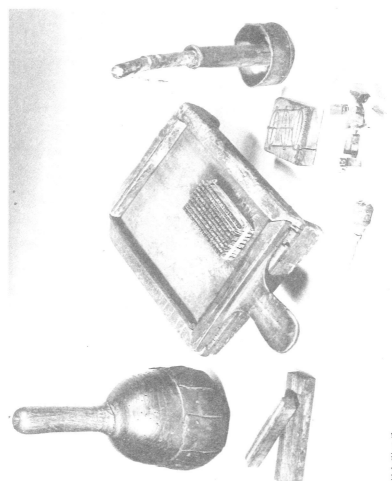

排版印刷工具

铅字排版，并将三十二页拼合成一个版面。排字工用木锤和紧版杆固定印版

设置和铅字的摆放——而不是对所用字体精确形状的细致辨析。旨在重建排字历史的其他主要研究路线则聚焦于铅字本身（或者更准确地说，从其留在纸上的墨迹可以参详的关于铅字的情况），实际上是对具体铅字（以及边框）的辨认，即通过留意那些有了区别性磨损的铅字，在其再次使用时得以识别出这些具体的铅字（以及边框）[8]。虽说对铅字设计和尺寸的研究有助于识别印

刷作坊（就像对于 19 世纪的古印本研究者一样），但成为正确认识某书排字所遵循流程的有效工具的，却是对磨损铅字的研究。追踪若干破损铅字在整卷书中的多次重现，可以让我们说出哪些页（或者哪些半页）是用同一盒铅字排的；有时候还能让我们确定这些页排字的前后顺序。不同于对排字工习惯进行辨析的不确定性，根据破损铅字所得出的排字顺序常常是令人信服的。查尔
顿·欣曼是这种方法的主要研发者，在其 1963 年的书中他说道，

37

铅字印版的制作

剑桥大学印刷车间总视图

破损铅字所揭示的第一对开本的秘密"通常都是非常明晰的，同时也被非常多的其他证据所印证，因而其整体上的证据效力是毋庸置疑的"（I，54）。也许他用"通常"这一措辞未免有些过于乐观；但是相比于许多从拼写证据所得出的结论而言，显然谨慎运用可识别的铅字这一类证据所得出的结论更为可信。

借助诸如装饰和版画之类可以辨识的东西的重复出现或者

其进行性磨损，来揭示排字工作的先后顺序，这一想法由来已久[9]。不过，即便是曾告诫我们（p. 33）单纯依靠文本栏外的图饰所存在的危险性（因为这些图饰可能在铅字排进版面的同时被放进）的麦克罗，也不认为版心里的破损铅字可以提供大量的证据[10]。在 1930 年代和 1940 年代，破损铅字偶尔会被提及，最引人注目的是出自 E. E. 威洛比和弗雷德森·鲍尔斯的笔下，不过只是在识别特定页头的排版的时候——这是用于印刷工作而不是排字工作的分析，因为通常情况下页头并不是与文本栏一同排版的，由此它们常常无须重排而可以频频出现迭经使用。为了理解可识别的破损铅字如何可以用于排字研究，我们必须先停下来重温一下为这一方法导夫先路的一篇文章，并注意其对图书结构进行传统分析的理论基础。

1948 年 W. H. 邦德发表了一篇影响深远的文章（"伊丽莎白时代印刷者的估版"），认为伊丽莎白时代的印刷者有时会"估版"（即估算在特定页面中可以容纳多少文本），以便铅字版页可以不按页码次序（seriatim），而是另以适宜次序形成整个版面上机印刷。他的证据并不是来自于破损铅字（他只在讨论页头的时候提到过破损铅字），而是来自于他的如下发现：三个印刷坊所出的四开本和八开本，其中行数多于或者少于给定图书的标准行数的页面，几乎总是见于内版（即每个未折叠的印张在其第二页容纳文本——或者换句话说，其奇数叶码的反面，其偶数

38

造纸。采自 "L'encyclopedie, ou Dictionnaire raisonné des sciences, des arts et des métiers, par une Société de Gens de Lettres" Recueil de Planches, sur les sciences, les arts libéaux, les arts méhaniques, avec leur explication（Paris, 1762-72）

叶码的正面 ①)。他强调自己的解释——对按版排字的不精确的估算——"仅仅是理论"；不过，对于过去普遍持有的正常情况下依照页码次序排版的这一观点，他已经开启了质疑的门路 [11]。

从他的论述来看，他应该非常熟悉"开本"(format)这一概念。"开本"是指印刷者决定在一个未折叠的印张（无论其

---

① 所谓 forme 是两页构成的一个版面。所谓内版，大概是未裁边的书包在里面的两页。将行数不标准的页面包在里面，或许是商业上的考虑。

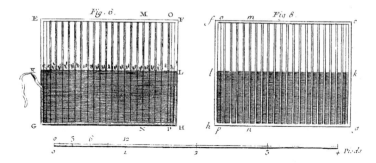

帘（mold）。竖者为编织纹，横者为篾条纹。采自 "L'encyclopedie, ou Dictionnaire raisonné des sciences, des arts et des métiers, par une Société de Gens de Lettres" Recueil de Planches, sur les sciences, les arts libéaux, les arts méhaniques, avec leur explication（Paris, 1762-72）

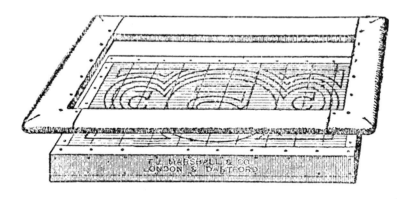

手工制纸所用的帘（mold）与框（deckle）。采自 *Encyclopaedia Britannica, 11th ed.*（vol. 20）（New York, NY: The Encyclopaedia Britannica Company, 1910）

纸张的水印。*Repertorium utriusque juris*（Padua，1480）

尺寸大小）的一面要排放书页单位的数量。这是书志分析的基础概念，因为开本决定图书结构：印张单面要印的书页单位的数量（构成上机印刷该面的版面）决定了在两面都印刷过后、印张必须折叠多少次，方能形成依次顺联的书叶（一"叠"），以便与给定图书的其他所有折叠印张一起、沿中折线钉在书脊布带上。通过考察印刷纸张的帘纹（源于造纸者所用抄帘的线条）来分析一本书的开本，这种方法至少可以追溯到 18 世纪。因为在手动印刷时代所用的纸绝大多数有"编织纹"（纸对着光时能看到的较粗而且间隔较宽的纹线）与整张纸的短边平行，一本书各叶编织纹的方向可以用作揭示其开本的线索。因而

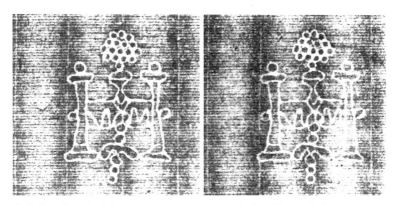

带葡萄图案的柱式水印，约 1629—1630 年。牛津博德利图书馆。Rawlinson Poetry MS 160, ff. 149 and 208（放射能照相）

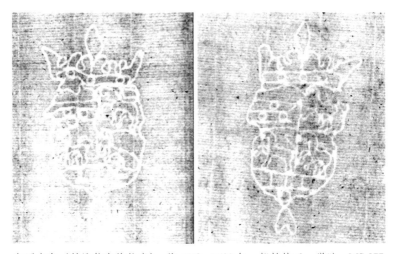

皇冠水印（勃艮第家族纹章），约 1618—1620 年。都柏林三一学院。MS 877, ff. 9 and 105（从背面拍照）

纵向的编织纹对应对开本，其纸张对折一次，将纸长分为两半，形成两叶/四页；横向的编织纹对应四开本，其纸张对折两次，形成四叶/八页；八开的编织纹则又成为纵向，而十六开则为横向，依次类推。可以与编织纹方向配合使用的另一条线索（如果有的话）是水印（造纸匠抄帘上的记号所留下的印迹）的位置。因为通常水印位于整张纸的一半的中心，所以对开本，两叶中有一叶的中心有水印；四开本，四叶中有两叶（第一、第四叶，或者第二、第三叶）的内边中心有部分水印；八开本，八叶中有四叶（第一、第四、第五、第八，或者其他四叶）的内边上角有部分水印。用编织纹方向和水印位置这两个证据来推测开本，是到目前为止书志分析最著名也是用得最广泛的方法 [12]。

邦德的文章提出，排铅字可能是以同时上机印刷的各页为序而不是按页码先后顺序，沿着这一思路，欣曼 1955 年的著名论文，运用破损铅字证据，证明了莎士比亚第一对开本真的是按"印版"（forme）排字的。欣曼的方法是试图证明可识别的铅字重现的页面如果按照页码顺序排印的话是不可能实现的。因为莎士比亚第一对开本是六叶对开（每叠由三"折"[quired] 印张构成，形成六叶/十二页），如果是按页码顺序排字，那么必然是任何一叠的七页在开始印刷之前已将铅字排妥，因为那样才完成一个完整的版（内叶的内版，或者第六页、第七页）。因而一叠中的前七页不可能出现同一个铅字用了两次的情况。（实际上，一枚铅字只有在其先前所在之页的"同版"（forme-mate）页之后才有可能再出现，因为只有当该版已印刷、铅字拆散归盒后才可以再次使用。）欣曼调查了约三百枚破损铅字重复出现的情况，发现，就整卷书中铅字重现的书页情况来看，其排字绝对不可能是按照页码先后顺序进行。他通过无可争议的物质证据雄辩地证明了第一对开本排字方式这一重要事实。（另外来说，如果先前认定的可藉以区分不同排字工的系列拼写异文被发现存在"同版"情况的话，那么先前的认定结论就值得怀疑。）所揭示的这一事实不仅是革命性的（因为它证明了以前对各页排字顺序的通常假定是不准确的），而且直接关系到校勘整理者的工作，因为不准确的估版，将会迫使排字工扩展或者压缩材料（比如将散文按诗行来排，或者将诗行按散文来排），甚至删掉其中一部分以便使之容纳进预先确定的空间。

欣曼的文章立即产生了很大的影响，启发了许多研究，这些研究宣称在其他书中发现了按版排字的证据，包括四开本和八开本 [13]。不过，这些研究并不都像欣曼的研究那样精审，而且不久就有人过于自信地提出，按版排字可能是伊丽莎白时代印刷坊的主流做法 [14]。在相对较小的印本数量的基础上进行概括，有时候也是合适的，这取决于样本的性质；不过，麦肯齐（1969）质疑某些书志学家在这一方面的作为，亦有其道理。而且，他对书志分析聚焦于孤立的印本而不是将其置于特定印刷坊所有生产活动的语境下的根本性批评，在这里尤为有力。因为即使是欣曼，也曾在其 1963 年的书中不严谨地解释按版排字的原理，认为这不仅是对铅字短缺的因应，而且是保持排字和印刷平衡的一种途径（言下之意，就一本书而言，这两者之间必须达成平衡）。欣曼该书分析所用的一个主要方法是将若干组铅字的重复出现作为按版排字的证据，其基本假定是，"依次相连的两个对开版面，如果第二个版面在第一个版面拆版之前就已经排定，那么两者不可能有共有的铅字。"（I，80）但是，重复出现铅字的阙如本身并不能证明这一点。而且无论如何，这种假定，像大多数牵涉到时间的假定一样，排除了两个以上的项目同时进行的这种可能性。其实正如麦肯齐所指出的那样，如此这般项目的同时进行是四开本按版排字的最好的解释，因为四开的单个印张（与两栏六叶对开的一叠不同）存在铅字供应紧张的情况 [15]。

再者，估版的方法可以有多种。例如，在单张构成一叠的情况下，排字工一次只须估两页的排版，如此就增加了操作的准确度；如果同时有另一个排字工在排同一印张另一面的版面，两个排字工可以关注彼此的工作，必要时将一页的内容调整到另一页。结果可能就没有页面安排上的异常，也没有铅字的重复出现以排除按页码排字的可能。换句话说就是，按版排字并不总是留下可以辨别的痕迹。阿德里安·韦斯 2007 年在其对托马斯·米德尔顿剧作的印刷（以及米德尔顿时代的印刷）进行深入探讨的论

THE PRACTICE OF TYPOGRAPHY

MODERN METHODS OF

BOOK COMPOSITION

A TREATISE ON
TYPE-SETTING BY HAND AND BY MACHINE
AND ON THE PROPER ARRANGEMENT
AND IMPOSITION OF PAGES

BY

THEODORE LOW DE VINNE, A.M.

NEW YORK
THE CENTURY CO.
1904

德维内《图书制作的现代方法》，纽约，1904 年

41　文中，在提出以上几点之后，得出结论说，"简而言之，文本校理者在将按版排字这一理论付诸实际运用时，需要进行彻底的检查。"（p. 217）如此审视的一个关键点，是对以下认识的重温和强调：按版排字有时候对文本根本就没有影响。不过，为了试图发现其用处，仍然值得努力去厘清印刷历史事实，而文本整理者应当知晓所有相关事实，因为说不定它们曾对文本有所影响。需要研发其他验证的方法，比如像韦斯所描写的那种：将一张的两面之间新出现的字母字体乖异（不是此前已用过的字体乖异字母的重复出现），作为判断其为按版排字的一个可能的指标。

　　因而所有运用可识别铅字研究排字过程的人都必须对各种各样的复杂因素了然于心；他们当然应当切记布莱尼在其 1982 年书中 [16] 所说的谨慎，并且研究韦斯在 1999 年的一篇重要论文中探查"插空"项目（在一个具有更高优先权的项目的生产过程的空隙里，在时间允许的情况下所做的项目）所用的方法 [17]。希望由此带来的要求的提高不会让书志学家将这些工作视为畏途。追踪可识别的铅字为书志分析能做什么提供了一个经典范例：随着欣曼的脚步，书志分析有时候可以揭示出关于印刷坊工作流程的确然可证的事实，同时还可以有助于文本整理者对异文的判断取舍。它形象地表明了新书志学奠基人的想法，同时揭示印刷历史和文学历史，因此也展示了这两者之间的密切关系 [18]。

　　还有另一类信息也是可以通过对可识别铅字的研究加以揭示

connected by a rod C and intermediate devices to one of the finger-keys in the keyboard D. These

keys represent the various characters as in a typewriter. The keys are depressed in the order in which the characters and spaces are to appear, and the matrices, released successively from the lower end of the magazine, descend between the guides E to the surface of an inclined traveling belt F, by which they are carried downward and delivered successively into a channel in the upper part of the assembling elevator G, in which they are advanced by a star-shaped wheel, seen at the right.

The wedge-shaped spaces or justifiers I are held in a magazine H, from which they are delivered at proper intervals by finger-key J in the keyboard, so that they may pass downward and assume their proper positions in the line of matrices.

When the composition of the line is completed, the assembling elevator G is raised and the line is transferred, as indicated by dotted lines, first to the left and then downward to the casting position in front of the slotted mould seated in and extending through the vertical wheel K, as shown in Figures 5 and 6. The line of matrices is pressed against and closes the front of the mould, the characters on the matrices standing directly opposite the slot in the mould, as shown. The back of the mould communicates with and is closed by the mouth of a melting-pot M, containing a supply of molten metal and heated by a Bunsen burner thereunder. Within the pot is a vertical pump-plunger which acts at the

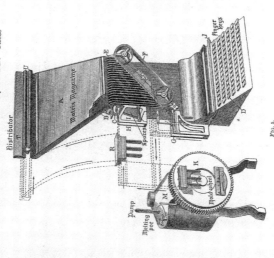

Fig. 5.

德维内《图书制作的现代方法》中的印刷机

83

的：铅字盒的套数（即有多少组"大写字母"加"小写字母"铅字盒），特定图书的排字，就是从这些铅字盒组中撷取铅字。根据重复出现的一串可识别的铅字，可以将采用不同套的铅字盒排字的各文本段落加以区分。无论某特定排字工通常分到的是否都是同一套铅字盒（有时候的确如此），至少我们可以说，如果有证据表明采用了两套以上的铅字盒，那么就应当考虑存在两个或者两个以上的排字工同时排字的这种可能性。由此我们可以尝试着弄清楚，在如此区分出的文本段落中是否存在着不同的排字习惯——也许在这一过程中证明有必要检查所有的拼写，包括那些在研究破损铅字之前被认为无关紧要的拼写。欣曼很好地运用这种方法，将第一对开本的各部分书页区分为出自之前未曾识别出的排字工之手（尽管必须加上一句，有些划分立即就受到了质疑）。

在识别不同套的铅字盒方面，一如在其他许多书志分析方法上一样，欣曼是一个创新者，但是对这一理念的最富于想象力的阐述，却是出自安德里安·韦斯，其时已是四分之一世纪之后。韦斯在刊于《书志学研究》（1990—1992）的一系列重要论文中详细说明了如何识别一套铅字，不但可以依据基本的铅字设计和破损的具体铅字（broken sorts），而且可以通过他所说的"补充的不标准的字母和住错了盒子的字母"（1990，p. 140）。每一副铅字随着时间推移都会变得与众不同，因为需要补充丢弃的损坏铅字而加进设计上不配套的铅字，或者纯粹是出于意外。我们必

42

ENGLISH SYRIAC
Synopsis of the sorts.

叙利亚文铅字

须对"暂住型"和"常住型"的错误加以区分，不过，如果总结出一套铅字的常住成员的特异性，那么这对识别不同套的铅字而言就是比以前所有的方法都更为精细的工具。

韦斯的贡献不止这些，曾有几度他得以证明同一本书的排字过程中所用到的不同套的铅字分别属于不同的印刷坊，就此发现了联合印刷的实例——尽管该书本身只署有一个印刷坊的名字或者连一个都没有 [19]。要确定某套铅字属于哪一个印刷坊，当然要检视不同印刷者署名（在扉页或者版权页）的无数本书，即此可见书志学研究精益求精的精神：现在我们必须加以研究的不但是一个印刷坊里同时进行印刷的所有图书，而且还有当时在其他印刷坊印刷的图书。自从二战刚结束时那一往无前的岁月以来，对 16、17 世纪图书的分析书志学研究在许多方面都得到了发展，而韦斯的研究则提出了前所未有的全新的可能性。吊诡的是，方法上益趋成熟的发展促进了对印刷者的识别，19 世纪的古印本研究者曾主要用力于斯；然而在将书志学发现应用于伊丽莎白时代文本一百年之后的这新的发展，其在文本整理研究方面所承载的含义，却不是那些古印本研究者所明确追求的。

16、17 世纪图书印刷研究

43   前面讨论的方法都是关于排字过程之研究；接下来的环节，

古代印刷坊。后面是两位排字工在排字，前面是两个印刷工，一个从压纸格取下印好的一张，另一个给印版涂油墨。采自 James Harvey Robinson, *Outline of European History Part I* (Boston, MA: Ginn and Company, 1914)

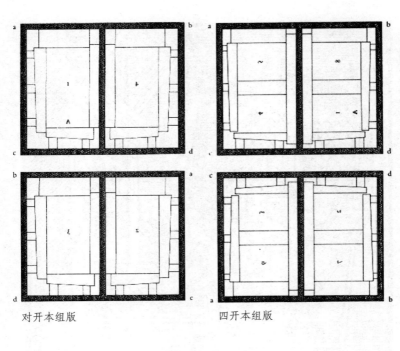

对开本组版   四开本组版

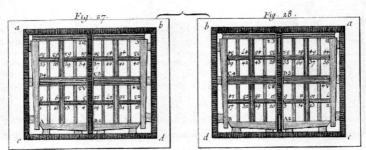

三十二开本组版

Signature (A3)   Signature (B2)   Signature (B3)   Signature (B1)   Signature (A2)

书帖（signature），便于将书页按序排放。

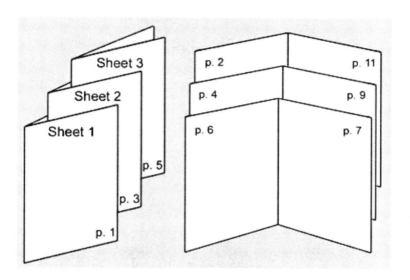

折（Quiring）

印刷过程，包括组版（将排好的页面置于版面中）和校对，人们已经进行了十分集中同时也是充满争议的研究。然而其基本证据却并不存在争议，因为通常说来，龙骨版、铅字的进行性磨损、停机修正、先印面痕迹和针眼样式等，比起对排字工习惯的识别，要远为清楚鲜明得多。这些证据的使用和滥用的情形，藉

LA SCIENCE
PRATIQUE
DE L'IMPRIMERIE.

CONTENANT
DES INSTRUCTIONS TRÉS-FACILES
POUR SE PERFECTIONNER DANS CET ART.

ON Y TROUVERA UNE DESCRIPTION DE
toutes les pieces dont une Presse est construite, avec le moyen
de remedier à tous les défauts qui peuvent y survenir.

Avec une Methode nouvelle & fort aisée pour imposer toutes sortes
d'Impositions, depuis l'In-folio jusqu'à l'In-cent-vingt-huit.

De plus, on y a joint des Tables pour sçavoir ce que les Caracteres inferieurs regagnent
sur ceux qui leur sont superieurs, & un Tarif pour trouver, d'un coup d'œil, combien
de Formes contiendra une copie à imprimer, trés-utile pour les Auteurs & Marchands
Libraires qui font imprimer leurs Ouvrages à leurs dépens.

Le tout representé avec des Figures en bois & en taille douce.

A SAINT OMER,
Par Martin Dominique Fertel, Imprimeur & Marchand Libraire,
rue des Espeérs, à l'Image de Saint Bertin.

M. DCC. XXIII.

AVEC APPROBATION ET PRIVILEGE DU ROY.

费特《印刷实务》，1723 年

由分析龙骨版即可见其一斑。如我们所知，这方面的工作，导夫先路的是波拉德 1909 年的研究发现：第一对开本各页栏外标题，以及容纳了文本栏和页头（栏外标题所在的那一行）的边框线，都不是每页重新排过，而是保留在页面单位里重复使用[20]。波拉德认识到，这些元素的重复出现以及正常次序的打乱，"在谙练的研究者手上应该可以提供关于印刷顺序的证据"（p. 134）。这一洞见的意义，历经三十年没有人详细讨论过（E. E. 威洛比和 F. R. 约翰逊 1929—1933 年曾进行简要讨论），于是鲍尔斯（1939，

印刷工用油墨球给印版涂油墨。采自 Marcius Willson，*Outlines Of History: Geographical and Historical Notes and Maps; Part I. Ancient History*（New York: Ivison & Phinney，1859）

PARTIE II.
CHAP. I.

INSTRUCTIONS
*pour plier ces Im-
positions.*

Pour plier cette Im-
position, on separe la
feuille par le milieu aux
pointures, & on tour-
ne les deux demi-feuil-
les d'une maniere que
les fignatures A, foyent
deffous la main gauche;
enfuite on coupe le car-
ton de quatre pages à
main droite, lefquelles
on plie comme deux
In-quarto, pour les en-
cartonner dans le mi-
lieu des deux autres
cayers, qui eft le reftant
de la feuille, & qui fe
plient comme deux In-
octavo.

L'In-vingt-quatre par demi-feuille,
d'un cayer, en façon d'un In-feize.

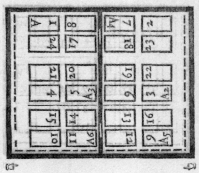

L'In-trente-deux par feuille entiere,
en quatre cayers féparés.

Prémierement on
coupe cette feuille aux
trous des pointures; fe-
condement on fepare
encore chaque demi-
feuille en deux par le
milieu du bas des pages;
de forte que la feuille
étant ainfi partagée en
quatre parties, on la
plie en quatre cayers
In-octavo.

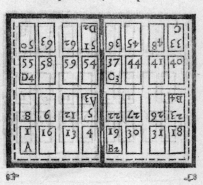

《印刷实务》中的字体及组版示意图

92

L'In-vingt-quatre par demi-feuille, de de 2. cayers en forme de 3. In-quarto.

INSTRUCTION
pour plier cette
Imposition.

Aprés qu'on aura
coupé cette feuille en
deux directement aux
pointures, on tourne
la feuille d'une manie-
re que les signatures
de la lettre A soyent
dessous la main gau-
che ; aprés on coupe
chaque demi-feuille en
trois parties separées,
dont on plie les deux
parties de chaque bout
desdites demi-feuilles
en In-quarto, & la par-
tie du milieu sera en-
core separée en deux par
le milieu de la marge
des tetieres, pour en

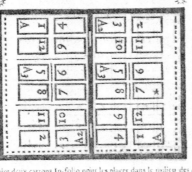

faire deux cartons In-folio pour les placer dans le milieu des deux précedens cayers.

Si cette Imposition s'impose en trois cayers separés, on ne separera point cette par-
tie du milieu par les tetieres, mais on la pliera aussi In-quarto.

Retiration de l'In-trente-deux en quatre cayers.

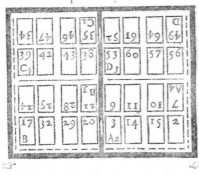

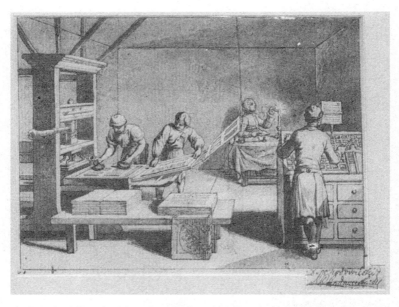

18 世纪印刷坊。印刷机呈打开状态，右为夹纸框（frisket），中为压纸格（tympan），一个印刷工正在取下印好的一张，左为固定在印床上的印版，一个印刷工正在用油墨球涂油墨。背对画面的是排字工。
采自 Daniel Chodowiecki 62 bisher unveröffentlichte Handzeichnungen zu dem Elementarwerk von Johann Bernhard Basedow. Mit einem Vorworte von Max von Boehn. Voigtländer-Tetzner，Frankfurt am Main 1922.

1942）和欣曼（1942）在战时从军之前，在他们最早的历久不替的分析论文中开始详细论说页头证据的使用。

虽说在某些方面，他们的论说未免走得太远，但是其基本理论却是无可置疑的。具体边框线通常藉由其瑕疵而得以识别；而栏外标题（或者栏外标题的一部分）的特别安放则可以（常常很容易，但有时却只能借助放大镜或者通过校对机 [collating machine] 或用透明影像进行叠加比对）通过破损铅字或者特异铅字以及拼写加以识别。也可以借助空白，不过必须非常谨慎，因为在拆出旧的版心和排进新的版心的过程中，页头的空白可能发生变化，特别是只有页头的栏外标题（排字的）部分重复使用（也就是说，不包括栏外标题中间的空铅）的时候。当发现有可识别的栏外标题（或者其一部分）重复出现的时候，我们知道，44 这无关乎其所在页面的排字。但是，由于它们无疑是每个版面（同时上机印刷的所有铅字）的一部分，故而它们当然与将版心放入版面印刷这一环节有关。

保留先前用过的页头（或者其中的栏外标题部分）和边框线，配上新的版心再度使用，这是印刷坊为了避免重复内容再次排字的劳作而采用的一种合理的做法。书志学家所谓的这些"龙骨版"，在一本书中常常会每隔若干页就重现一次 [21]。故而用于同一印版的一组栏外标题（对开本两个一组，四开本四个一组，依次类推），其重现只及于每张之一面，另一面可能会有其他组的重现；或者，某些印张之两面均有同一组栏外标题的重现，另一些印张之两面均有另一组栏外标题之重现。（一组中的单个栏外标题在每个重现时不一定是同样的顺序，这取决于每个新的印版的组成方式。）但是这样的规律模式常常并不出现，有时候存在复杂的结合，或者重现部分与新排的混合。了解一本书的这些情况无疑有助于厘清其印刷历史，意义非同小可 [22]。

18 世纪印刷坊内景。 J.G. Ernesti, *Die Wol-eingerichtete Büchdrückerey* (Nuremberg, 1733)

然而书志学家们希望从这些证据中榨取更多的信息，殚精竭虑，试图通过印版龙骨分析来确立特定图书的一版的规模（印数）和校对的过程 [23]。两个问题都很重要，前者关乎文化历史，后者关乎文本校勘，但是所进行的关于它们的推论，却涉及两个与事实极不相符的假定，一是对排字工和印刷工操作速度的了解的程度足以支撑这些推论，二是印刷坊出于效率考量要求一本书的排字和印刷的时间达到平衡 [24]。其理论是，因应每个印版排字量（版面布局与页面大小的函数）与和拷贝数之间的对比关系，应当采取一些措施来加快排字或者印刷的速度，而这些措施有迹可寻。欣曼的论文（1942，p. 209）阐述了印版龙骨在量化研究时的作用，认为只要拷贝印数大（且费时）到足以轻易让排字工作停下来等待印刷（事实上，除非通过让新的印版齐备待用以大大缩减从印刷机上拆下一个印版再装上另一个印版之间的延搁时间，否则印刷工作会远远落后于排字工作），一台印刷机就会用到两套龙骨。欣曼、鲍尔斯以及其他曾经沿着这一路线致力于量化研究的人曾说过，除非用到两个龙骨，否则在准备新的印版的过程中印刷机将会"空转"待料。但是，麦肯齐（1969，pp. 14-22）却有力地证明了，如果印刷坊同时还有其他图书或者项目在印的话，那么印刷机就不会空转；富有效率的印刷坊操作并不要求单个项目的排字与印刷工作之间达成平衡，只要整个印刷坊的工作达成大略的平衡就可以了。不管怎样，排字工与印刷工之间工作效率无可避免地存在多种变数，以至于根据假定的标准所进行的计算极为不可靠。

用印版龙骨证据来支持关于校对的推测，事实证明也是同样地不成功。书志分析研究文献中最有才气的论文之一是鲍尔斯1947年关于《李尔王》四开本校样订正的研究论文。他是以格雷格的以下理论为出发点的。格雷格1940年关于《李尔王》的专著提出，从出校样和改正校样的流程可以得出结论，无异文的印版（印自该印版的拷贝未见异文）是校正过的印版。鲍尔斯就这一问题进行了页头分析（格雷格不曾做过），认为格雷格关于印刷坊的操作流程的推测不正确，不过其结论却是准确的。在鲍尔斯看来，两副龙骨页头的证据表明以下的流程：一张的第一面印版印刷取作校样；该印版得继续印刷，直到校样被校读后；该印版卸下进行更正；第二面印版装上印刷机，印取校样；此时订正过的第一面印版装回印刷机，开始校读第二面印版的校样。这样一来，在第一面仍然有异文的情况下，所有的单张都依从被校正过的第二面印版"被完成"（印刷第二面）。鲍尔斯对这一分析颇为自得，46 说他的"假定重建"极有可能就是"伊丽莎白时代标准双龙骨印本印刷的标准方法"（p. 238）。这种断言显然是过于自信地以偏概全；他的分析是站不住脚的，因为他没有考虑其他项目同时在印刷的这种可能性，而且正如布莱尼在关于清样校读的精彩讨论中所指出的那样[25]，事实上有些页头证据并不支持鲍尔斯的理论。

龙骨分析并没有因此而受到怀疑，受到怀疑的只是想要从龙骨分析中榨取比其所能提供的更多的信息的企图，至少是当图书被孤立研究的时候。然而，想要进一步了解印刷工作，是有一些严谨的方法的，比如以下四种：留意重复使用的页头和边线的进行性磨损，以之作为印版印刷先后次序的标志；研究拷贝之间出现的文本改动（停机修正），以之作为基础了解一个印版的印刷曾有几次中断[26]；利用侧光或者通过放大来辨别印张的哪面较为凹凸不平，那是铅字从另一面印压的结果，因而可知两面中先印的那一面[27]；研究针孔的位置，那是来自于将纸固定在印刷机上的可调节的压纸格上的针尖，藉以确定页心在印版上是如何安放的[28]。

不过这些方法中每一种都有其局限性。进行性铅字磨损和停机修正并不总是存在；凹凸检验只能显示出一个单张之两面孰先孰后；针孔在对开本中可能看不到（它们隐在装订线的里面），而在小开本中可能会被裁掉。但是，不管这些检验发现了什么样的细节，都反映了一本书印刷情况的基本事实。从大量的书中更全面地进一步搜集记录这一证据（以及其他可以搜集到的证据），为更真切地掌握特定印刷坊的工作情况提供了基础，这未免冗长乏味，但却是很有必要的工作。虽说有些此类工作可以见诸书志学刊物，但大部分的归属却是描写书志，一般认为，描写书志存贮 47 书志学证据、丰富我们对印刷与出版活动的总的知识[29]。电子数据库也可以加以研发，以便向大众提供整理过的此类信息[30]。

早期现代图书印刷分析的历史给我们的另一个教训是，不但每一版次必须检视众多拷贝，而且每个拷贝的检视也必须用到多种分析方法。陆续研发的分析工具武器库到目前为止已经相当可观（前面提到的是其中用得最多的），如果没有充分运用所有可资利用的方法，那么不但会造成不全面的描写，而且还会导致不正确的结论。前面两段没有提到但更前面却曾讨论过的一种基本方法为我们提供了一个例子：检视纸张旨在留意编织纹相对于书叶的方向和水印相对于书叶的位置。前面曾说过，许多书志学家将以下奉为信条：由编织纹为纵向并且水印在书叶中心可知其为对开本；由编织纹为横向并且水印在装订线中间可知其为四开本；依次类推。但是，如果孤立采用这种检验方法的话，将会有相当数量的书会被误判，因为某个特定印刷项目所选用的纸可能来自于两倍抄帘，编织纹与长边平行，或者可能曾被裁过不是造好时的尺寸。因而编织纹—水印检验法必须结合其他检验方法，比如，追踪所有幸存下来的抄帘框边线（原纸张的毛边），留意纸的帘面（紧挨抄帘底面故而为糙面）和光面交叠次序相对于书叶的关系，分析所有明确可见的定位针眼，确定一叶的哪一面先印，识别破损边框、铅字或者同一次排字的栏外标题的重复出现（因为同样的边框、铅字或同一次排字的栏外标题不可能在特定的印版中出现两次以上）[31]。每一种书志细节对于由其他细节所得出的结论都能起到复核确认的作用；书志学家掌握的物质证据

文艺复兴时期的印刷坊。采自 Myers, Philip Van Ness *Medieval and Modern History* (Boston, MA: Ginn & Company, 1905)

越是全面，其由此而来的论述就越是具有说服力，使我们得以窥见过去某类工匠日常工作程式之一斑。

15 世纪图书研究

　　如果说 16、17 世纪的图书是新书志学的实验田的话，那么　48
令其别开生面的那些分析方法，在其文学观念的指导下，也曾
或多或少地应用于其他时代的图书。其应用于 15 世纪的情况，
1948 年《书志学研究》创刊号上库尔特·F. 比勒的一篇文章进行

1497 年黑体字圣经古印本的一页

102

左侧坐者为排字工，右手从铅字格中拣字排在左手所执的框条里。他旁边的方凳上，放着版框，用来固定排好的铅字。看起来这个版框容纳两页，是用来印刷对开本书的。中间两个是印刷工，一个手拿油墨球，一个手拉螺旋上的木柄以使压板下降，将纸压在涂了油墨的印版上。右侧是书铺。

采自一本题为《死神之舞》(*Danse macabre*) 的小册子，1499 年出版于里昂

了总结。比勒一开篇就解释道，"近来本专业领域由鲍尔斯、麦克马纳韦、欣曼等人在页头方面所进行的革命性研究启发了我，或许我也可以尝试沿着这条路线进行研究。"[32] 接下来他饶有意味地提到自己选为研究对象的图书——威廉·德梅克林印的《亨利六世年鉴之 37》①——"即便该书在文学研究方面无甚价值，

---

① 威廉·德梅克林 (William de Machlinia)，15、16 世纪英国印刷商，生于佛兰德斯的梅克林 (Machlin，法语称 Malines，英语称 Mechlin，今属比利时)。

1450 年古登堡印刷机。采自 William Swinton, *Outlines of the Worlds History Ancient Mediabal and Mondern*, *with special relation to the history of civilization and the progress of mankind* (New York, NY: Ivison, Blakeman and Company, 1874)

古登堡木制螺旋印刷机，通过转动螺旋手柄，将平压板力量均匀地压在印板上。采自 Francis Rolt-Wheeler, *The Boy with the U.S. Inventors*（Boston: Lothrop, Lee & Shepard Co., 1920）213

但在书志学研究方面却是很有价值的"。他在行文中也承认，正是人们对伊丽莎白时代图书的文学价值的关注，激发了分析书志学的成长。四十年后洛特·黑林格（《古登堡年鉴1989》）更加明确地将以文本鉴别为归趣的对伊丽莎白时代图书的书志学研究与没有这种驱动的对古印本的书志学研究加以对比：前者共时地记录了16世纪末17世纪初英国创作能量的异乎寻常的勃发，而后者则是以印刷形式承载了前代著作的"遗存"，"通常是排在一个漫长的文本传承序列的末端"。她对这一区别的意义进行了如下的总结："从文本研究方面来看，对15世纪印本的研究，常常只是为了认识那些导致了特定结果的印刷坊的工作过程的一种手段，本身并不是目的。"（p. 48）

这一表述精确地概括了两类学者对文本的不同的关注点；不过，分别针对两个历史时期的图书的书志分析，其更为重要的区别是作为出发点的、旨在推动不同的历史重建的两种宗旨。古印本研究者对于印本的关注点，传统上（这也不难理解，如果考虑到没有标明时间和印刷商名字的古印本的数量的话）强调识别和描写，而不是"印刷坊的工作过程"；正是由于聚焦于文本传播，研究后一时期图书的学者们才对推度印刷坊印制文本之过程这一方法给予更多的密切注意。尽管布拉德肖曾表示关注印刷者的"习惯"——或者用他另外一个术语，其"工作模式"，但是他本人在考证特定印刷坊的根本特色时，却只是将诸如间隔之类的

49

区别性特征，作为对铅字识别法的一种补充来加以运用。

其后古印本研究偶或领先于新书志学，但不常见，只能是鹤立鸡群的例外。例如保罗·施文克早在1900年时就已经想到识别四十二行本《圣经》的某些段落，该书是同时分头（因而也就是由不同的排字工）排字；在紧随其后的几年中，他示范了一种研究铅字的方法，不是单纯聚焦于字体的设计，而是聚焦于构成一种字体的具体铅字（故而领先于阿德里安·韦斯）；1923年他在为自己1913年四十二行本《圣经》影印本所出的注释卷中罗列了他所知晓的所有的歧异排字（半个世纪后欣曼才在其第一对开本影印本中关注排印异文）[33]。早在1900年施文克也曾用到针眼证据，这样做的还有海因里希·瓦劳；而瓦劳当时已经运用印痕检测（判断一张之两面何者先印何者后印）方法来证明古印本是逐页印刷的。

黑林格说，"早期印本研究者的观察，与那些更贴近英美分析书志学派的书志学家所做的观察并无本质不同"（p. 49），她这样说其实是指出两类分析的重叠之处（常常被忽略）；但是同时也应该认识到，她所描述的那类研究的数量规模，比起研究伊丽莎白时代和詹姆斯一世时代的戏剧的英美书志学家的大量成果，是很小的。比勒（1948）试图结合这两条线，没有产生什么影响；但是到1970年代，特别是在黑林格本人和保罗·尼达姆的工作中，却出现了一种新的关于古印本的研究，一种以"英美学派"文本取向的书志分析为基础的研究。

50   不过在新书志学的黄金时代，在关于古印本的研究中也有一个对分析书志学的重要贡献：艾伦·H. 史蒂文森对其一些发现的应用，他的这些发现关乎纸张证据在书志学上的运用。虽说格雷格（1908）分析帕维尔四开本的年代造假时曾用到水印证据，但在随后四十年里却甚少留意其在分析上的价值（除了判定开本以外）。其实有时候人们会怀疑纸张作为年代证据的可靠性，因为纸张可能在其制成以后很久才被用到[34]。但是在 1948 年到 1967 年之间，史蒂文森通过一系列旨在结合起来形成一种强大的分析工具的考察（主要关于 17 世纪图书），在纸张研究方面掀起了一场革命。他指出，由于抄帘篾条的更换和修理，所以水印有不同的状态；由于抄帘总是成对使用，所以同样设计、两番赋形的抄帘形成同一批带有水印的纸张。基于以上两点，我们可以以前所未有的精确度识别纸张的批次，判断带有不同状态的同一水印的纸张其生产的先后次序。如果我们沿着这一思路作进一步的调查，将不难发现：判断图书年代的时候，某一批次纸张的批量使用要比少量存货的使用更为可靠（因为大量的纸张不大可能长时间保存），于是我们就有了一个（独立于排字证据之外的）对年代不明图书进行年代判定的基础——将年代不明图书所用原始纸张的水印状态与批量使用同样纸张的图书的水印状态加以比较[35]。

          运用这种方法，史蒂文森得以确凿证明《弥撒特辑》（即所谓"Constance Missal")印于 1470 年代早期,而不是像有些学者在排字证据的基础上论证的 1450 年或更早(那将会使它成为欧洲使用活字印刷的最古老的图书)。其详作论证的书,《〈弥撒特辑〉的问题》(1967),是分析书志学的经典之一,以示例方式提出了一种创新方法,并用它解决了一个著名问题 [36]。就这样,原本研究 17 世纪图书的史蒂文森,在古印本的书志学研究方面作出了重要贡献。他还开启了一条有效利用来自于其他年代图书的纸张证据的道路。他研究纸张的取径,与其他分析书志学家惯常研究排版的方法并驾平列,因为他也是从形态变化来看待物品,而这反过来就是指向人类制造和使用相关物品的历史行为的线索。

保罗·尼达姆将史蒂文森和布拉德肖——他们的贡献大约相隔百年——并称为(还有施文克)关于纸张和排版的学术研究的法典编纂者;因而,如他所说,"我们研究图书的各种策略"都源于他们的著作。尼达姆现身说法,在他自己关于古印本的研究中形象地说明了这一点,因为他卓有成效地运用史蒂文森和新书志学的研究方法,推出了一系列重要论文,以其逻辑谨严广受关注——这些论文应当被看作是所有书志学家的基本读物,无论他们研究哪一个时期的图书 [37]。比如,他极富启发的观点之一(2000 年一篇题为"纸张研究的概念"的文章),是把流入和流出某个印刷坊的纸张设想成向内和向外的"存档文件",从而在任何时间点上都构成一个条目分明的纸张盘点清单。又如,他

51

在一篇题为"英国古印本的纸张"的鸿文中精彩地演示了如何用纸张证据判定图书年代，载大英博物馆／图书馆古印本目录第十一卷（2007），具体条目下年代判定的注文也大多出自其手。（该卷由洛特·黑林格主编，附有她本人关于排版和图书生产方法的几篇文章，极好地展示了自波拉德主编该系列目录首卷以来书志学的进境。）

在与其所谓的"古印本研究中的隔离主义学派"（p. 49。该学派有些人十分奇怪地质疑新书志学与 15 世纪图书的相关性）的战斗中，尼达姆做得比其他任何人都要多。虽说 15 世纪有些印刷坊的工作流程（特别是在印刷实践的早年）的确别于后来所普遍使用者，但是，同样这一套分析方法完全可以揭示这些差异。因此，当印刷是按页码次序一次一页进行操作的时候（印刷实践大约头四分之一世纪里通常是这么做的），旨在判定哪一面先印的纸面凹凸度检测可加以识别，于是我们知道，其他各种检测方法，比如留意可识别铅字和页头的重复出现，其结果的解释，必将有别于多页印版印制的图书。

尼达姆坚持认为，书志分析是思路清晰的操练，任何人都可以从事，他的这一主张，由于他 1982 年提出的关于印于美因茨的《克扫利肯大词典》的令人称奇的假说而具有了特别的说服力 [38]。基于其版面行数以两行为单位进行参差变化的这一印刷证据，他认为这本书（以及其他两本书）是用活字排成的两行大嵌条印成的（和重印的）。这一主张——事实上在 1450 年代末期使用一种模式化的形式——是想象力在归纳推理中发生作用的一个突出的例子。在进行创造性推理的过程中，想象力必须——像在这里一样——配以仔细的观察和系统的论证。尼达姆的论点是牢牢地建立在所掌握的物质证据的基础之上的，不同于某些对伊丽莎白时代图书的校对和版本规模的推度。当然，它仍需要说服驳难。不过到目前为止他对《克扫利肯大词典》多个拷贝研究的所有方面都能作出合理解释，这种成功给人以信心，我们有理由将其作为一个事实，在持续进行的印刷史和文本史的调查研究中加以利用（并从而进一步予以检验）[39]。

18、19、20 世纪图书研究

正如古写本研究二战后因为有艾伦·史蒂文森而注入生机，18 世纪图书的书志学研究也因为有另一个学者而勃兴，这就是在芝加哥工作的威廉·B. 托德。1949 年托德在芝加哥大学完成了自己的博士论文，题为"一些 18 世纪版本的识别和次序判定的方法"，对考察研究 18 世纪图书的一些方法进行了解释，取资于当时已经完全确立的用于 16、17 世纪图书的分析方法。托德的博士论文对其后的 18 世纪图书研究至为重要，因为之前书志学甚少关注这一时期的图书。并不令人感到奇怪的是，其前面两章主要讨论印刷数字记号：那些印在某些书页地脚的数字（有时候是字母或者符号），见于许多英国的和有些美国及欧陆国家的 18 世纪的图书（偶尔也见于 17 世纪末期和 19 世纪初期的图书），这些数字记号不但是此前没有研究过的现象，而且是这一时期图书的独一无二的特点，潜在地为书志学研究提供了一种助益，而这种助益是其他时期的图书所不可能提供的 [40]。比如说，因为数字记号每个印版只出现一次，所以它们有助于对于开本的判定 [41]。

在 1940 年代末期之前提到印刷数字记号的文献寥寥可数，其中所表现出的兴趣并没有受到托德的影响：关于这一主题的两篇文章——作者是沃尔特·E. 诺茨和菲利普·加斯克尔——出现于托德第一篇文章发表前的那一年。但是他的文章——《论印刷数字记号的发生与解释》，刊于《书志学研究》精彩纷呈的第三卷（1950—1951），却是首次试图进行全面研究；该文宣扬了他博士论文中的几个观点，并由此开始撰写一系列文章（不仅是关于印刷数字记号），改变了 18 世纪图书书志学研究的局面。他在第一篇文章中说道，由于对印刷数字记号的忽略导致了不同印次（同一印版不同时间印刷所形成的拷贝集合）未加识别——"实际上所有的书志学研究和 18 世纪文献的整理都是建立在未予鉴别的文本之上的"（p. 180），这并非夸大其词。这是对行动的号召，也颇为正当地带有推倒重来的含义：所有关于 18 世纪图书的书志学研究都必须重新来做。其效果有似于艾伦·史蒂文森的宣言：之前所有关于水印的研究都是错误的，因为没有认识到其

53

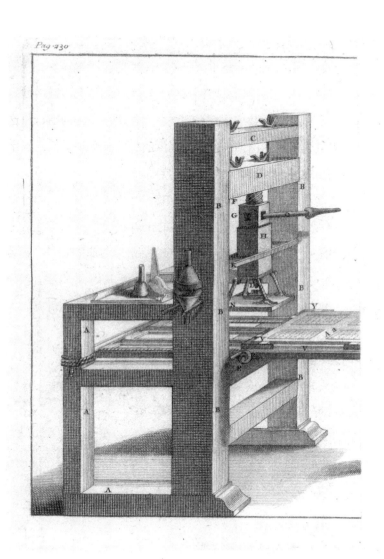

费特《印刷实务》中的印刷机图片

孪生现象和缝纫状态。

印刷数字记号显然是某种记录，显示哪些印版是在某个印刷机上印刷或者由某个印刷工印刷从而有助于计算每个印刷工人将要拿到的工资。这些数字记号究竟指向印刷机还是印刷工，包含了一些数字记号的图书中没有标数字记号的印版究竟意味着什么，这些问题都还没有完全解决，而且似乎不同时期不同印刷坊的做法也各有不同。不过，数字记号仍然是引人追问的印刷过程的雪爪鸿泥，同时因为 18 世纪图书的排版和纸张真实情况究竟如何鲜见有用线索而更见珍贵（如托德所指出的那样）[42]；而自1950 年以来，学界也给予了相当的重视，举其卓荦大者，有托德本人、肯尼思·波维，以及 B. J. 麦克穆伦等。托德的研究堪为

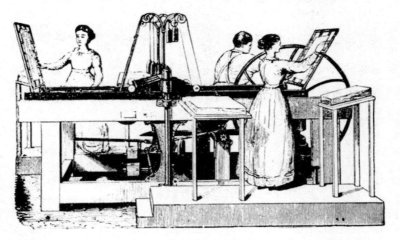

美国特雷德威尔（Tredwell）发明的动力印刷机。采自 Francis Rolt-Wheeler, *The Boy with the U.S. Inventors*（Boston: Lothrop, Lee & Shepard Co., 1920）

战后书志学风气的典型代表，这既表现在对重建印刷坊工作过程的重视，也表现在对可以获得多少认识的乐观。尽管他也曾提到印刷数字记号应当与其他证据协同使用，但是现在看来，他对印刷数字记号在标志重印或者让书志学家厘清印版次序以及一本图书经过印刷机的速度（这一计算需要先假定其效率，而目前认为这是无法证明的）等方面的可靠性，未免有些过于自信。

麦克穆伦是20世纪最后三十年中印刷数字记号研究方面的领军人物，他曾（在收入1994年托德纪念文集中的一篇重要论文中）列举了试图将印刷数字记号当作书志学证据使用时的许多陷阱。他指出，比如说，数字记号往往是完全错误的（印上的数字记号不是想要印的数字记号），数字记号的省略有时候可能是出于美观的考虑（在某些页面数字记号会成为干扰）。从他的分析来看，"解读印刷数字记号所碰到的障碍"无疑是"不可逾越的"，但是他的结论却比麦肯齐二十五年前的结论要乐观一些。麦克穆伦承认"这种新工具最初用于书志分析时热情超过了谨慎"（p. 193），不过他认为只要重新强调谨慎，研究就一定可以继续下去。数字记号仍然是关于图书经历印刷过程的"潜在证据"，而记录它们是一项"基本"工作。

有一篇关于印刷数字记号的早期文章值得我们暂为驻足，因为它举例说明了一种关于书志学证据与档案证据之间关系的不正确但却颇为常见的假定。J. D. 弗利曼在第一篇利用鲍耶印刷坊

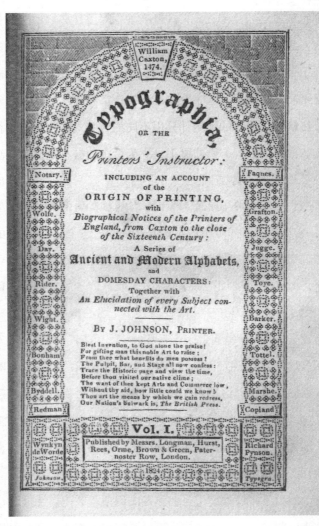

约翰逊《印刷指导》，伦敦，1824 年

幸存分类账本的论文（1964）中指出，在威廉·萨默维尔的《追赶》（1735）印本中所见数字记号与鲍耶账本中关于这本小册子的相关记录存在若干龃龉。但是因为他假定这账本（其紧挨着数字记号给出了印刷工的名字）是准确的，所以得出了一个尴尬的结论：在这本小册子的不同部分用不同的数字（并不总是契合账本中的数字）指称同一个印刷工。更为合理的解释是，每一龃龉必有一个数字是错误的；但究竟是账本所记错误还是书上所印错误，却难以判定。麦肯齐在其 1969 年论文中曾评论弗利曼的论文曰：该文展示了"印本本身"如何可以印证"鲍耶账目中十分确凿的证据，证明印刷数字记号指的是某个印刷机而不是某个印刷工人"（p. 52）。他并没有提到账目中出现错误的可能性，尽管任何试图进行的印证都必须考虑这一可能性。然而 D. F. 福克森在其权威著作《英国诗歌 1701—1750》（1975）中并没有质疑弗利曼的"细致研究"（p. 742）。甚至曾指出印刷数字记号常有错误的麦克穆伦也将弗利曼的论文看成是通过参考"印刷商档案""证明"（p. 182）了这些错误，而没有想到，出错并不是印刷品单方特有的现象。就这样，弗利曼的文章成了让对档案文件权威性的没有根据、不讲逻辑的信任现出原形的一块试金石。

　　对 18 世纪材料的书志学调查并不限于印刷数字记号研究。实际上这一领域更为悠久的一个传统是关注纸张，因为替换叶（新书叶粘到被裁书叶的残根上）是 18 世纪图书的一个十分显著

55

的特色。最早研究替换叶的学者是 R. W. 查普曼，1924 年已经开始这一方面的研究，并于 1930 年出版了一本题为《替换叶》的书；在他之后是艾伦·黑曾和菲利普·加斯克尔，他们分别为草莓山印刷坊（1942）和印刷商约翰·巴斯克维尔（1959）所做的书志中特别用到了纸张证据，还有艾伦·史蒂文森，在亨氏植物学目录 18 世纪卷（1961）中对纸张进行了恰如其分的评价。之后对于纸张最为别开生面的分析（比肩前文提到的尼达姆的分析）当数继鲍尔斯之后主编《书志学研究》的大卫·L. 范德穆伦，其对蒲柏《愚人志》的分析可以施之于任何印在手工纸上的书。1984 年他证明了，即便水印阙如或者水印或因裁割或因钉得太紧（这一方法 R. 卡特·黑利一直广为使用）而无法研究，编织纹间距离

56　参差所构成的序列仍然可以用来识别纸张的批次。范德穆伦是其所谓"低科技"纸张研究的冠军，在 β 射线照相技术被用来研究水印的再生产、回旋加速器被用来分析纸张的化学构成的时代，仍然仅凭竭尽简单工具（比如尺子）之所能进行纸张分析 [43]。

　　主张对编织纹间距进行测量是范德穆伦 1981 年威斯康星大学博士学位论文的几个重要创见中的一个，该文是《愚人志》自 1728 年至 1751 年的描写书志，可媲美托德的博士学位论文，堪称书志学研究的又一里程碑。该文也曾论及针眼、先印面印痕和栏外标题。之前 18 世纪图书中的针眼曾被 D. F. 福克森等人研究过，尽管 1956 年他试图用针眼区分不同印次的做法并非无可置

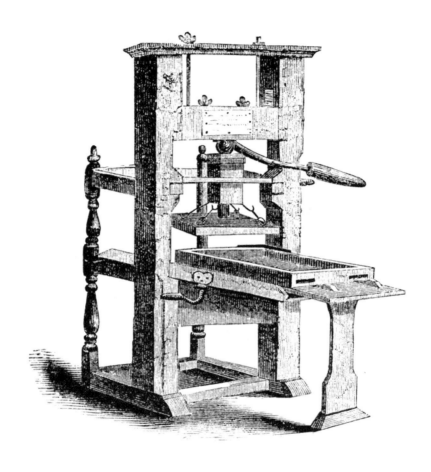

本杰明·富兰克林印刷机。采自 Benson J. Lossing, *The Pictorial Field-Book of the Revolution*（New York: Harper & Brothers, 1851）II:409

本杰明·富兰克林印刷机。采自 Benson John Lossing, ed. *Harper's Encyclopedia of United States History*（*vol. 3*）（New York, NY: Harper and Brothers, 1912）

疑，因为发现印刷数字记号和针眼图案之间并没有显示出必然的关联性。不过，福克森的《亚历山大·蒲柏与18世纪早期图书业》（1991）仍和范德穆伦1989年关于《四卷本愚人志》的典范论文一样，展示了物质证据和外部证据如何可以协同工作，为出版史、文学史以及更为广阔的文化史提供洞见。

说实话，范德穆伦的这篇论文结合诸如蒲柏书信、鲍耶账目以及报纸广告等外部证据，对涉及面颇广的物质证据（有些取自同一印刷坊同时印刷的其他图书）的可靠运用进行了简明扼要而又形象生动的说明，最为值得一读。范德穆伦认识到，物质证据有时候可以纠正档案记录的错误，所有种类的资料都应当受到欢迎也都必须接受"三角质证"（p. 305）。当他论及物质证据和外部证据时说："两者各有其价值，也各有其局限，而且各自都做了对方所不能做的"（p. 310），显然意在表明其分析所秉持的平衡的方法，这种方法堪为模范，适用于任何时期的书志学研究 [44]。

当我们转到19世纪和20世纪的图书时，我们发现甚少书志学研究堪供问津。固然有非常多的关于这一时期作者的描写书志，而且它们也记载了相当数量的物质细节，但是，它们几乎不曾试图用物质证据来揭示图书制作的过程。约翰·卡特和格雷厄姆·波拉德的《某些19世纪小册子的性质试探》（1934），书志学研究的经典论著之一，运用物质证据揭示了托马斯·J. 怀斯和哈里·巴克斯顿·福曼的作伪；不过其分析聚焦于材料的性质——

57

纸的成分和铅字的设计——而不是运用这些材料的行为[45]。其他考辨真伪的研究也是如此，比如尼古拉斯·巴克1987年的书关于弗雷德里克·普罗科克之生产的讨论。

必须说，过去两个世纪的图书特别抗拒分析——对其隐含的生产过程的分析，因为纸张和印版似乎没有提供什么有用的线索。科学技术的发展在19世纪初开始改变印刷业和造纸业，同时伴随着出版业的发展有了关于出版社标准的更为严格的概念，职是之故，曾经适用于更早时期图书的那些分析方法，现在就很难奏效。即便是像开本这样基本的问题常常也很成问题，因为机制纸可以制成非常大的尺寸（或者很长的卷）而没有制作过程所留下的编织纹，而印刷机也可以印刷比之前要大得多的印版。同样基本的问题如对不同印次的区分，在针对18世纪图书的时候（当铅字供应充足可以维持常备铅字的时候）曾经效果显著，在

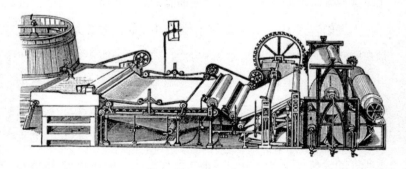

造纸机取代手工造纸。采自 F.M Lupton, *The Popular Cyclopeadia of Useful Knowledge*（New York, NY: F.M Lupton, 1888）

20世纪早期一家报纸的印刷车间。采自 Benson John Lossing，ed. *Harper's Encyclopedia of United States History*（*vol. 6*）（New York，NY: Harper and Brothers，1912）

针对19、20世纪图书的时候却因图版和胶印方法的使用而变得复杂起来。出版商的装订，这一时期另一个颇具特色的要素，也让对出版前历史过程的分析变得更为复杂，因为对于大多数19、20世纪的图书来说，装订是那个历史过程的一个组成部分，而且在同一版次或同一印次的不同拷贝之间常常会有不同 [46]。

无论现在看起来让这一时期的图书交代其制作过程的信息是何等的困难，无疑都还存在一些线索尚未被认识到。至少我们已经开始寻找它们了。例如，约翰·库克·威利在1953年全面调查了20世纪替换叶的各种形式。奥利弗·斯蒂尔在1962年至1963年之间有几篇颇具独创性的论文，通过证明如何可以从印刷过程中图版的磨损（如果有足够的拷贝样本而且一个印张两面的印版都有磨损的话）和未裁拷贝的毛边样式看出组版，解决了开本的问题；四十年之后（2003 年）B .J. 麦克穆伦通过运用机制纸的毛边（同时还用到 19 世纪早期手工布纹纸上时期确定的水印）进一步追求对于开本的断定。彼特·L. 希林斯伯格（1975）和迈克尔·温希普（1983）指出有几种方法可藉以探知用的是铅版还是电版（比如，通过版页边缘的磨损，或者，通过没有伴随铅字

华盛顿印刷机。采自 Benson John Lossing, ed. *Harper's Encyclopedia of United States History*（*vol. 7*）（New York, NY: Harper and Brothers, 1912）

替换的文本变异）；克雷格·S.阿博特（1976）解释了"胶印模糊"（如果有的话）如何可以显示印张的拖尾边，而且可以用来判定印版的构成（以及识别替换叶和区分不同印次）[①]；马修·J.布鲁科里（1957，1963）和彼特·希林斯伯格（1979）论述了如何识别再次装版（通过测量装订线和对齐差）并由此区分不同印次；吉利恩·G.M.凯勒斯（1999）讨论了同一版次不同印刷之间插铅（铅字行间距）[②]的变化；凯瑟琳·罗德里格斯（2004）和B.J.麦克穆伦（2008）考虑将机制纸上的接缝痕迹作为判断开本的一个线索。对于任何时代图书的书志分析来说，文本歧异都很重要，不过就19、20世纪的书来说，这些异文一般不是来自于停机修正，而是来自于不同印次的改动；因而文本校对，记录铅版磨损和异文，常常是探知未被注意的重印和复制版的基本步骤[47]。

在20世纪后半叶推出的为数众多的校勘整理本中对机器印刷书进行了相当多的分析，这并不令人感到意外。排字工分析很少用于这一时期的图书，而弗雷德森·鲍尔斯为霍桑《带有七个尖角的房子》所做的百年纪念整理本（1965）就是宝贵的一例。这里有所不同的是，出发点是排字工在作为印刷底本的作者亲笔

① 克雷格·S.阿博特（Craig S. Abbott），美国北伊利诺斯大学英语系书志学与文本研究荣休教授。
② 插铅（leading），指铅字行间距。这个术语来自于手工排字时代，窄铅条插进印版以增加铅字行之间的距离。

手稿上标识出其所排份额；鲍尔斯没有提及可不可以质疑这些标识的可靠性，而且他也无从质疑，因为排成之版面均无差别。自兹以往，就是熟悉的步骤了，即通过考量排字工作的准确性藉以判断印刷文本中哪个异文有可能来自于作者在今已亡佚的校样上的改动。校勘整理工作中出现的另一类分析是我在麦尔维尔《克拉瑞尔》西北—纽伯里版中的一些尝试，即，通过不起作用的书帖（与实际缝订毛书不符的书帖，许多 19 世纪的美国图书中都是如此），对使得图书走向最终出版形式的印刷过程中的相关选择决定进行历史重建。所有这些努力都仅代表着关于过去两个世纪图书的分析的最初的起步，相关的书志学研究正方兴未艾。

然而也很难就说关于古印本的研究要远为领先，因为考虑到已经进行过彻底详细的考察的图书只是当时所生产的所有图书中的极其微小的一部分。早在 1923 年，A. W. 波拉德（在其关于伊丽莎白时代拼写的论文中）就曾提到的那"学生们热衷的学位论文的题目"，自波拉德时代以来，这一盛况迄未衰歇；尽管当时他曾专门就图书中所包含的拼写证据的巨大体量对学生们进行过警告，但他无疑也同意，图书的方方面面都是有待探索的广阔领域。无数的图书都在等待着仔细的考察，任何人划出一小块地方进行调查，都是对终将构建起来的全景图的有益的贡献。尽管人们对分析书志学提出了种种怀疑，但我们不应因此就对这一领域望而却步，因为怀疑之起，无非是由于书志学家们屡屡得出左支右绌的结论。对于这种始终伴随着我们的危殆，保罗·尼达姆于1988年给予了令人难忘的论述，他曾提到这样一种思维方式："人们一旦得出某种不失为有理的发展模型，他们就很容易让自己相信，自己发现了事实真相，于是就停止了思考。"（《布拉德肖的方法》，p. 20）不过毫无疑问，尽管在书志学领域存在这种思维方式，但人们不应该因此就认为图书中幸存的物质证据太过难以驾驭而难以有所收获。

新书志学——亦即20世纪的分析书志学——本身所产生的一些麻烦，我认为，是其文学取向的结果。必须承认，第二次世界大战后这一领域的快速发展，可归因于英国文艺复兴戏剧整理者的文学兴趣；不过，由他们作为主事者实乃福祸相倚，因为他们在发现物质证据的文学应用方面缺乏耐心从而常常得出匆遽的 结论。（这一点与他们选择追求的特定的整理目标无关。）新书志学的基本原理可以表述为以下两条定理：一，图书中有其自身生产历史的证据线索；二，图书的生产过程对文本有影响，也就对作品以图书形式所传达的文学意义有影响。这两点都极为重要，都理应却未能被广泛地认识到。但是在新书志学家们的思想中，这两个命题太过经常地被删并为一：省略连接词"生产历史"，变成了"图书有指向文本历史的证据线索"。图书当然有通往文本历史的证据线索，但却是经由生产历史；而且，如果生产

60

历史，旨在阐明具体个人在印刷出版行业中所从事工作的生产历史，其本身更为经常地被看作目的话，那么就几乎不存在对物质证据的过度使用。

很难去责备欣曼和许多其他分析书志学家们缺乏耐心，因为他们所进行的列表工作实在单调冗长。不过有时候他们的确表现出急于想结束这沉闷工作，在缺乏证据支持的情况下跳过了一些中间环节。如果说新书志学与旧书志学的区别在于其更注重从静态细节推断出过程，那么它也因此就需要有一个广阔的语境。我们现已知道，一本书的生产历史与在印刷它的那个印刷坊（或者，常常是那多个印刷坊）同时印刷的所有其他项目的生产历史纠缠在一起。我们所需要的，是运用我们所掌握的所有的分析方法，同时利用所有可以利用的外部资料，对大量图书的印刷历史展开细致的调查。聚集于印刷历史而不是有着有趣或者重要文本的图书，结果将会形成一个对图书生产过程中所涉及的人的劳动的更为全面的认识，因而也就为研究文学历史、甚至所有类型的印刷文字的历史，提供了一个更为坚实也更有启发性的基础。

第三章　设计要素分析

基本要素

　　语言一旦写在了有形的表面上，它就获得了可见、可触的要素，因为它成了看得见、摸得着的物质对象的一部分。正像口头语言一般会结合说话者的举止以及该言语发生之情境的其他要素进行解读，书面语言的物质背景在读者的反应中也发挥着它的作用。近年来随着越来越多的领域对人造物品的视觉属性展开深入细致的研究，作为跨学科潮流的一个部分，学界对语言的视觉展现也进行了越来越深入的研究。《高等教育纪事报》（对学术风尚的动向总是那么警觉）1996 年 7 月 19 日发表了斯科特·赫勒的一篇文章，题为"视觉形象取代文本成为许多学者的研究焦点"，描述了"视觉文化"——一个汇聚了来自文学、哲学、艺术、电影和人类学等传统学科的诸多学者的历史学领域——的成长。

　　毫无疑问，这一运动的一个激发因素是 20 世纪后半部分电影和录像的全方位统治力的影响，人们因此更加清楚地意识到在尚未有这些媒介的前几个世纪里视觉交流的重要性。另一个影响因素是，20 世纪最后三十年越来越注重研究受众对文化产品的反应，认为创作作品其实是一种社会性建构。如果我们将个体创作者的表达意图置于某个历史时刻的广阔语境之下，那么，即便是那些通常没有被看作视觉对象的创作类型，也会吸引我们从视觉角度加以研究，因为，传达作品的这个对象可以从视觉上加以感知的那些方面构成了其受众所面对之物的非常重要的一个部分。在图书研究中，这些观点催生了一个出版史的新类型，有时候被称为"图书史"（histoire du livre），其宗旨是洞察图书的社会影响；及其至也，这一研究工作将会告诉我们图书的物质形式如何影响文化史、图书赖以流通的扩散网络，以及图书所引发的阅读活动 [1]。在文本校勘中也有一个相应的转变：作者意图不再被看作是校勘整理者念兹在兹的唯一关怀，现在有许多校勘整理者将文本看成是多个社会力量复杂集合的结果，把文本的物质载体背景看作他们所察觉到的意义的有机组成部分 [2]。

传统设想的分析书志学其实不大注重对完成图书的视觉效果的研究，因为它聚焦的是图书出版前的历史，主要采用的是一些并没有计划让人注意到的线索。比如说，并不期望读者注意到针眼、龙骨版的痕迹、停机修正的事实，或者差异的拼写；尽管有些读者会在一瞥之间注意到印刷记号或者异常的替换页，但是这

62

种图书生产中的个体差异并不想——正常情况下也不会——让读者有此耽搁。即便是开本（开本的确通过其对叶面大小和形状的影响在读者的反应中发挥着作用），分析书志学家们的研究通常也是着眼于有多少排定页面同时上机印刷，它们在印版上的位置安排，以及印张如何折叠以构成毛书——这些问题与绝大多数读者所进行的阅读视觉体验并没有直接的关联。因而号称分析书志学家的那群人，通常不会将关于图书设计的美学研究或者说文本版面安排、插图布置对读者的影响纳入自己的研究范围。他们的研究仅限于制作历史（及其在构造文本中所发挥的作用），并不包括图书在离开其生产者之后的遭遇[3]。

不过，有些采用社会学的方法研究图书和文本的学者，其对"书志"一词的使用却是广义上的，指"关于物质意义上的图书"。杰罗姆·麦根，一位从社会交换角度解释文本的杰出学者，认为图书由"语言代码"和"书志代码"构成，两者都由读者读取[4]；其他一些学者效仿他，也用同样的方式使用"书志代码"这一术语。尽管他们没有明确自称其研究为分析书志学，但只要是分析书志代码的，就必然是分析书志学。也许有人希望抵制这种混淆有益区别、扩大术语义界的做法。但都归于徒劳，无法遏止术语用法的进化。说到底，我们如何定义"分析书志学"并不重要，重要的是我们能够清楚理解这一标题下所汇聚的各种努力之间的关系——重要的是每一种努力本身都是

63

正当合理的。

　　研究历年来文本的物质呈现如何影响文本的接受，显然是一个正确的方向，因为每一个读者的体验都是两者之间联系的证据。知识史作为一个学科过去不大关注图书设计；但是从今以后，由于新的对于视觉因素的强调，它将不得不承认，语言文本的物质形式（包括它们与插图的联系）是解释过去某种思想的影响（或者没有影响）时所要考虑的因素之一。这一类调查研究与传统分析书志学的共同点在于，两者都着意于对图书的物质特点进行解码。虽说两者在相关细节上有很大的不同，但都将图书的非语言方面解读为重建图书过往历史之片段的证据。两者虽聚焦于过去不同的时刻，但在完整讲述图书生命历史时都不可或缺；而将两者统一于"分析书志学"或者"书志分析"这样的大标题之下，逻辑上甚为严整。越来越多的人有兴趣从社会角度与视觉角度研究图书，是一件好事情，因为这不仅有助于弄清一个相对被忽视的区域，而且让众多的受众认识到物质证据的价值——从而也就为更全面地理解将图书作为物质对象加以解读的所有途径铺平了道路。

　　如果我们同意以这种逻辑上更为周延的方式理解分析书志学，那么我们起先会认为，其两个分支的区分可以表述为，一个旨在重建生产历史，另一个旨在重建接受历史。但是略加反思即可发现，这样的区分并不非常正确，因为作为图书设计之基础的

64

美学抉择是生产历史的一部分。不过因为它们形成了读者对之作出响应的面貌，所以它们也属于接受历史，如果后者包括——正如全面解说所要求的那样——预期的接受（作者、出版商和设计者所设想的，也许带有无意识的影响）和实际的接受（读者所体验的）。故而就存在生产的制作部分与筹划（或者说设计）部分的区分，在界定分析书志学的两个分支时必须遵从这一区分。我提议，将一个分支（传统的分析书志学）理解为着意于制作线索分析（上一章的标题中我用了这个措辞），将另一个分支（从社会角度和视觉角度的研究）理解为致力于设计要素分析，既考虑其筹划，也考虑其接受。如此措辞使得有些细节可以同时用于两种研究，同时又准确地传达出检视这些细节的不同目标。但是我们必须牢记，这两种取向是相互关联的，因为，如果对作为基础的制作过程没有一个清楚的意识，就不可能对设计要素有一个充分的理解。

因而对于图书设计要素的分析就可以聚焦于任何图书之历史的其中一个阶段或者全部两个阶段。第一是出版前阶段，在这一阶段字体、页面布局等设计要素得以确定。聚焦于这一阶段的书志分析旨在考量在何种程度上各种不同的设计要素被有意识地选择来传达某种特定效果或者特定意义、在何种程度上这些设计选择结合了对旧有传统和当时风尚的一种被动的反映——甚或出于现实的不得已，比如限于所能选用的纸张和铅字。第二阶段是出版后的末端开放的时段，包含着一代又一代读者对这些设计的反应。以此为焦点的分析旨在将图书设计，与推断得出的特定时期的读者所形成的对特定版本的文本的看法——如果可能的话，还有已经知悉的特定读者对这些文本的阐释——结合起来 [5]。

所有这些分析都需要在尽可能全面的历史语境的烛照下对图书的物质面貌特点——有时候还包括出版后增加的或者改变过的面貌特点——加以检视；但是出版前阶段却有着出版后阶段所没有的复杂性。虽说图书设计一般对读者有某种影响（无论是否其想要的影响），视觉设计和插图并不像语词和标点那样总是被作者看作其文本的不可或缺的部分 [6]。有些作者的确利用承载其作品文本的图书的视觉效果或者编排过版面设计（或者其中的某些元素），而且认为这些视觉面貌对文意有所贡献；但是其他作者并不关心图书设计或者插图，也不认为语句的视觉呈现是其作品的特性之一。尽管出版商关于设计一般都有一些意图，甚至在不同程度上他们会操控设计来造成特定的反应，并在一定程度上愿意在这一方面迁就作者的意愿（如果有的话）。所有这些问题都需要在对每一本书的生命历史的彻底分析中加以厘清。

虽说意图一直都是个很成问题的概念，但是对关于意图的一种历史关切的攻击，其理由却常常是很牵强的。我们可以理解为什么那些希望将出版了的文本看作社会建构的人对于作者意图不是非常有兴趣，因为他们关切的是出版的合作过程和相应的产品。但是作者的确有其意图，而他们的意图——像所有其他过往事件一样——是历史调查的正当目标，即便在出版过程中他们的意图与其他人的意图混合在了一起。意图从终极意义上来讲是不可知的，对此我们无法从逻辑上加以反驳：所有的历史重建，都有某种程度的不确定性，但这并不意味着努力都是徒劳。意图或引人关切，或不引人关切；如果它们引人关切，就应尝试着尽可能多地了解它们，不能因为它们难以重新找回就放弃尝试。

因为作者的意图与出版商的意图常常不相一致（甚至完全相反），所以通过历史分析区分这些意图，将会比把出版过程看成个体意图的不可约减的混合体，有更多的发现。有时候研究图书的社会历史的学者觉得他们可以通过聚焦于实际出版的图书（和文本）绕开意图这一问题。或许他们真的可以，如果他们愿意将自己的调查局限于读者反应的历史的话——尽管他们必须记住，许多（甚至绝大多数）读者关心的是作者本来的意图而且认为图书设计不是作者意图的一部分。然而如果说要考虑的是出版的历史的话，那么意图就是一个无法回避必须调查的问题，因为实际出版的图书和文本不一定在所有方面都达到符合出版商意图（或者出版过程中所涉及的所有人的协同意图）的结果——说到底，出版结果不会自动呈现潜藏其下的各种动因。

因此显而易见，对视觉效果的研究，像对文本校勘的研究一样，必然涉及某种意图，即便研究者选择不聚焦于作者的意图。

66

然而吊诡的是，近些年来，尽管文本研究的关切点整体上呈离开作者意图的趋势，但是作者在图书设计方面的意图有时候却被过高地估计。随着人们日渐认识到视觉效果在感知文意方面所发挥的作用，有些人因此批评传统的文本校勘——主要是意图论的校勘者——说他们忽略了视觉方面，于是矫枉过正，对由作者所创造的视觉效果的程度和范围未免有所夸大。然而意图论的整理者保证呈现的是他们所认定的作者意图文本。他们常常不复制第一版或者某早期版本的视觉面貌，但这一事实本身并不意味着他们看不出这些面貌对当时读者的影响；更为合理的解释是，他们经过判断认为，字体、页面布局和插图并没有包括在作者意图的文本特性之中。

毕竟大多数作者并没有把这些要素看成其作品的一部分 [7]。对于视觉形象的这种新的关切，尽管无疑是一个好的发展，但是我们也不应因此就陷入盲目，意识不到有必要对出于作者意图、作为文本的一部分的视觉效果和并非如此的视觉效果加以区分。这样的区分，有时显而易见，有时则并非轻易。视觉形象显然是图形诗（shaped poetry）的不可或缺的部分，譬如赫伯特和特拉赫恩的某些诗，马拉美和阿波利奈尔的某些诗，以及 20 世纪具体诗（concrete poem）作者的某些诗；对于散文中的图形段落来说也是如此，譬如查尔斯·诺迪尔和刘易斯·卡罗尔书中所出现的此类段落；对于某些插图小说来说也是如此，譬如萨克雷和马

67

克·吐温作品中所见到的那些。即便在这里，也还有进一步的区分：在赫伯特的诗中，形状是文本的组成部分，字体则不是；而字体设计和文本形状都是具体诗文本的组成部分。就大多数文本而言，没有图形要素，相应地也就更加难以断定字体和页面布局的哪些方面（如果有的话）应当看成是作者意图的一部分（除了缩格和诗歌分节，这些通常是作者的）。但是力图作出这些判断，却是最明通的出版历史所不可缺少的，一如其之于翔实的文本考证那样。

再者，不要忘了前面说过的一点：对设计要素的分析离不开对制作线索的分析。同样地，研究制作过程的传统的分析书志学可以为文学批评划定边界，也可以为对图书设计的诠释提供一种检验。对这种相互联系谢弗·罗杰斯给出了一个非常漂亮的说明，他在 1996 年的一篇文章（"艾兹拉·庞德的印刷商有多少个 T？"）中指出了杰罗姆·麦根《文本的状态》（1991）中的一个错误。麦根想要说明庞德的"表演性排字"，曾论证说，在《休·赛尔温·莫伯利》一节的开头有一个斜体的 T，当该诗所有其他各节的开头都有花式首字母时，这就构成了庞德对早期印刷商业务的"书志上的间接指涉"（bibliographical allusion），印刷商在所需铅字用完的时候用了替代品。这个对庞德"惊人的排字干预"的论证，得到了以下事实的支持：庞德在校样上批曰："用普通大写或者斜体……原来的印刷商在奇特的大写铅字用完

具体诗：阿波利奈尔的"埃菲尔铁塔"

Facsimile of the original MS. of one of Traherne's Poems

特拉赫恩一首诗的手稿

"The Queen of Hearts she made some tarts
All on a summer day:
The Knave of Hearts he stole those tarts,
And took them quite away!"

"Now for the evidence," said the King, "and then the sentence."

"No!" said the Queen, "first the sentence, and then the evidence!"

"Nonsense!" cried Alice, so loudly that everybody jumped, "the idea of having the sentence first!"

"Hold your tongue!" said the Queen.

"I won't!" said Alice, "you're nothing but a pack of cards! Who cares for you?"

At this the whole pack rose up into the air, and came flying down upon her: she gave a little scream of fright, and tried to beat them off, and found herself lying on the bank, with her head in the lap of her sister, who was gently brushing away some leaves that had fluttered down from the trees on to her face.

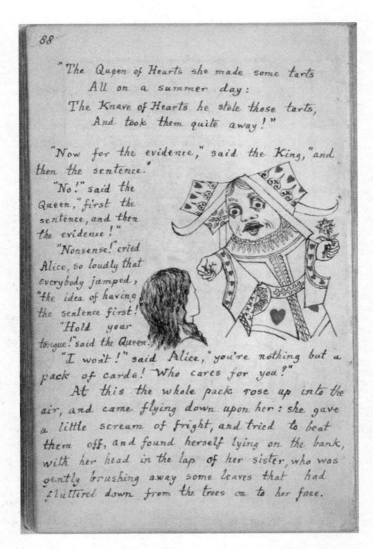

《爱丽丝漫游奇境记》原始手稿中作者刘易斯·卡罗尔的手绘插图

140

《名利场》作者萨克雷的手绘插图

时曾经这样做。"在麦根看来，奇特的 T 实际上并没有用完，因为 T. S. 艾略特的 *Ara Vos Prec* [①]，由同一个印刷商在同一年印刷，在六个地方用到花式 T，而《莫伯利》并不需要比那更多的 T (pp. 155-160)。

这个论证的瑕疵在于它忽略了印刷流程：它并不是建构在一次上机的印版所需铅字量的基础之上，而是假定整个文本一次排妥。正如罗杰斯所指出的那样，艾略特四开本的任何印版所需花式 T 都不会超过两个，但是在庞德八开本中有一个印版却需要三个，其中一个用了普通的斜体。在艾略特和庞德的书中只出现了两个花式 T（据其区别性特点识别），而且显然庞德认为印刷商只有这两个。那种认为斜体 T "是现代派建构主义在这个文本中的灵光一现"、"是深情怀旧的以小见大"的说法就这样被标准书志分析的以下两个基本方法所证伪：开本的断定和个体铅字的识别。对于特定排字实例的意图效果的任何诠释都必须契合其赖以产生的技术过程。

考虑过所有这些因素以后，现在我们来看我所提出的研究图书设计要素的三个相互关联的路径：心理路径、文化路径以及美学路径。它们相互交叠，但是各有侧重。我称之为心理路径者，主要考察阅读的生理，以及由特定铅字的书体和尺寸、行的长短

① Ara Vos Prec 意为 "我现在请求您"，引自但丁《神曲·炼狱篇》，艾略特用为诗集名。

和行间距、边白的宽度以及其他要素所造成的基本上是潜意识的影响，总是折中于对由对内容的熟悉所发挥的作用的认知。文化路径主要在图书设计史的烛照下，分析个体图书的设计要素，重视在特定历史时期内特定风格和开本之间的联系，以及字体设计、页面布局、纸张、插图和装订等反映政治、社会和艺术潮流的方式。美学路径致力于解释作者和出版社员工具体运用图书设计来加强，或者增加文本中的意思；这样的运用可能有也可能没有包含历史暗示——而一旦制作出来，它们就成为以后会被提及的历史联系的一部分。

这些路径中的每一种都可以为图书设计对图书创制者和图书受众意味着什么提供洞见；所有三种路径应当综合运用以期尽可能达成最全面的认识。有关铅字、排字、纸张、插图、印刷和装订的大量的历史文献无疑与这些分析研究密切相关，其中有许多是对于具体图书的分析；但是其绝大部分是描写性的工作，有别于我在这里所论述的分析的文献 [8]。对图书制作的传统的历史研究，与对设计要素的书志分析和对制作线索的书志分析有着同样的关系。无论在哪一对关系中，对个体图书的分析研究都为更广阔的历史归纳提供了数据，后者反过来又形成了进一步分析所要依赖的背景知识，而这进一步分析又会使对历史归纳的修订成为必要，如此循环往复……

69

心理研究

在研究具体语言文本之生产与接受的这三个角度中，心理角度图书史研究者利用的最少，尽管阅读心理无疑是理解读者反应的一个基本主题——甚至可以说（这要看它是如何定义的）最基本的。对字体易识性（legibility）的检验可以追溯到 1790 年代让·阿尼松对加拉蒙和迪多的比较[9]；不过对于现在这个讨论来说最为有用的出发点是一度蜚声学界的英国统计心理学家西里尔·伯特的著名研究[10]。第二次世界大战甫一结束，他就和几位合作者着手开展一系列实验藉以检测阅读材料的易识性并确定读者喜好某种排字设计的根据。研究成果 1955 年首次发表于《英国统计心理学杂志》；四年后，伯特为普通读者重写了这个实验报告，以书的形式出版，即《排版心理学研究》，书前有斯坦利·莫里森的导言。莫里森是一位杰出的排版设计师和排版史研究者，伯特的研究引起他的兴趣，表明了这些研究的两重功用——既是印刷品生产的实用指导，也是对读者对印刷品的反应进行历史研究的基本背景。

伯特的研究有一个特别的优点，这就是其实际覆盖面。之前对字体易识性的科学研究都倾向聚焦于个体的字母[11]，而伯特则聚焦于组字成词，连词成句。尽管他所进行的检验是关于设计，字体的粗度和尺寸，行的长度和边白的宽度，以及行间距，等等，但是他也认识到，所有这些因素互相影响，孤立研究不可能取得成果。事实上他像所有好的图书设计者那样，知道易识性还牵涉到纸张的质地，油墨的颜色以及印刷的质量 [12]。另外，他还看到了内容和习惯在个体反应中的重要性：阅读的效率（用相比于速度所测得的理解程度来衡量）还受到以下事实的严重影响：读者是否已经熟悉文本的风格或者主题，以及字体设计与页面布局是否长期以来用于那种材料并为读者所期待。因而在他要求受访者表述他们对不同字样的相对偏好的调查中，他也搜集了个人信息，从而可以区分不同背景的读者。这种对于许多相关变量的实事求是的承认，使得伯特旨在得出客观统计结论的工作变得复杂了起来；不过他能够就不同年龄群体的最佳字体设计和页面布局作出某种归纳，并且确定，对于设计的审美偏好往往与阅读的精确性和速度互相关联。

尽管伯特说过，他统计的初衷并不是为关于排字的历史研究作贡献（p. 26），但是这些结果显然关系到那些关心物质图书的历史研究者。既然读者在排字方面的偏好（至少有一部分）受到其先前阅读体验的影响，那么，对于此类偏好的任何考察就都有了一种历史的维度；因此反过来，任何关于排字常规的历史研究，都告诉我们关于读者反应（正是这些反应促成了这些常规的延续）的一些信息。正如图书设计者可以从伯特的研究中得到一些有用的提示，历史研究者也可以用伯特的思路来分析以往图书设计者的动机，以及读者对如此设计出来的图书的当下反应。这些动机和反应往往是部分自觉，部分不自觉，而伯特的研究的说服力之一就在于他考虑了这种混合的情况。即便当他发现读者所宣称的对某种字体的偏好常常受到其阅读效率的影响的时候，他也可以证明有时候读者的表现与他们自觉的认知存在矛盾，比如当他们宣称发现十二点的字体比十点的字体更加清晰可读，但是实际上在阅读检验中的表现却恰恰相反（p. 18）。对于历史研究者来说，图书设计者或者读者的自觉的态度——如果没有记录在案的话——就像他们的不自觉的动机一样难以捉摸；不过两者都是历史研究者所希望重建的事实的一部分，而心理学家的发现，也许有助于建立一个框架，藉以考量图书设计者的选择和读者的反应。

　　此前莫里森没有进行过统计检验，但也得出了与伯特相同的结论，正如他有名的《关于改变〈泰晤士报〉排字的建议的备忘》（1930）关于易识性的讨论所显示的那样[13]。例如，他给人留下深刻印象的论述，"易识性之谜"在于组字成词，"因为在字母之间的差异之外，似乎还存在着词之间的差异"（p. 309）。不过他说，在词语组合的"易识性"（legibility）和字母个体的"易辨性"（perceptibility）之外，字体一定还有由"读者记忆的局限性"所确定的"易读性"（readability）（p. 310）。于是衬线（主笔画起始末端的细画线）就很关键，因为眼睛已经"习惯于……它们的出现"，从而它们"有助于眼睛对相似字母进行快速区分"（p. 312）。这一问题的复杂程度从他所列举的图书设计者必须考虑的众多细节中可见一斑："（1）字母的大小；（2）构成字母的线条的粗细；（3）宽高比；（4）某种程度相像的字母对之间的差异度（例如 c，e 等）；（5）a）字母间、b）单词间、c）行间、d）段间的距离；（6）行的长度；（7）将数行与相邻数行加以区隔的方法，比如用栏线；（8）字形中可有可无的或者说装饰性的成分；（9）使用行草（比如斜体）的合意度；（10）纸张的反光度；（11）纸张的颜色；（12）油墨"（p. 311）。莫里森的观点来自于他自己的洞察而不是字形检验，不过事实上后来它们被广泛的检验所证实：由他的《备忘》开局的变革最终以他设计的 Times New Roman 收官，这成了 20 世纪用得最广泛的一种字体 [14]。其主要特点之一是大的 x 高比（即，在有上部和下部的字母中，中间部分相对于上、下部分的高度比），从而就有了醒目的封闭空白以便识别，特别是在字号很小的时候。

虽说莫里森的《备忘》并没有想成为图书设计的指南，但是它讨论了这类书必然会涉及的许多问题。这类书中的两个经典，奥立弗·西蒙的较为简要的《排字概论》（1945）和休·威廉姆森的较为全面的《图书设计方法》（1956）可以证明这一点。西蒙在其"字体选择"一章（pp. 11-21）中，讨论了易识性的六个因素，这些因素"在所有美学考量之外，还有其自身的实际重要性"，其条目略同于莫里森（包括宽度，字脸尺寸与字身尺寸的关系，着色，x 高比，大写的尺寸，粗细）。他还讨论了行间距的大小如何会影响"字的颜色值"。威廉姆森在其"文本设计的原则"一章（pp. 108-124）开头部分说，"因此，易识性是其目标"，又说，"对于读者来说每一个印刷细节都可能有其价值"。他详细阐述的细节有字母的"显而易见的尺寸"（受到诸如 x 高比等因素的影响），"行间空白"，以及行的长度。最后一项，他说，受到"绝大多数读者在有限的几眼之间领会一行中的词语"这一事实的影响；如果一行太长，那么就必须"看太多眼"，"不但多了额外的焦点转变，而且还有头从左到右再回来的转动"。

别忘了，易识性还有心理的一面。莫里森在他的那篇极为简短却广为人知的"排字的第一原则"（1930）一文中说到了"什么东西眼睛不能轻松阅读"或者"不能愉快阅读"。不足为异，1931 年《泰晤士报》重新设计委员会采用了知名眼科专家威廉·利斯特对 Times New Roman 的积极报告。纠缠在一起的阅读心理和阅读生理，无论研究图书设计的学者是否明确提到过，都是他们考察易识性的依据。碧翠丝·瓦德对排字和水晶高脚杯的著名比较（见于她 1955 年论文集《水晶高脚杯》中的同题论文）论述了一个基本的心理学观点：排字，像设计一个水晶高脚杯一样，在一定程度上可以发挥创意，但是其艺术性不能妨碍其实用目的实现，干扰使用者或者读者头脑中的预期。用她论文的副标题来说就是，"印刷应当视而不见"；否则，读者"潜意识里就会受到困扰"（p. 12）。对给定设计的此类反应，在某种程度上可以按照排字研究者在他们的文字中所阐明的洞见加以检查；不过心理学家的实验研究也很重要，能够让阅读的若干生物学基础稍加明确[15]，不然基本上只能靠直觉猜测。图书史研究者也许会觉得这些信息并不容易付诸应用，但是他们应当比以往更为经常地认识到，关于读者反应的任何全面描述都必须包括心理方面，而且，以往的图书设计也有必要从这个角度加以分析[16]。

另一种对印刷品不自觉或者部分不自觉的反应（前文曾提到过，而且伯特常常予以讨论），对于大多数历史研究者来说可能会更对脾气一点，因为它需要的是历史知识而不是心理知识：读者与特定字体设计和页面布局的先验联系。莫里森在其为伯特的书所写的导言中将温德姆·刘易斯的《爆发》作为运用排印艺术的一个例子（1914）①——在这里黑体字——像"意识形态的'乐器'，适于演奏战斗的文学、艺术或者政治团体呐喊的创作"（p. xv）。利用印刷设计来象征对现状的反叛的这一想

① 《爆发》（*Blast*），英国历史上的一种文学期刊，由温德姆·刘易斯（Wyndham Lewis）主编，是昙花一现的旋涡主义（Vorticism）艺术运动的产物，仅于1914年和1915年先后出过两期。"旋涡主义"之名来自美国意象派诗人埃兹拉·庞德，他说："意象是一个辐射的中心点或者丛，它是一个旋涡，而观念奔涌着，出自旋涡，经过旋涡，进入旋涡……"这本期刊支持和宣扬未来主义、立体主义和意象主义，有自己独特的印刷风格。

《爆发》（*Blast*）封面

1

BLAST First (from politeness) ENGLAND

CURSE ITS CLIMATE FOR ITS SINS AND INFECTIONS

DISMAL SYMBOL, SET round our bodies,
of effeminate lout within.
VICTORIAN VAMPIRE, the LONDON cloud sucks
the TOWN'S heart.

A 1000 MILE LONG, 2 KILOMETER Deep

BODY OF WATER even, is pushed against us

from the Floridas, TO MAKE US MILD.

OFFICIOUS MOUNTAINS keep back DRASTIC WINDS

SO MUCH VAST MACHINERY TO PRODUCE

THE CURATE of "Eltham"
BRITANNIC ÆSTHETE
WILD NATURE CRANK
DOMESTICATED
POLICEMAN
LONDON COLISEUM
SOCIALIST-PLAYWRIGHT
DALY'S MUSICAL COMEDY
GAIETY CHORUS GIRL
TONKS

11

《爆发》（*Blast*）所用黑体字

法（这一想法不但表现在印刷设计方面，而且表现在所有的艺术和技艺中）当然在一定程度上是自觉的，但是，特定细节改变的理由却可能是不自觉的，即使对那些谋划者来说也是如此；而且毫无疑问他们的目的之一是在他们的读者的潜意识里植入一种形式与观念之间的联系并在这一过程中体现其艺术运动的个性。由此开始，这些读者极可能——也许更多的是出于不自觉而不是自觉——在看到相似的设计的时候会想到同样的观念，反过来在呈现同样观点的文字的时候会要求用这样的设计。后面我会谈到几个自觉的印刷风格联想主义的例子；这里想要做的只是再提醒一下对于图书设计的历史研究一定不要忽视深埋在设计者决定和读者反应里的那些不自觉的影射和感觉。

1967 年，在伯特的书出版八年之后，克利夫兰艺术博物馆的梅拉尔德·E. 弗罗尔斯塔德创办了一个季刊，名为《排印研究杂志》。这个名字并没有明确框定"排印研究"的具体路径，因为一开始这本杂志的宗旨就是囊括所有关于排印研究的文章；弗罗尔斯塔德在创刊号的发刊词中说，通过"与各相关科学、人文和艺术学科的无可回避的交流互动"，其角色将会显现。换言之，这本杂志欢迎心理学家、历史学家以及设计者（还有其他行当）的文章，因为弗罗尔斯塔德相信，"科学领域在哪里结束，人文领域和艺术领域就在哪里开始，不能截然分开，没有分界线"。第一篇文章是理查德·H. 威金斯的"三个排印变量对阅读速度的影响"（讨论行的长度，隔空和右页边）[17]，多年来陆续发表了许多这一类的研究论文。不过这类文章也会发表在几种心理学杂志上，弗罗尔斯塔德的杂志与众不同之处就在于，它将这些文章与其他通常只见于书志学会期刊和平面设计杂志的文章散列在一起了。

及至第一年终了，发表论文计有分析书志学、排字机器的历史，以及具体诗，等等。这种混一的效果相当于莫里森和伯特共见于一卷：读者因而得见学科之间的联系，这些联系他们之前也许从不曾想到过，至少不曾以略微细致的方式想到过。在第四期，弗罗尔斯塔德讨论了"合一精神"，这种精神把"有着共同方向的众多学者、从业者和科学家们联系在一起"，他还用到了"看得见的语言"这一措辞，这在第五年成了这本杂志的名称。宣布新刊名的编者寄语将这本刊物描述为"可能是第一次协同努力以组织我们对语言表达的视觉媒介的每一个方面的研究"。六年后，在1977年秋季罗兰·巴特专号中，副标题成了"关于我们的文学存在所涉及的一切的研究杂志"。弗罗尔斯塔德从来不放过任何机会以强调这种包容性[18]，而那些认为他的杂志旁出了他们领域之外的书志学家们（有许多这样的人）只不过是没有领会他的意思罢了——殊不知这正表明了他的杂志所要解决的难题。

除了主办《看得见的语言》之外，在1970年代末和1980年

Method of configuration

Mode of symbolization	Pure linear	Linear interrupted	List	Linear branching	Matrix	Non-linear directed viewing	Non-linear most options open
Verbal/ numerical	1	2 ■	3	4 ■	5 ■	6 □	7
Pictorial & verbal/ numerical	8	9 □	10 ■	11	12 □	13 □	14
Pictorial	15	16 □	17 □	18	19	20 ■	21 ■
Schematic	22 □	23 □	24	25	26 ■	27 ■	28 ■

Twyman's 28-cell schema for the study of graphic language from "A Schema for the Study of Graphic Language（Tutorial Paper）"

代初弗罗尔斯塔德还参与组织了三届关于"看得见的语言的处理"的国际学术研讨会，每一届都留下反映出与该杂志同样的混合风格的论文集 [19]。这三卷论文集，迈克尔·特怀曼出现于其中的两卷，可以看作弗罗尔斯塔德所提倡的此类整合的一个表率。特怀曼既是一个印刷历史研究者，专门研究石印的历史，也是一个平面设计师；另一方面，他还撰写论文（就像那两篇）厘清空间安排在认知过程中的影响。在第一个论文集（1979）中，他设计出了（展现出在心理学研究文献方面的广博知识）一套"研究形象语言的图式"，检视了几种主要构形方式（线、块、矩阵、树形）运用于语词、绘画和图表等几种形象化方法的情形。

75

其发表在第三卷（1986）中的另一篇文章则对使用这几种构形方式的历史进行了简要的描述，指出，历史研究普遍忽略了"相对于语言作为观念和信息承载者功能的语言的形象方面"（p. 188）。在提供了一个 19 世纪表格呈现的个案研究之后，他提出关于 19 世纪印刷的传统评价应当加以修正：以前将这一时期与设计的式微联系在一起，因为历史研究者聚焦的是线性的散文；但是如果我们从人们综合运用各种构形方式空间地、形象地呈现文本信息的实验性实践来看的话，那么它仍不失为一个令人兴奋的创新时代。特怀曼的工作非常契合弗罗尔斯塔德的计划，因为它形象地说明了一个通常是心理学家所关心的问题——操控处理印刷品以利读者领会理解——如何可以照亮历史研究。弗罗尔斯塔德 1987 年去世，京勒伊格·S. E. 布里姆对他进行盖棺论定时抓住了他的观念的开放性："他认识许多统计学家和空想家，科学家和印刷商，地平论者，学者，炼金术士和阴谋论者，而且他对他们中的大多数过于友善了。"[20]《看得见的语言》让我们想起弗罗尔斯塔德那意在整合的挑战，迄今为止几乎没有书志学家予以应对。

文化研究

我所说的图书设计的"文化"分析路径，可以用 D. F. 麦肯齐用过的一个教学练习加以说明。他在书志学会百年纪念讲座（1992，次年出版）上举自己的一个课堂设计作为开场：他向学生展示一个空白书芯——即一组纸张折叠缝为配页，没有装订也没有印刷文本——然后让他们说出"这个空白书芯是为哪一种文本设计的，并指出其年代"。通过纸张的种类、开本和整体样貌，学生们可以，麦肯齐说（无疑是在他的指导下），得出正确的结论，即这个书芯是 1930 年代普及本小说的样子；在这个过程中麦肯齐证明了，一些关于图书营销的文化潮流的历史知识，可以让我们在没有任何印刷文本的情况下，从物质证据中读出相当多的信息。假如在那些书页上有印刷文字，即便是一种不知道的语言，仍将提供更多的证据如字体的设计和大小，行间距，栏外标题的安排和页码，边白的宽窄，装饰和插图的放置和风格，等等 [21]。

换言之，对于与某个时期某个地方特定类型的写作相关联的图书制作风格的熟悉，可以让我们把给定图书放置在一个历史背景中，了解当时的制作者和读者看待这个文本的方式。惯例的本质就是不假思考地运用和接受，但它们并不会因此就无从分析；对惯例的违背很可能是有意为之的郑重宣示，而且也被人们如此认知。当看到四开本的伊丽莎白时代戏剧或者八开三卷本维多利亚时代小说时，我们从来不会感到诧异；不过这些定式风格在显示作者和出版商希望文本受到怎样的看待以及图书的购买者和读者大概会如何看待它们这一方面 [22]，并不稍逊于普遍规则之例外。

此类旨在提升对文化的历史性理解的对图书设计的分析运用，必须建立在对时代风格的熟悉的基础之上。这种时代风格，与其说是关系到作者和出版商为了表达对特定语言文本的意义有所支持的意思、对各种设计特点的大同小异的运用，不如说是关系到各种宏大的潮流以及它们在具体个案中的反映。前者我马上会谈到；这里我关心的是通过对来自所有历史时期的大量图书的第一手的观察所得到的那类知识，再加上来自过去的设计手册，再加上以书的形式以及出现在平面设计期刊中的许许多多对印刷、图书设计、插图和装订的历史概览 [23]。具体设计师的贡献以及他们的声明的内容构成了这个背景知识的很重要的一部分，像所有艺术家的工作一样，字体设计师和图书设计师的创见，反映了传统与个人才华之间的"相互影响"（用艾略特的说法）[24]。对图书设计与文化历史之间联系的真正的分析研究并没有很长的历史，而且大多与斯坦利·莫里森相关。像其他艺术和技艺一样，字体设计与页面布局反映着它们所属的知识和政治环境——这一理念暗含在莫里森所写的大多数文字中，而且他常常也会清楚地表达这一点。

例如，莫里森 1944 年的一个演讲（题为"排印艺术"）的结论部分说，如果他的历史概览"还证明了什么的话，那么可以说它证明了在排印艺术中，风格反映了一个时期最重要的成就施加在整个艺术作品上的风格"(p. 39)。不过他也认识到，这种风格施加是与个体设计者的创意发挥同时共存的：在他的早期论著《论字体》(1923)中，他说，"在良工手中，恰如其分的字体将会烘托一种氛围，点明作者的构想，并且，简而言之就是，几乎相当于插图一样"(p. vi)。因为这里他是在介绍一批字体，所以聚焦于字体设计的选择，不过他对这一主题的历史考察已经阐明，对一种设计的预期使用与其历史使用是一枚硬币的两个面。字体可以"烘托一种氛围"，"点明作者的构想"，这在很大程度上是藉由它们的先前联系（当这些联系被体认的时候——即便是潜意识里的体认）；而他所收集的各种扉页（这里他是对字体和排版选择进行事后的考察），记录着旧传统在推出新传统的过程中所发挥的作用。任何一页写本或者印本，在莫里森的眼中都是激动人心的行为的记录，都是过去某一时刻对社会和文化遗产的继承发扬。

这一洞见反映在他那雄心勃勃的封笔之作的书名上——在他1957 年莱尔讲座的基础上，同一年个人印成一系列小册子，最终出版于 1972 年（由尼古拉斯·巴克整理，他精心撰写的莫里森传也是同一年出版）：《政治与书体：公元前 6 世纪至公元 12 世纪希腊拉丁书体发展中的权威与自由》。这本书讨论更多的是字体而不是布局[25]，更多的是权威而不是自由。它试图要做的，就是要证明字体如何"受到宗教和政治运动的制约"(p. 3)——探寻（用莫里森的另一句话说就是）"在艺术家和工匠作坊之外

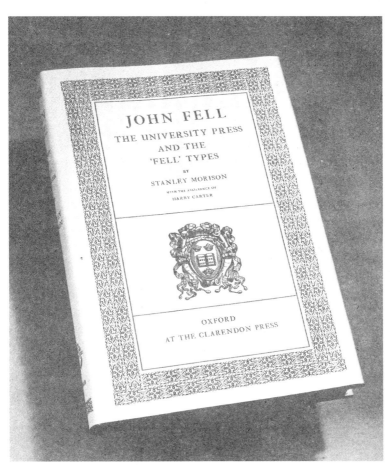

1967 年 10 月 12 日，莫里森逝世。同一天，其四十年心血凝结而成的专著《约翰·菲尔：牛津大学出版社与菲尔字体》出版。该书用菲尔字体手工排版，并用碎布优质纸印刷，是最后一册在整个印刷流程中采用菲尔字体的书。菲尔字体代表着牛津大学出版社历史的一个时代

导致西方字体改变的一些因素"（p. 2）。莫里森一开头就承认，这种理解"与当时的书志学的范围略有凿枘"（p. 1）；但是书志学最终改弦易辙走向了他的观点，即认为，对植根在图书设计里的历史联系的分析，是考察物质证据的富于启发的一条道路。正如莫里森在其导言的第一页所说（这个句子已被多次引用），"书志学家也许可以，通过其对碑刻、写本、印本、报纸，或者其他记录媒介的物质形式的研究，揭示出一些观点——这观点关系到不同于宗教、政治和文学的某种东西的历史，具体讲就是：运用才智的历史。"[26] 实际上这里莫里森将书志学研究放置在所有人工制品研究的语境下，因为人类生产的所有物品，无论是否带有语言文本，都可以解读为人类才智在特定历史环境中施展的证据。

　　建立在这一见解之上的莫里森的这本书，是所有书志学著作中最伟大的构想之一：历述"在皇帝、教皇，以及主教或修道院长或行会大师的权威影响之下由众多写工和刻工共同工作或者各自工作所激发的两千五百年的演化过程"（p. 339）。驾驭如此大的题目难免会有莫里森谦虚自称的"乱猜"（不过常常真的如此），而且他也强调自己的结论是试探性的。他的书对于二流学者来说也许是个危险的模式；但是他的学问和识见，再加上他努力囊括的非凡数量的细节，使得这本书不仅成为一个典范，而且为进一步的研究提供了一个框架。他的详尽概述（对印刷历史时期的概述尤为详尽，大约有五十页）永远提示着更为细致的研究，现在书志学家们应当进行这样的研究以充实或者修正他所描绘的那个更大的图景。但是那个图景，不管被证明有多少瑕疵，至少让书志学家们可以审视——或者知道他们必须学着审视——在丰富的历史运动和传统背景的映衬下所有的字体以及它们的运用 [27]。

莫里森的讲座之后第二年，伯特兰·H. 布朗森发表了一篇开创性的文章，题为"18 世纪英国作为品味标志的印刷艺术"（1958）。因为痛惜文化史研究对印刷设计缺乏关注，布朗森主张对将图书设计与其他艺术联系在一起的"多种形式的影响"要有更加清楚的意识。支撑其分析的关键洞见是，每一种图书设计都反映着"作用于图书为之创作生产的那个社会的传统的重量"（p. 375）。他不但考察了扉页和正文的视觉要素，而且还考察了开本所承载的言外之意，因为考虑到"一种关于主题问题和物理尺寸之间正确关系的概念"的发展（p. 379）。这篇图文并茂的文章只是一个初步的探索；但是，因为莫里森的讲座十四年后才正式出版，所以布朗森的这篇——既以小册子形式发行也发表在刊物上——在相当长时间内可能是对分析图书设计所承载的文化意义这一理念的最好的概论。

无论怎样，布朗森关注的焦点与莫里森有所不同，是这个复杂问题的另外的侧面（不是字体），同样还有尼古拉斯·巴克

1977 年的沃尔芬比特尔学术报告（出版于 1981 年）"印刷样式与语词意义"。巴克举了多国的例子，概述了 18 世纪"图书排印布局革命"（p. 132）的一些证据，包括扉页和正文，而且他主张把对布局的研究作为书志学研究的一个标准部分。在这个主张中，他指出，这样的研究"要求你设身处地体会那个人如何作出决定使图书成为你现在看到的那个样子"（p. 138）。巴克用"决定"这个词，意在强调每一个遵从以及背离传统实践的行为都有其意图——因而力图设身处地地体会作出这些决定的人就意味着尝试着去理解每一种用法在当时的各种联系。

当然，这些联系既存在于读者（或者说某些读者）的头脑中，也存在于图书制作者的头脑中，十五年之后大卫·麦克基特里克的两篇富于启发性的文章强调了读者这一研究视角，丰富了关于这一主题的基本理论 [28]。1991 年麦克基特里克的莫纳什讲座（出版于 1993），题目是昭示性的"可接受的印刷之面"，在这个讲座中麦克基特里克探讨了"印刷艺术的自觉"（p. 22）的问题，并进而讨论了读者预期惯例得到遵从的这一问题。自然，他在讨论"创意成为实践并进而成为惯例"这一过程的同时，也考虑到民族传统和出版社风格（p. 27）。他的另一篇文章，"老面孔和新相识：印刷艺术和概念联系"（1993 年他在美国书志学会上的演讲），富有想象力地运用对字体影印件和冒称影印件（有时意在欺骗）的反应来检验"读者对印刷艺术的读解能力"（p. 166）——考量他们对民族性、时代性以及类型风格的认知的准确边界。我们可以把麦克基特里克试图讲授的核心训诫归纳为，阅读的历史必然有相当大一部分是对书志代码的解读——这一训诫类似于 20 世纪初坚持认为文学批评必须建立在物质图书之上的新书志学家们的主张。

这里麦克基特里克所考虑的因素与其他因素一起构成了他的《剑桥大学出版社历史》的基础理论，第一卷大约在同一时期出版（1992）。他开宗明义地指出，这样一项工作必须调查"社会环境、制作过程、书页上的和书卷（或者其他出版物）之周遭的物质呈现，以及前贤时彦的其他类似或者相关工作所提供的参照框架——所有这一切所展现出的彼此之间的相互作用"。麦克基特里克 2003 年那本博洽而又文采斐然的《印本、写本以及对秩序的寻求：1450—1830》，继续探讨"书志形式与公共意义之间的联系"。理解这种联系，才能把握其与莫里森观点一脉相承的宗旨：开始"理解五百年来作者、印刷者、出版者和读者之间赖以分享思想和知识的途径"（p. 19）[29]。

麦克基特里克这两篇文章中的第一篇，将实际上是极为广泛的系列举例称作"考察漫拾"（p. 27）。这让我们想起巴克将其自身的贡献描述为"初步摸索的文章"（p. 138），莫里森认为自己的著作可以题为"臆测札记草稿"（p. 2）。这一主题的极其复杂性难免让对这种复杂性的初始研究看起来有点像"乱枪打鸟"或者"摸索",但是这些论著的确提供了一些必要的见解,借助于此,学者们可以有一个明确的目标感去研究补充具体情形下的细节,就像麦克基特里克本人所做的那样。

美学研究

分析图书设计的第三条路径可以称之为"美学研究"以彰显其对具体语言作品艺术的视觉角色的关切。当然,美学研究不能与文化研究截然分开,因为必须始终保持对文化历史的警觉敏感。例如,作者与出版者可以有意识地采用用典式的设计(allusive design),将当下的作品与过去的传统联系起来并期待这样的设计对作品的读解方式有所影响(自觉的或者不自觉的)。但是在这种情形下的设计,更多的是作品中意义的一个元素,而不是对当时设计的反应(不过用典式设计无可避免地会被微妙地当代化,无论是否有当代化的意图)。然而,作者和出版者着意设计以在读者中引起特定反应,并不一定非要采取用典的方式暗指过去。因而我用图书设计的"美学"分析这样的说法想要表达的是,试图理解特定语言作品中设计的预期角色,以及这些设计对读者的影响(无论是不是预期影响)。这种用法涵盖了更为常见的印刷美学的意思,因为我们必须首先能够评估字体和布局的艺术性,才能就这艺术性过去是如何运用的以及得到了具体读者什么样的反应这些问题展开历史分析。文化路径解读图书设计是为了得出反映特定时期特定地域的宏大潮流，而美学路径则是试图发现图书设计在具体语言作品预期意义和被接受意义方面所扮演的角色 [30]。

正如麦克基特里克对空白图书的分析表明可以通过将具体图书形式与特定写作类型联系起来展开文化研究那样，麦肯齐 1977 年对三卷八开本康格里夫全集（1710）的分析 [31]，则通过证明这一版的设计是这个作品集所包含的预期意义的一部分，成为美学研究的一个典范。麦肯齐非常具体地解释了康格里夫是如何有意识地运用诸如标题中字母间距大小调整的罗马大写或者每一幕开头装饰过的下探文中的首字母——"纯粹的空间安排"（p. 109）——去"调节其舞台行动和舞台形象"，甚至"按照自己的定义和创造去给图书赋形"（p. 112）。在其出版商雅各布·汤森那儿，康格里夫为赋予他的"作者意图"以"公共形式"找到了"最好的工具"（p. 112），而这两者"一致界定并服务于一个共同的目标：通过图书艺术，在读者心中唤起康格里夫本人作为一个剧作家的艺术的最好的品质"（p. 106）。麦肯齐富于历史细节的讨论，考察了汤森和康格里夫所能继承的印刷艺术遗产，但却清楚地表明，康格里夫 1710 年版的布局并不纯粹是传统的自然结果（它"没有明显的原型"）而是一种有意识的创造性的设计塑造以传达特定的意义，包括康格里夫的"文学观念"（p. 112）。

　　其说甚趣；然而不幸却与对意图主义（格雷格底本原理影响所及）的校勘整理的非难联系在一起[32]，因为麦肯齐认为这种理论否认"印刷形式的相关性和意义"（p. 89）；他甚至在这篇文章的结语部分说，"时下的校勘学理论"不关心"图书的历史，图书的结构，以及印刷的视觉语言"（p. 118）。事实是意图主义整理者从来不否认图书设计在理论上的相关性，他们只不过是相当可以理解地认为在具体个例（前提是他们已得出结论：作者并没有想让图书设计成为文本的一部分）中图书设计不是一个文本要素。麦肯齐在那篇文章的最后一段说，为了"准确地重建我们的文学过往，我们不能忽视图书形式的细节"（p. 117），这无疑是对的；但这不等于说图书设计总是传达作者想要表达的意思[33]。尽管麦肯齐在这一点上未免失焦偏离了文章的主题，但是他关于康格里夫的讨论，对于所有希望证明作者运用印刷艺术的人来说，都将是一个试金石。

　　与麦肯齐的论文永远相联并峙的另一个地标是大卫·福克森 1976 年的莱尔系列讲座（1991 年由詹姆斯·麦克莱弗蒂整理出版），他讨论了亚历山大·蒲柏与他那个时代的图书业的关系，证明蒲柏如何开始操控载有他的文本的图书的设计。主要个案研究是关于蒲柏所译《伊利亚特》（分六卷出版，1715—1720），紧随康格里夫全集之后联翩问世，展示了作者同样独立地处理开本和布局等问题的另一重要案例。蒲柏与出版商的合同赋予了他对图书设计的完全权威,福克森说明了蒲柏的那些决定的"革命"性(p. 51)。当蒲柏(也许是受到法国模型的影响)选择四开本作为订购者拷贝、对开本作为销售拷贝的时候,他背离了将对开本看作用于不朽作品的更为豪华的形式的这一悠久传统;而他的《伊利亚特》的范例,作为对他所谓经典的一种确认,成为他人效仿的一个新的模型,并在几年内成为了一个主流风格。

蒲柏另一个独开风气的创新是将页首花饰(在《伊利亚特》第一篇开头部分文本的上方)改为真正的插图(以前插图是在对面页上,而页首花饰则由形式设计组成)。蒲柏的目的,福克森认为,可能是"拉近雕版和活字印刷之间的关系"(p. 71)。根据福克森对系列作品的回溯梳理,蒲柏对相沿成习的实践的最有影响的背离,是其对名词大写这一通例(始于 1717 年)的摈弃和对专名斜体这一通例(始于 1729 年)的排除。这些变化反映了"蒲柏的古典化或者罗马化的意图"(p. 196),但也表明他认识到这些视觉手段如何可以用作文本交流的一个要素,因为他针对不同的读者作出不同的印刷决定:总的来说就是,他为订购者贵宾群体准备的拷贝中去除了惯常的斜体,但为更为广泛的读者大众所准备的拷贝中却不曾去除。

福克森对蒲柏的研究和麦肯齐对康格里夫的研究在很多方 ⁸⁴面形成了一个整体,它们一起将 20 世纪最后二十五年开辟成为研究图书设计的新纪元。麦肯齐 1977 年的演讲是他 1976 年关于 17 世纪后期图书业的桑达斯讲座的延伸 [34]，与福克森关于蒲柏和 18 世纪早期图书业的莱尔讲座同时进行。也许麦肯齐的讨论更为彻底地展示了通过印刷艺术所传递的文学意义，不过两个学者都清楚地证明了作者如何为了自己的目的去干预图书设计。而且两个学者都正视了这对于文本校勘意味着什么的问题，不过福克森演讲稿的出版文本在这一方面比麦肯齐的演讲要少一点教条的意味。然而即便是福克森，也很轻率地批评"现代英语文献校勘学"，强调蒲柏的订正习惯与格雷格原理的基本假定"相矛盾"（p. 153）——罔顾格雷格曾明确承认有些作者极为注意修订版中的标点和拼写这一事实。福克森的确很好地罗列了蒲柏"对于标点的不断的修订"（p. 225）以及他在印刷艺术上的先锋实践对于校勘整理者（特别是那些关注"最终意图"的整理者）的言外之意。虽然我们不能从蒲柏的习惯，或者在他之前的康格里夫的习惯，得出一般性结论，但是福克森和麦肯齐的演讲应当让学者和其他读者对作者运用印刷艺术的可能性保持敏感。而且他们通过对详细了解图书业的历史的重要性的说明，提供了一个很好的典范，作为进行排字分析的一个基础。

在这些演讲之后有一系列关于更早或者更晚时期作者对文本视觉呈现的要求的研究 [35]；但是晚近一些研究常常不能提供福克森和麦肯齐所能达到的历史参照的深度。一个杰出的例子是杰罗姆·麦根的《黑骑士》（1993），其副标题点出其所研究的重要主题："现代主义的看得见的语言"。尽管难免历史印象主义而且缺乏焦点，但是这本书却为理解现代主义写作做出了实质性的贡献。人们已经广泛认识到，有些现代主义诗人，比如 E. E. 康明斯和威廉·卡罗斯·威廉斯，曾运用视觉效果（这类已经被理解为文本的一部分，比如单词之间特别大的间距，运用多种字号的大写，不用大写，换行的位置，以及诗行的相对位置等），而麦根则证明，有些通常并不认为具有文本意义的排印特点，也被作者有意识地加以利用。例如，他解释道，庞德《诗章》的前两集（出版于 1925、1928 年）中花饰首字母与文本排字的独特结合是如何提供了一个凯姆斯科特风格与博德利海德风格之间的鲜明对比，并藉此界定了庞德所留意的"历史纽带"（historical nexus），"在设计层面上"让人回想起威廉·莫里斯中世纪寓意的"繁缛"和博德利海德页面的"雅洁"（pp. 79-80）①。

85

　　但是当麦根进而将具体诗和相关运动作为"这一书志遗产"（p. 98）的受益人而加以考察的时候，他混淆了一个重要区别。这里有一个区别需要加以明确：一方面是图书设计的基本元素

---

① 威廉·莫里斯（William Morris, 1834—1896），英国艺术家、作家、出版家，1891 年创立凯姆斯科特（Kelmscott）出版社，受中世纪装饰抄本的影响，致力于出版装饰限定版图书。博德利海德（Bodley Head）是英国一家出版社，得名于牛津大学博德利图书馆（Bodleian Library）的创建者托马斯·博德利爵士（Sir Thomas Bodley, 1545—1613），创立于 1887 年，后来成为兰登书屋旗下的一个品牌。

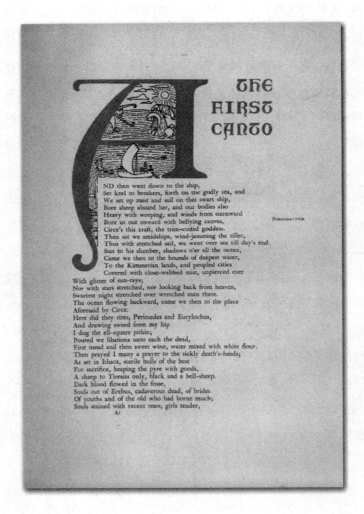

庞德《诗章》的一页

（比如字体、边白、纸张、开本），而另一方面，则是文本中的独特视觉呈现。所有这些都是读者所规面的视觉领域的元素，但是前者并非全部，或者总是被作者或者设计者用来传达意义（即使它们的确事实上常常向读者传达某种意义）。对于预期效果的关切（就像麦根在这里这样）要求必须正视这一区别；可是，虽然麦根的确看出他所讨论的作者之间的不同，但是他却没有明确地聚焦于这一点。他对"书志"一词的模糊使用是这一问题的症结所在：有时候是指图书的任何或者所有看得见的方面，有时候则是特指对这些特点的特别运用，比如当他说到莫里斯的"书志

```
        Lord, who createdſt man in wealth and ſtore,
          Though fooliſhly he loſt the ſame,
            Decaying more and more,
               Till he became
                 Moſt poore :
                  With  thee
                O  let  me  riſe
              As larks, harmoniouſly,
            And ſing this day thy victories:
        Then ſhall the fall further the flight in me.

        My tender age in ſorrow did beginne
          And ſtill with ſickneſſes and ſhame
              Thou didſt ſo puniſh ſinne,
                That  I  became
                  Moſt thinne.
                   With  thee
                Let me  combine,
              And feel this day thy victorie :
            For, if I imp my wing on thine,
        Affliction ſhall advance the flight in me.
```

具体诗：乔治·赫伯特的"复活节之翼"

复兴"（bibliographical renaissance）（p. 84）的时候。他试图说明"写作的物质方面"如何"成为想象活动的自觉的一部分"（p. 112）这一努力方向无疑值得赞赏；但是如果"书志"各种构成要素得到更为敏锐的区分和跟踪，那么他从莫里斯和庞德到鲍伯·布朗和苏珊·豪所划的那条线就会有更强的说服力。这本书仍不失其价值，但同时也是任何从事这一类书志分析的人都要面对的困难之一的一个殷鉴。

我心中的区分也许可以通过看约翰·斯派罗关于碑铭艺术的研究得到厘清。他 1967 年"碑铭学文选"的书名《线上线》，比起他 1969 年的书（源自他 1964 年桑达斯讲座）名《看得见的语词》，更能显露其研究方法——因为他关注的完全是线条在表意中的作用而不考虑字体 [36]。尽管他的讨论用的是一般术语（后一本书中）如"眼睛在领略一件文学作品时可以起到多大的作用"（p. 1），但是他将铭文界定为"结撰者用线条思考"（p. 2）的一种形式或者（在前一本书中）由"其构成词语的空间安排与它们所承载的意义之间的关系"（p. 9）所形成的一种艺术 [37]。他明确做出的不是（像人们期待的那样）线条与字体之间的区分而是对线条的两种运用之间的区分：一种是他作为"纯粹视觉双关"而加以排除的，由布局彰显文本中业已存在的意义（例如乔治·赫伯特或者刘易斯·卡罗尔的作品），另一种是线条的确"提高或者增强"（p. 13）——或者"有益于"（1969，p. 4）——他称之为碑铭艺术中的那种意义。不过这只是程度的区分，因而在两种情况下线条都是文本意图的一部分；也许更为根本的区分，存在于这些文本要素与其他影响读者看法的——传统上的"非文本"——设计要素之间。

像斯派罗这样对视觉形式敏感的读者忽视字体的作用，标志着在许多近年来关于文学呈现中的视觉意义（包括自觉的和不自觉的）研究中存在着的普遍的不平衡。这一类的研究非常多，从书名中就可见其大概：《语词和视觉想象》（赫尔特根，1988），《表达性的印刷：词语作为形象》（伊拉姆，1990），《语言与印刷艺术》（斯旺，1991），《早期现代法国写作中的形象无意识》（康利，1992），《文学的材料：文本的视觉方面及其与文学意义的关系》（利文斯顿，1992），《边白与边缘性：早期现代英国的印刷页面》（特里布尔，1993），《看得见的语词》（德鲁克，1994），《文化制品与意义生产》（埃泽尔－奥基夫，1994），《文本的躯体》（考夫曼，1994），《物质现代主义》（伯恩斯坦，2001），《富于启发的字母：印刷艺术与文学解释》（古特雅尔－本顿，2001），《读解表面形象：小说中的图书存在》（法尔，2005），以及《阅读理论：图书、躯体和恋书癖》（利陶，2006）。

尽管这一浪潮受到了欢迎而且包含了一些很好的研究，但却显示出一个总的倾向，那就是聚焦于图书插图、布局和印刷展现，对由具体字体设计、字号、字母间距、版心大小等构成的更

87

为安静（但表达力并不稍逊）的背景缺乏足够的注意 [38]。装订也不应排除在外：出版商装订，也像排字设计一样，显示出出版商对于一本书的意图；而客户装订（精装本问世之前或者之后）可以反映出读者的态度和当时的审美并有助于确定年代，还可以识别批注的作者 [39]。方兴未艾的文学物质性领域，如果对全面论述图书设计所要求的所有形式的书志分析有一个更加清醒的意识，那么它将会变得更加富于启发。印刷页面和装订是这样一种空间，在那里我们可以考察有意识的决定、下意识的联想以及历史的影响之间的复杂的相互作用。我们此刻在那里看到了什么？以往读者在那里曾看到过什么？要提高我们对于这些问题的认识理解，只能通过严格的分析，促使我们细致地区分传统、意图和反应，并且不加拣择地全面覆盖所有视觉呈现的要素。

人工制品是生产了它们的那些人的身体的延伸，是发往这个世界的思想的具身化，在这个世界里它们成为物质环境的一部分以便被他人所感知，有时候这些他人也会在这些人工制品上留下他们的记号。沃尔特·惠特曼最著名的意见之一——表明他有能力对话20世纪末21世纪初的关切——就是他强调《草叶集》"不是书，/ 触摸此册者其实是在触摸一个人"（"So Long", 1860）。从他所选择的动词"触摸"来看，他心中所想的是他的语词的化身，而不只是抽象的语言。他本人是一个印刷者，因而自然就会以这种方式思考问题，而且写了一首题为"一种字体"（1888）的诗，在诗中，他将铅字的"了无生气的条枚"看作"尚未发出的声音"的仓库，赞颂这种交流的物质基础。

我们通过印在书上的墨迹（以及图书的所有其他物质特点）所听到的声音不只是来自于作者，还来自于设计者、印刷者和出版者，以及他们所继承并且置身其中的文化和政治。图书常常也带有它们随后的生命历史的痕迹，为我们带来来自于它经历过的其他时刻的声音。要准确领会这个故事，我们必须最终将对设计特点的心理、文化和美学分析与对制作线索的研究结合起来。这个宏大的研究计划仍然处于起步阶段：虽说印刷图书通常被看作是所有人工制品中最重要的种类之一，但是它们作为物质对象所传达的大部分信息，却仍有待挖掘。这些物质对象是我们与前人的联系之一，这前人不仅包括创制这些物质对象的人，也包括曾经遭遇过它们的人。书志分析的目标，就是让我们更为亲密地接触这两类人，认识他们的行为、他们的思想。

注释 *

第一章

[1] 保罗·尼达姆在《布拉德肖的方法》(1988) 中引用了未发表的布拉德肖与布莱兹自 1859 年开始的通信。1870 年关于德迈耶的小册子收入 1889 年由弗朗西斯·詹金森汇集的布拉德肖《论文选》。(其余论文由罗伊·斯托克斯汇集并作注，出版于 1984 年。) 译者按：保罗·尼达姆 (Paul Needham)，今为美国普林斯顿大学沙伊德图书馆 (Scheide Library) 馆员；威廉·布莱兹 (William Blades，1824—1890)，英国印刷商，书志学家。

[2] 莫里森 1960 年为早期铅字铸造史研究者塔尔博特·贝恩斯·里德所写传记，其中有一章题目是 "书志学革命"，将里德描写为 "其深刻不亚于布莱兹和布拉德肖，坚信对图书进行正确描写和分类的根本在于方法"(p. 45)。译者按：斯坦利·莫里森 (Stanley Morison，1889—1967)，英国字体设计者，印刷史研究者，是著名的 Times New Roman 字体的设计者之一；塔尔博特·贝恩斯·里德 (Talbot Baines Reed，1852—1893)，英国作家，印刷商，所著《字母铸造史》，被认为是这一主题的权威著作。

[3] 对于从一般人造物品中能够得到什么信息，朱尔斯·大卫·普郎 "物质中的意识"(1982) 一文给出了一个有益的解释；不过即便是他，在对于包含语言内容的文件的认识上，也陷入了惯常的误区，因为在文末，他将作为 "历史事实" 之一种资源的语词含义的证据价值，置于物质特点之上。我在 "收藏原理"(1998) 一文中讨论了人工制品的角色以及它们在人类日常经验中所附载的意蕴。

[4] 我曾在《校勘原理》(1989)、"视觉听觉作品的文本校勘"(2005) 以及其他一

---

* 书眉页码为本书正文页码。——编者注

些地方详细讨论过语言作品的这种无形介质的含义，以及相应的文献文本与作品文本之间的区别。

[5] 对于贝内特的研究主要有斯特里克兰德·吉布森（1951）和威廉·L.威廉姆森（1978，1981）。威廉森（1981）的结论是："看来贝内特真的有所创新。"（p.185）译者按：托马斯·贝内特（Thomas Bennet，1673–1728），英国牧师，学者。

[6] 另一个对图书的物质方面表现出兴趣的18世纪人物是爱德华·卡佩尔，其1760年《前奏》可能是首次对扉页行末的竖划进行了转录（参看大卫·福克森1970年关于这一问题的讲座）。译者按：米歇尔·迈泰尔（Michael Maitaire，1668—1747），生于法国，英国书志学家、古典学家。G.W.F.潘策尔（Georg Wolfgang Franz Panzer，1729–1805），德国书志学家。

[7] 约翰·卡特1947年桑达斯讲座（《图书收藏的品味与方法》，1948）对图书收藏 90 的历史进行了非常专业的论述。

[8] 例如亚当·克拉克已认识到排字分析对于印本断代的重要价值，在其《书志学杂著》（1860）中进行了颇有说服力的论述。

[9] 罗宾·迈尔斯（Robin Myers）1978年在《图书》（The Library）上发表的一篇论文详细讨论了他们之间的关系，引证了许多布拉德肖未经出版的书信，并对现存书信的基本情况进行了描述。在此之前，斯坦利·莫里森已经在《排印异文的分类》一文（1963，pp. xix-xxi）中论及这种关系，称布莱兹为"现代科学书志学的奠基人"。当时关于他们生平的记述，见 G.W.普罗瑟罗关于布拉德肖的书（1988），以及塔尔博特·贝恩斯·里德为布拉德肖《印本原始》（The Pentateuch of Printing）所写的导言（1891）；大卫·麦克基特里克（David McKitterick）在其1986年出版的《剑桥大学图书馆史》中有关于布拉德肖更多的信息。

[10] 布拉德肖写给 J.温特·琼斯以及大英博物馆其他工作人员的信，由 A.W.波拉德整理发表于《图书》（The Library，1904）；布拉德肖与霍尔特洛普、坎贝尔往来书信，由维策·黑林格（Wytze Hellinga）和洛特·黑林格（Lotte Hellinga）整理并附有极好的注，编为两册，先于1966年和1978年出版（霍尔特洛普和坎贝尔其余书信由 D.F.麦克基特里克编定于1980年和1981年）。（保罗·尼达姆在其2006年关于格拉尔德·范蒂嫩（Gerard van Thienen）的文章中对古印本研究的荷兰学派进行了十分深刻的勾勒，曾论及霍尔特洛普和坎贝尔。）另外还有布拉德肖与 S.W.劳利（S. W. Lawley）以及费迪南德·范德哈根（Ferdinand Vander Haeghen）的通信，前者由弗郎西斯·詹金森发表于1909年，后者由 J.马基耶尔斯（J. Machiels）发表于1972年。译者按：约翰·温特·琼斯（John Winter Jones，1805—1881），大英博物馆馆长；约翰内斯·威廉·霍尔特洛普（Johannes Willem Holtrop，1806—1870），荷兰书志学家，图书馆馆长；坎贝尔全名为马里努斯·弗雷德里克·安德里斯·格拉尔杜斯·坎贝尔（Marinus Frederik Andries Gerardus Campbell，1819—1890）。

[11] 1870年4月25日，霍尔特洛普死后布拉德肖在给坎贝尔的第一封信里写道："作为我的老大，我对他油然而生一种忠诚之情，这种感觉对于无论在英国还是在其他地方的任何人我都不曾有过。"（p. 141）四年前（1866年5月10日）当

他听说霍尔特洛普患病时曾写信给他，说："我们不能失去我们的大师，我一直敬仰您，称您为我的研究工作的老大。"（p. 86）而在 1866 年 10 月 6 日的信中他的落款是："您的忠诚的门人"（p. 113）。

[12] 不过他准确地描述了布拉德肖的观点："解决书志学问题所需要的，不是独出机杼的思考，而是对天机自泄的那些事实进行忠实而又耐心的观察。"（p. 40）。他还引用布拉德肖和布莱兹的话，通过承认由印刷者"工作方法"所产生的"不自觉的证据"，强调"关注印刷者习惯做法"的重要性（p. 39）。

[13] 科平杰的致辞发表于书志学会《会刊》的第一、第二卷（1892—1893，1893—1894）。关于书志学会早年的情况，A.W. 波拉德（1916）、F. C. 弗朗西斯（1945）以及朱莉安·罗伯茨（1988，1992）进行了记述。

91

[14] 这一教席（以及牛津大学 1952 年所设的莱尔教席）的相关课目，大卫·麦克基特里克进行了编年整理，发表于 1983 年。（萨缪尔·桑达斯，律师，藏书家，剑桥大学的捐助人，1860 年毕业于剑桥大学三一学院，获学士学位，从而成为该学院书志学遗产的责任者之一。）

[15] 关于普罗克特与这些学者之间的关系以及施文克的杰出成就的最好的探讨是保罗·尼达姆 1990 年发表的一篇论文，这篇论文值得推荐之处还有其开篇对分析书志学的性质以及研究书志学历史的重要性的论述。关于普罗克特，请见 A.W. 波拉德 1904 年的回忆录以及巴里·约翰逊 1985 年的生平简介。

[16] 第二阶段止于 1969 年，以 D. F. 麦肯齐 "Printers of the Mind" 一文的出现为标志。这一阶段的六十年可以以 1945 年为界再分为前后两期，在这一时间点，W. W. 格雷格和 F. P. 威尔逊在书志学会成立五十周年纪念卷上发表重要回顾文章，在这一时间点，弗雷德森·鲍尔斯参战归来并由此开始他的统治时代。（那些想要进一步考察书写书志学历史的人，可以看看我 1988 年 "书志学史作为一个研究领域"（Bibliographical History as a Field of Study）。

[17] 布拉德肖在 1860 年代初就认识到，简要描写书叶叠放的情况并用一套格式显示结果，有其重要价值。关于书志学描写所用的对勘程式的历史和原理，请见我 1985 年的论文 "对描写扉页和比对记号的再思考"（Title-Page Transcription and Signature Collation Reconsidered），pp. 61-64，以及保罗·尼达姆的《布拉德肖方法》（1988），pp. 24-33。

[18] 在 1909 年这本书前言部分的最后，波拉德向 W. W. 格雷格郑重致谢，道出了当时"新书志学"成员之间存在的合作关系。"在这项研究的某些部分"，他说，"格雷格先生和我是伙伴，在每一阶段都交流我们的成果，以至于我们各自所负的责任交织在一起，难以分清……我的研究的最后表述，由我一人负责，不过他也不遗余力地给予帮助，让我保持正确的方向。如果没有他作为同志，我将不可能完成自己的任务。"

[19] 在这一章前面提到过另一个具有方法论意义的重要的一点是，分析某一特定印本应当认识到，在同一印刷坊可能同时还有其他作品在印刷。虽然在 1622 年至 1623 年贾格尔德大概主要关心的是莎士比亚第一对开本，但是波拉德说，"如果就此推断他整个印刷坊唯此是务，则未免有之鲁莽。"（p. 131）（随后有若干书

92

志学家正确地对这一现象给予了更为充分的关注。)

[20] 1913 年 10 月波拉德在书志学会成立二十三周年庆典讲话（1916 年发表于该学会《会刊》第 13 卷）中也有类似的说法："可以说，如果文学教授和文献整理者没有让自己熟悉这些 [图书检视的] 原理，那将非常危险；过去他们因为忽略这些知识而犯下错误，而且是很严重的错误。"（pp. 24-25）

[21] 波拉德《莎士比亚对开本和四开本》也有一节是"印刷过程中的意外事件"（pp. 135-137）讨论"正常印刷流程被 [比标题中的印刷错误更为] 严重的意外事件打断在排印中所留下的证据"（p. 135）。

[22] 作为对书志学的伟大历史意义和恒久适用性的经典表述，麦克罗的整段话都值得引用于此："对于那些将要运用书志学证据的人来说唯一必不可少的，只有对这图书所经历过程的清楚认识，再加上一点点常识。没有划定的规则，没有必须遵循的考察的一般程序。每一本书都有其自己的问题，因而必须采用适合这特定个案的方法来调查研究。总是能发现新的问题，总是能发现新的证明方法，我们开始研究的几乎每一本书，都是一个草莽未辟的新的疆域，而我们得出的这些发现，它们不是一些看法，而是一些可以证实的事实，多少事后调查都撼动不了的事实。正是以上这些，使得这乍看起来也许有点琐碎的研究，成为各种形式的历史探询中最吸引人的一种。"

[23] 应当特别注意波拉德的《1475 年至 1640 年英格兰、苏格兰、爱尔兰以及海外所印英文图书简名目录》（*A Short-Ttitle Catalogue of Books Printed in England, Scotland, & Ireland and of English Books Printed Abroad 1475—1640*）（1926）——书志学会影响最大的出版物。波拉德在前言中指出，曾发现有许多"不同版次、不同印次的书却标着同样的日期"，表明他已经意识到，对于列举书志学来说，分析也是必不可少的（凯瑟琳·F. 潘塞的出色的增订本将这一点表述得更加明确，参见其 1986 年版的引言，pp. xlii-xliii；也可看看我 1993 年的论文"列举书志学与图书物质形式"[Enumerative Bibliography and Physical Book]）。关于麦克罗、波拉德和格雷格的详细生平，参看英国社科院（British Academy）为他们所写的传记——格雷格写的麦克罗传（1940），约翰·多弗·威尔逊写的波拉德传（1945），以及 F. P. 威尔逊的格雷格传（1959）。还可参看波拉德的自传性文章（1938）、格雷格的自传性文章（1960）以及大卫·麦克基特里克为麦克罗《书志学概论》1994 年版所写的导言。

[24] 不过他也承认，那些古印本研究者对排印情况的研究——书志学"进展最快的分支"，"近年来书志学家取得最大成功的领域"——展示了"比较方法的价值和革命性理念的整体意义"（p. 45）。之前格雷格已对描写书志学作出了重要贡献，1906 年他与波拉德合写了"书志描写的几个要点"（Some Points in Bibliographical Descriptions）一文。后来他还写过一篇颇具影响的文章"校对定式"（A Formulary of Collation）（1934）并出版一部重要的描写书志《王政复辟前英国戏剧印本书志》（*A Bibliography of the English Printed Drama to the Restoration*）（1939—1959），其第四册有关于这一主题的长篇专论。

[25] 在回顾书志学历史的时候，格雷格中肯评价了布拉德肖、波拉德、麦克罗、约

翰·多弗·威尔逊、亨利·布拉德利以及 R. W. 查普曼；正是在这篇讲话中他论述了剑桥大学在书志学历史中的重要地位（前面引言部分曾引。这一传统绳继不替，代有其人，如 A. N. L. 芒比、菲利普·加斯克尔、大卫·麦克基特里克，等等）。

[26] 像布拉德肖一样，对格雷格而言，系统方法的重要性是一个核心问题，他前面的几次讲话不断重申这一点。在 1912 年讲话中，他说，"我所关心的是一个调查的系统程序和一个描写的方法……将一门科学统一起来的正是这方法，而不是方法所适用的对象"（p. 42）；书志学为考察对象提供了"一种方法和一套逻辑工具"（p. 44）。在 1933 年讲话中，他将书志学称为"一种历史调查的方法"（p. 256）。

[27] 同样地，在 1933 年的一篇题为"书志学在文学批评中的功能：以《李尔王》文本研究为例"的相关论文（再次总结了书志学藉以改变文本校勘工作的那些"研究的新观点和新方法"[p. 244]）中，他指出，书志学不但"把图书作为一个具体的物质对象"研究其发生的过程，而且研究"其随后遭遇的各种历险"（p. 243）。

[28] 鲍尔斯也积极促成了 1947 年弗吉尼亚大学书志学会的成立，该学会的职责之一是出版《书志学研究》。大卫·L. 范德穆伦全面记述了该学会的历史，而我则记述了该刊物的历史，并皆见载于《书志学研究》1997 年卷（这两篇文章翌年又收入由范德穆伦主编的《弗吉尼亚大学书志学会五十年》）。对于鲍尔斯更为全面的评价，可参看我 1993 年的《鲍尔斯的生平与著述》；关于《书志描写原理》，亦可参看我为该书 1994 年版所写的导言。关于欣曼，可参看鲍尔斯 1977 年的简介。弗吉尼亚大学的书志学中心的地位，一直保持至今，这不仅是由于范德穆伦在那里讲授书志学和校勘学并主编《书志学研究》（以及书志学会的其他出版物），也是由于特里·贝朗格的珍本书研究所（1983 年创立于哥伦比亚大学）1993 年的加盟，该所对印本和写本的物质特点进行了十分广泛的研究（参看贝朗格 2008 年对该所历史的记述）。

[29] 这两篇书评（见于 1949 年《美国书志学会论文集》和 1950 年《现代语言评论》）以及其他评论文章（包括下面所引），我在 1997 年关于《书志学研究》的历史回顾中进行了引证和讨论。因为这本刊物实质上是以每年一卷而不是四期的形式出现，所以比一般的期刊得到更多的评论，而这些评论（正如我下面将要展示的那样）形成了一个关于书志学研究状况的流动论坛。

[30] 他最早发表的这类讲座有"书志学与弗吉尼亚大学"（1949）、"书志学与文本整理问题的几点关系"（1950）、"书志学，纯书志学，以及文学研究"（1952）和"莎士比亚文本和书志学方法"（1954）；后面三种是《书志学之道》（1959）、《书志学和现代图书馆学》（1966）和"书志学的四张脸"（1971）。他的罗森巴赫讲座 1955 年出版，书名为《莎士比亚以及伊丽莎白时期戏剧文本的整理》；其第二章题为"校勘学的功能与书志学"，包括以下这段话："书志学竭尽全力剔除校勘工作中的猜测成分，而文学方法则努力赋予书志学以价值判断，藉以制衡机械盖然性。"（p. 35）四年后，他那带有论辩意味的桑达斯讲座出版，书名为《文本校勘与文学批评》，其中开篇第一章是对文学研究中校勘必要性的经典

94

论述，而第三章（题为"莎士比亚新校勘"）则对当时书志分析新发展出来的技术进行了总结。

[31] 那个年代的第三座丰碑是艾伦·史蒂文森的《〈弥撒特辑〉的问题》(*The Problem of the Missale Speciale*，1967)，将在下一章讨论。

[32] 甚至早在1937年，H.T. 普赖斯就在其发表于《英国和德国语文学学报》题为"伊丽莎白戏剧文本校勘的一种科学方法"的文章中，对他所谓的"书志学学派"将"对不充分数据的匆促归纳"(p.167)付诸鲁莽适用的情况进行了抨击；然而他所举的例子（主要采自多弗·威尔逊，间或也有采自格雷格和波拉德），比如利用词汇和格律判断作者身份，并没有涉及"书志学"证据（即与图书制作过程相关的证据）。虽然他针对的是"书志学学派"的成员，但是他的批评却与对分析书志学的评价无关。鲍尔斯——无疑是个书志学家——认识到，多弗·威尔逊的许多研究并不真正属于书志学，尽管他在行文中常常使用书志学术语；他还频频指责威尔逊采用"一种对任何形式的书志分析都非常不合适的臆测方法"(《书志学与校勘》，1964，pp. 36-37)。鲍尔斯与普赖斯不同，在批评威尔逊的时候，他知道自己并不是在批评分析书志学，而是在厘清其根本性质。可是对于那些没有完全掌握分析书志学究竟包括什么内容的人来说，威尔逊那些广为人知的论著（以及普赖斯之类的批评）却让关于这个领域的一个错误观念谬种流传。（譬如说萨缪尔·A.坦嫩鲍姆，在1937年7月《莎士比亚研究会公报》上发文欢迎普赖斯的文章，认为它"证明了""以波拉德、格雷格和威尔逊为代表的书志学派校勘家"的工作"是武断的，在方法上是不科学的"，"结论是没有价值的"。) [95]

[33] 多兰和鲍尔德都认为如何运用书志学证据（用多兰的话来说）"根本上是个逻辑问题"(p. 98)，而且两人都预示了后面的讨论，如鲍尔德在麦肯齐之前就曾对规律性假说提出质疑。

[34] 基尔希鲍姆的文章发表于《莎士比亚季刊》(*Shakespeare Quarterly*)，戴维斯的文章发表于《英文研究评论》(*Review English Studies*)。戴维斯以前在其评论中曾说"对调查特定排字工的习惯的不断增加的兴趣"："有些人会觉得这是一个危险的倾向，想要援引A. E. 豪斯曼对不再试图理解作者思想而是全情投入调查写工习惯的那些校勘者的苛评来予以抨击。"不过他又补充道，艾丽斯·沃克的文章应该能给大家一点信心，因为她"始终牢记，排字工的工作条件不可能总是一样的"。

[35] 基思·马斯伦和约翰·兰开斯特在他们1991年关于鲍耶分类账本的引人注目的研究中表明，在多个地方（诸如pp. xlv, l-li, liii, lxi），账本的解读并不总是自明的。

[36] 关于这一点我的"印刷历史与其他历史"一文进行了进一步探索，发表于《书志学研究》1995年卷（对照我1974年的"书志学与科学"）。彼特·戴维森（1972，1977）和大卫·肖（1972）也撰文对分析书志学的归纳性质进行了有益的讨论；阿德里安·韦斯1999年关于水印证据的论文对归纳方法进行了深刻评析。

[37] 此说见于其《书志学、文本与校勘整理论文集》(*Essays in Bibliography, Text,*

and Editing）1975 年再版新增脚注（p. 250）。

96　[38] 例如劳丽·E. 马圭尔在其《莎士比亚的疑似文本》（1996）第二章对新书志学发展历史的极具批判性（也包含极为有用的细节）的回顾，她认为："维多利亚晚期土地拥有者的多愁善感的帝国主义对新书志学的分析有很大的影响，导致与它们所赖以产生的历史环境一样过时的结论。"（p. 59）然而当说到"新书志学的分析"的时候，她主要指的是文本结论，而不是物质分析。尽管她认为"新书志学最主要的问题"是"将物质分析和文本阐释包含在一个标题下"（p. 53），但她并没有试图区分它们，而且她的讨论也与对物质细节的分析方法的评价无关。（我自己对区分物质分析与文学分析之价值的看法，见下一章结尾。）另一篇试图否定分析书志学价值而未果的文章是 W. 斯皮德·希尔的"昔日书志学家今何在"（Where Are the Bibliographers of Yesteryear），该文宣称，分析书志学不适合用来处理文本发展过程中的不稳定性，等等；然而这一断言，不过是将分析书志学与对作者最终意图文本的确立绑在一起的陈词滥调的另一个翻版而已。对物质证据的调查，目标在于尽可能详尽地揭示特定文件的生产历史，至于这些文件的文本被证明是如何稳定或者如何不稳定则在所不论。我发表于《书志学研究》2001 年卷的"千禧年论校勘"（Textual Criticism at Millennium）曾对这些以及其他类似的讨论进行过进一步的评析。

[39] 曼弗雷德·德劳特（Manfred Draudt）发表于《莎士比亚研究》（*Shakespeare Survey*）1987 年卷的"当前书志学方法的原理"（The Rationale of Current Bibliographical Methods）一文是一个突出的例子。将保罗·威尔斯汀"排字工研究在校理文本中的应用"1984 年扩展版（原文发表于 1978 年）作为靶子，德劳特声称书志分析变得过于量化，太过倚重于类比论证，而且他将自己的讨论放置在科学家与其工作的主观性和不确定性的这样一个参照系内。两年后麦克唐纳·P. 杰克逊在其对文本研究概况的年度评论（发表于《莎士比亚研究》1989 年卷）中贬斥这篇缺乏说服力的论文"不合逻辑，误解文义，且不着边际"（p. 209）。（麦肯齐文章之后对新书志学过甚其词且存在误导的另一个批评声音是休·艾默里 1996 年的"民族书志"的习作。）译者按：休·艾默里之文发表于《哈佛图书馆学报》，对分析书志学的整体性质进行了讨论并首创"民族书志"（ethnobibliography）一词。

[40] 但也有分别：波拉德并不曾反对前面的研究，或者主张新方法应当取代旧方法。
97　麦肯齐早期对书志学的贡献不仅有传统的分析个例，而且有他 1966 年对剑桥大学出版社 1696—1712 所出图书的书志描写巨著，从中可见他认识到出版社记录档案（他也进行了释读）与所生产的实际书本之间所存在的关系。

[41] 关于这一发展的进一步讨论，请见下文第三章，该章也对麦肯齐 1969 年后的一些论著进行了评论。

[42] 大卫·L. 范德穆伦"关于书志分析之未来的几点思考"（2008）一文，对传统的分析书志学的适合性与生命力进行了简短而又中肯的论述，还举了几个通过其制作过程分析电子文本的例子。尼尔·哈里斯 2004 年为辅导其在里昂图书史研究所讲授的分析书志学课程在线撰写的一篇充满活力的思考文字，也贯穿着相关的一

种信念，即，"社会离不开书志学家"。译者按：尼尔·哈里斯（Neil Harris）是意大利乌迪内大学（University of Udine）的书志学教授，该文网址见书后参考文献。

第二章

[1] 处理图书标准特征的地域化习惯（例如扉页措辞和排印，用来标号装册的书帖的位置和风格，以及页头和页码的处理），长期以来被当作识别图书的生产时期和地域（针对没有明确标出这些事实的图书而言）的线索。这一类研究不是新书志学的典范，至少不是其首要关注点，因为它并非试图重建特定印刷坊在生产特定图书过程中的所作所为；但是它开示了物质证据用于历史研究的途径之一。对印刷书"地域化"的基本论述，是 R. A. 塞斯 1966 年发表的著名论文，C. J. 米切尔（1983）、弗朗斯·A. 让森（1995）分别对该文进行了补充和拓展。

[2] 试图确定剧作某一版的印刷底本的性质（断定它究竟属于以下哪种：作者草稿、书记员誊抄稿、台本、演员脚本，等等）——整理者判断文本可靠性的一个重要考量——有时候被当作新书志学的标志。（大人物讨论这一问题的重要论著有：波拉德 1909 年的书，麦克罗 1931 年的论文"伊丽莎白时代的印刷者与戏剧写本"，格雷格 1942 年的《莎士比亚文本整理问题》，1955 年的《莎士比亚第一对开本》。）但是，大部分的相关分析，却不是书志学分析（在研究印刷坊活动的证据的这个意义上），而是往往根据不同版本的语句歧异、角色名字的不一致，以及其他可能反映了排字工所曾面对的底本面貌的一些文本特点。E.A. J. 霍尼希曼在 2004 年的一篇论文中对关于这些问题的正在进行的论辩进行了简明扼要的概述。（如果可以弄清楚抄写员的书写习惯，那么对作为印刷底本的誊抄本的识别就有了依据，可参看 T. H. 霍华德－希尔 1972 关于抄写员拉尔夫·克兰的书。关于弄清楚抄写员特点在识别排字工方面的作用，可参看保罗·威尔斯汀 2001 的论文。） 98

[3] 许多同样的检验也被用来识别作者身份，这显示出排字工习惯研究在文学研究方面的另一个用途：比如说，贯彻于不同排字工所排段落的特异拼写很可能反映的是作者的施为，即便印刷底本本身不是作者手稿。早在1916年，威拉德·法纳姆就已提出运用拼写异文调查来确定伊丽莎白时代戏剧的作者身份，但是他对印刷文本中所存在的排字工拼写却未置一词。（萨切尔的信发表之后不到四个月，1920 年 9 月 23 日《泰晤士报文学增》发表了 M.A. 贝菲尔德的信，该文认为，《亨利四世》第二部四开本中的拼写异文反映的是排字工的拼写习惯，而不是莎士比亚的；但是他没有论及运用拼写异文来辨识排字工的可能性。）四十年后，赛勒斯·霍伊（其关于博蒙特和弗莱彻作品集中作者份额研究[发表于《书志学研究》，1956—1962]，可能是运用缩写形式识别作者身份这一方法的最大规模的展示）非常清楚地认识到，必须处理好排字工判定与作者归属认定之间的关系。（对于作者归属问题的总体介绍，有哈罗德·洛夫[2002]；这一领域研究成果的详尽列举，见大卫·V. 厄尔德曼和埃菲姆·G. 福格尔 1966 年主编的

论文集，pp. 395-523。)

[4] 采用了本章所论方法的相关文章和著作凡数百篇之详细目录，见于我的《书志学入门》（2002），9A-9H。这类研究主要涉及英文文献，不过值得一提的是，R. M. 弗洛里斯（特别是其 1975 年的著作）对《堂吉诃德》最早两版的排字工进行了详细的分析。

[5] 即便是在行尾调整的地方，也有可能根据空格调整是在前半行还是后半行对排字工进行区分——由赫尔曼·陶（1974）提出的一种方法。我们应当认识到，诗行给排字工的自由并不一定像通常设想的那么大，因为排字工有时候会在其排字框条中放一些空格以便做出较窄的诗行（像莫克森［1683］和 D. F. 麦肯齐［1973］所指出的那样）；例如安东尼·哈蒙德 1986 年在分析《白魔鬼》时就很好地运用了关于这一施为的知识。

99 [6] 排字工（以及写工和作者）受拼写风格变化的影响，同时也促成这些变化。（对于排字工的工作在英语拼写逐渐标准化的过程中所扮演的角色，T. H. 霍华德-希尔 2006 年在一篇文章中进行了探索。）有时候这些变化可以为运用拼写异文进行时代判定提供一个粗略的基础。这种可能性，虽然不是大多数研究排字工拼写的学者所关注的重点，但是自从 A.W. 波拉德 1923 年刊于《图书》上的"伊丽莎白时代的拼写作为文学和书志学线索"一文发表以来，这些学者在论著中常常也会有所提及。沃克关于排字工的研究的进一步的代表性成果，有她 1953 年关于第一对开本的专著，以及 1954 年和 1956 年发表于《书志学研究》的论文。（关于沃克学术生涯的评价，参看 T. H. 霍华德-希尔（1999）和劳丽·马圭尔（2005）——马圭尔轻率提到 A.W. 波拉德"的贡献端在于其对格雷格和麦克罗的影响"，此说对波拉德极不公允。）

[7] 在霍华德－希尔的论文发表后不久，霍尼希曼（刊于《图书》1965 年 12 月）清楚地验证了霍华德-希尔的主张：他说，如果扩大拼写考察的范围，就可以证明菲利普·威廉斯 1948 年对《李尔王》的书志分析（其结论是四开本是由单独一个排字工所排）是错误的。

[8] 阿德里安·韦斯（1988）阐明了这类研究采用原件而不是复印件的必要性，只有这样我们才可以在纸上看到具体铅字真正的识别特点，通常墨迹更大一些，当然我们应该认识到，在任何书志学研究中，永远都不能完全依靠影印和数码复制。（参看我的"复制件与学术研究"，1989）

[9] 因为被刻成插图的木块（木刻和所谓的木雕）像铅字一样，有一个浮雕（突起的）印面，它们与铅字一起放在印刷机上，可以作为同一印刷操作的一个部分加以分析。但是通过金属雕版（印面是凹雕）之类的其他工艺所做成的插图（或者地图，或者乐谱），却必须用另外一种印刷机印制，因而有别于凸版印刷机。班伯·加斯科因《如何识别印刷品》（1986）对如何区分不同工艺流程所印制的插图进行了很好的介绍。（关于平版印刷，亦可参看迈克尔·特怀曼 1970 年和 1990 年的书。）如果凹版和凸版共见于一本书的同一叶或者同一张，那么这张纸是在两种印刷机上印了两次（在滚动印刷机上通常是先印凸版，再印凹版）。罗杰·加斯克尔在其关于图书中的雕版的书志学研究的开拓性的论文（2004）中

对这种情形进行了简短的讨论，解释了将雕版作为单另插叶印刷与将雕版印在已印过凸版文字的页面所留空白处这两种方式之间在流程上的区别。兰德尔·麦克劳德 1999 年题为"IMAGIC"（译者按：image + magic）的论文分析了一个极端例子：为了加上一个雕版，将印好的整部书的书叶放在滚动印刷机上。（即使只有一个雕版要印、纸张也要在印刷机上过两次的其他例子，见于一些双色套印和最早的乐谱印刷，是先印五线谱，再印音符的。从 16 世纪早期开始，乐谱逐渐使用铜版印刷。） 100

[10] 对任何印刷形记（包括图饰、装饰性首字母，以及版刻，还有水线、各种字体的铅字以及标点符号）的仔细运用都可以得出有用的证据。但是对绝大多数印刷品来说，字体形记比其他所有种类的形记加起来还要多得多，从而也就在锁定可识别的重现方面提供了数量最多的证据。因而破损铅字是新书志学的独特焦点，尽管有些书志学家——如布莱尼在其 1982 年著作中（pp. 486-491）——也曾多次很好地运用装饰证据。

[11] 麦克罗认为按照页码顺序排版几乎是确定无疑的，除非是页对页的重排（p. 33）。在 1925 年的一篇关于重印排版的论文中，他认识到按版排字的可能性，不过对于通向这一认识的线索，他只提到了装饰的重现，没有提到破损铅字。

[12] 应当说明的是，开本只决定一个印张经过折叠后形成多少书叶，本身并不能说明书叶的尺寸大小（这取决于原始纸张的大小）。开本也不能说明一叠（一纫）有多少叶，因为可能超过一张被叠（或者"折"[quire]）在一起，而且一叠也可能少于一个印张（非对折的其他开本），如果书之安插允许印张折成这一类"叠"的话。另外，有些开本不是书页数量的连续翻番：其中最流行的一种是十二开，未折叠的印张每面有十二页，这种开本要求一种更为复杂的折叠方式，而不是简单对折。关于开本的详细讨论，参看菲利普·加斯克尔《书志学新论》（1972）"组版"一节，pp. 78-117（其中有各种开本印张未折叠时页面安排的示例图解），我的"开本的概念"（2000），对这一概念的历史以及印刷者和书志学家对这一概念的使用进行了论述。加斯克尔对纸张大小和材质的讨论（pp. 66-75）列举了 1800 年以前标准纸张的尺寸。（虽说 19 世纪之前图书的装订通常是出版后所另加，因而与图书生产的历史无关，它们会模糊或者破坏纸张证据；但是书志学家也许因此会发现有些关于习惯装订的研究论著颇为有用，例如尼古拉斯·皮克沃德 1995 年的论文。） 101

[13] 欣曼的方法显然不适用于排字书页（以及／或者空白页）的数量少于印张单面要求容纳的页数这种情形，比如 1450 年代和 1460 年代印刷者所采用的单页印刷。

[14] 例如乔治·沃尔顿·威廉斯 1958 年的一篇文章，在报告了五个按版排字的四开本后，觉得可以得出结论说，"在四开本印刷中按版排字发生的几率可能比我们此前设想的要高"（p. 39）。1965 年，当所知按版排字的四开本的数量已达十八个之后，小罗伯特·K. 特纳（1960 年代在书志分析方面发表过许多著名的一位学者）有理由说，"随着伊丽莎白时代戏剧四开本经过书志分析的数量增多，开本看起来像是这些书更多的是按版排字"（p. 255）。证据是无可辩驳地有力，但这个结论却未免言过其实，缺乏对样本构成的说明。关于书志学史这一章

（及其对书志分析在印刷史研究中所扮演的角色）的进一步说明，参看我 1981 年发于《印刷历史》上的文章。

[15] 按版排字（任何开本）的另外一种可能的动因是想要尽可能快地结束某个特定项目，因为按版排字能使印刷更早开始而且可以多机印刷。

[16] 例如，pp. 57-58（其他项目的语境），pp. 91-94（数据的可靠性），pp. 176-177（铅字供应的影响）。布莱尼在 1991 年的小册子《莎士比亚第一对开本》（pp. 9-14）对按版排字的意义进行了透彻的阐述（同时对排字工分析进行了简要的介绍），还在 1996 年他为欣曼的影印本所写的导言中对关于第一对开本的大量研究工作进行了总结。对排字工分析成果的更早的概览，见于 1987 年牛津版莎士比亚的"文本考证"部分，由斯坦利·韦尔斯主编。

[17] 例如在这篇文章中，韦斯对米德尔顿《荣誉和德行的胜利》（1622）异文的分析证明斜体大写字母（指不在诗行开头部分的）有时候会被小写字母取代，因为大写字母要用于其他项目，而小写字母的代班可以让该版面处于排妥状态，一旦该项目恢复印刷，随时可用。

[18] 鼓舞人心的是，2005 年出现了兰德尔·麦克劳德对霍林斯赫德《编年史》（1587）的分析，这是排字工分析在行家手里能够取得什么样成绩的一个很好的范例——就此例而言，并不是按版排字。说实在的，他周到而又耐心的阐述，是对多种分析方法综合使用的一个很好的示范。

[19] 对可识别的装饰的研究，长期以来被认为是发现联合印刷的一条途径，比如格雷格 1921 年研究博蒙特和弗莱彻对开本印刷情况的论文；不过这一方法必须谨慎使用，因为装饰部件很容易借来借去。麦克罗早期对装饰部件的流动情况的关注见于其《英格兰苏格兰印刷者和出版者的设备：1485—1640》（1913），pp. xlii-xlvii。

[20] 美国的一位图书馆长威廉·弗雷德里克·普尔 1867 年在整理爱德华·约翰逊的《奇迹运行的神意》时将页头保持不动的做法付诸书志学的应用（威廉·L. 威廉姆森 [1970] 已指出这一事实）。译者按：威廉·弗雷德里克·普尔（William Frederick Poole，1821—1894），美国书志学家、图书馆学家；爱德华·约翰逊（Edward Johnson，1598—1672），美国马萨诸塞州沃本市（Woburn）的创建者，被认为是第一部印刷新英格兰历史《锡安救世主在新英格兰奇迹运行的神意》（*The Wonder-working Providence of Sion's Savior in New England*）的作者。

[21] 严格说来，印版龙骨由除了版心文字之外的印版的其他所有部分组成，因而也就包括了版框（将所有东西包为一体的框子）、填空材料（铅字周围的木块）和紧版小楔子，还有页头和边框。但是书志学家在用这个术语时只是指其中印到的部分，只有这部分能证明重复使用过；而且版框、填空材料和紧版小楔子在很多实例中是有所不同的。将栏外标题或者页头移以冠新的版心，并在其组合的周围放入新的填空材料，对于这一过程，安德里安·韦斯在其 2007 年的文章中曾给予很好的说明（p. 220）；亦可参看加斯克尔《新论》（1972），pp. 109-110。边框线在揭示印刷次序方面的重要价值，欣曼 1963 年的书曾给予说明，I，154-157。（兰德尔·麦克劳德 1979 年提出一种用影印重建

印版龙骨的方法，一如书志学家所设想的那样。）

[22] 这种方法（以及其他以多页共一印版为前提的方法）不能直接适用于古早（1470年代初期或中期以前）所印图书，当时每次只印一页。（亦可参看前面的注 13。）

[23] 用麦肯齐 1969 年的精彩句子来说，印版龙骨分析是"高级分析书志学更为精妙的一种运用"（p. 23）。

[24] 通常用的数字是排字 1000 恩（或铅字）多少小时，印刷 250 张（单面）多少小时。（参看欣曼 [1963]，I，39-47，对照韦斯 [1999]，pp. 54-57。） 103

[25] 应当说明的是，布莱尼的讨论（pp. 188-205）主要是想说明，在任何印刷开始之前都先进行了清样校读。（清样校读证据的标准汇编是珀西·辛普森 1935 年的《16、17、18 世纪的清样校读》；J. K. 穆尔 1992 年的《16、17 世纪英国图书拷贝印刷的第一手材料》对存世的印刷坊拷贝和校样进行了最为有益的概览。）

[26] 显然，对校同一印次的多个拷贝以发现异文，是文本校理的前提。不过，即便你不打算推出一个整理本，厘清排印差异（由此往往可揭示出层层递进的力图修正，甚或一些意外破损，这些破损可能来自于印刷动力或者操作印版或者给印版上墨）为任何图书的印刷过程提供了基本的信息。应当强调说明的是，这里说到的异文是指同一版（排印）的拷贝之间的。不同的版次，如果它们采用了不同的铅字和版式，将不难区分；不过有时候新版对照旧版用同样的铅字进行行对行的重排，在这种情况下就要仔细检视间隔空白。可以采用的检验方法（麦克罗进行了总结，pp. 181-183）包括：注意书帖字母与上方文本之间的相对位置，或者，在两个拷贝的相同页面都垂直放一条直线，比较这条线与各行字母相交的位置。为了对书目中各书的不同版次能有一个快捷的区别方法，1960年代开始研究几种"指纹"系统，记录出现于特定位置或者紧挨着书帖的字母；无论这些"指纹"有时候多么有用，它们都只能是一个粗略的指引，不能揭示未调查过的各页的重排情况（参看尼尔·哈里斯 2006 年对指纹方法的回顾和评价）。可以用于识别用同样字体所进行的行对行的重排以及同一版次内的停机修正异文的校对机，1940 年代末就有了（第一个是由欣曼本人设计）；参看史蒂文·埃斯卡尔·史密斯对机器校对历史的记述，发表于 2000 年和 2002 年。

[27] 肯尼思·波维（1960）提到了一种特殊的灯用来识别铅字啃印所造成的突起。有时候印痕证据在印刷过程中会消失；不过，即便它们存在，印刷次序也不总是立即昭然若揭，因为第二面印版不会压平第一面印版形成的所有突起，因而我们就需要注意哪些突起上有油墨（因为它们必然是在先印的那一面）。这些证据，如果检核过许多拷贝的话，可以有助于探查撤掉的书叶、识别两个印刷机同时印刷的情况（因为一张中的每面印版，在一些拷贝中先印，而在另一些拷贝中后印）以及断定所采用的半张拼版的方法（因为只有"翻转再印"方法才会形成关于哪一面先印的异文——这种方法是半张的所有页心都在印刷机上，该张翻转再印第二面，切开后形成完全相同的两个半张；参看波维 1956 年的解释）。在一篇题为"Working to Rule, 1600—1800"的文章中（1965），波维运用第一面印版测试方法，对印刷者先印内面或者先印外面的习惯进行了详尽的调查。 104

[28] 这些点或者针将纸张固定在正确的位置上，而且常常通过它们的布局来防止纸

弗吉尼亚大学弗雷德森·鲍尔斯指导研究生马修·布鲁科里使用欣曼校对机。摄影：Ralph Thompson

张翻转后再印时位置有误。它们在纸上所留下的依然可见的孔眼，至晚自1900年（详后）以来就被用于对15世纪图书的书志学研究。它们有助于判定开本，因为不同的开本会有不同类型的孔眼位置：对开本针眼在装订线，四开本在天头，八开本在外边。参看波维（1956）和马斯伦（1968）。

[29] 早在1928年，迈克尔·萨德利尔在其为特罗洛普所写的书志中，就曾明确表述描写书志学的这种功能，指出，所有书志学描写个案都为阐明"图书构造的进化"和"图书制作的历史"发挥其作用。我在一篇题为"书志学描写中排字和印刷的处理"的文章（载于1999年《书志学研究》）中提出了本章所提到的记录所有证据（纸张证据除外）的方式；该文也对各种证据的用途进行了简要的总结（不过比本章略详）。关于纸张证据（例如水印及其状态和位置，编织纹的间隔，簾条纹的密度，纸张的大小）的记录，参看我的"纸张的书志学描写"，大卫·L.范德穆伦"无水印纸张的识别"，保罗·尼达姆的"艾伦·H.史蒂文森与纸张在书志学中的运用"（分别见于《书志学研究》1971、1984和1994）。关于描写书志学的概况，参看前面的介绍（以及我为1982、1984和1992等年会所写的关于书志学史的简述）。在那些很好地构成了物质证据资料库的众多描写书志中，尤为出色者有以下：大卫·吉尔森的简·奥斯汀书志（1982），帕特里夏·洛克哈特·弗莱明的加拿大省印本书志（1988），威廉·B.托德和安·鲍登的瓦尔特·司各特爵士书志（1998），以及J.D.弗莱曼的塞缪

105

尔·约翰逊书志（2000）。

[30] 大卫·L. 甘茨正在主持一个研究项目题为"早期英国书业数据库"，这其中 1640 年以前英国印刷书的许多物质细节——包括开本和书帖比对，印张（不是书叶）数字，铅字的线性数量，字体，以及水印等等——都将被一一记录。已然存在的一个大的数据库（目前在物质细节方面嫌不足）是《英国简名书目》（涵括时间段 1475—1800，大英图书馆网站可浏览）；关于这个国际合作项目的历史，参看亨利·L. 施耐德和迈克尔·S. 史密斯 2003 年主编的论文集。

[31] 一种相类似的方法有时也可以一用（尼尔·哈里斯 2004 年进行了最全面的研究），这就是，识别由承重铅字（在文本内容空白处承受来自压平印版的压力）所造成的空印痕（blind impressions）；该铅字作为文本内容排进的页面与此不可能共见于同一印版。（亦可参看大卫·佩西 [1986] 和兰德尔·麦克劳德 [2000]。）在更加罕见的情形下我们还可以借助印就的折叠指导线或者印就的印张编码（参看贾尔斯·E. 道森 [1961] 和 W. A. 杰克逊 [1954]）。关于印张，参看前面的注 12。

[32] 不过，说到古印本研究英文论著对追踪页头重复出现的方法的自觉运用，他的文章并不是第一次，参看 D.C. 贝恩对《事类符应总论》（*Summa de Exemplis*）的讨论，载《图书》1940—1941 年卷。

[33] 保罗·尼达姆在其 1990 年关于施文克的文章中勾勒了施文克《印刷史研究》（*Untersuchungen zur Gschichte des ersten Buchdrucks* [1900]）一书的成就；正如前面所说，该文也是对 19 世纪末 20 世纪初德国分析书志学的最好的评述。

[34] 多年来有不同的学者表达过这种怀疑，库尔特·F. 比勒在 1957 年的一篇文章中加以总结和背书，最终被保罗·尼达姆 1994 年关于史蒂文森成就的精彩论文推翻（pp. 50-51）。

[35] 史蒂文森的几个基本观点见于《书志学研究》1948 年卷、1951 年卷、1954 年卷；亦可参看其堪萨斯讲座，发表于 1961 年，以及 1962 年发表于《图书》上的文章。正如史蒂文森所指出的那样，出于仔细研究水印的形态变化和缝纫点（即此水印的纹线缝在抄帘的簧条上）纹路的需要，记录水印，应该有比旧的线条描绘系统更为精确的方法；现已有照相、β 射线照相和拓片等（参看后文注 43）。 106

[36] 五年前他曾在两篇文章中简要介绍了自己的观点。尼达姆在 1994 年关于史蒂文森的论文（pp. 44-55）中对史蒂文森观点发表前学界研究康斯坦弥撒的情况进行了综述。

[37] 除了下面引述的几篇以外，还有例如"古登堡圣经的纸张供应"（1985），"ISTC 作为分析书志学的工具"（1987），"阿尔杜斯·马努蒂乌斯的纸张库存"（1993），"纸张之事：中世纪晚期图书的尺寸与格式"（1994）。

[38] 那篇题为"约翰·古登堡和《克扫利肯大词典》印刷坊"的文章引起了极大的争议，随后产生了大量的研讨文献。（我在 1995 年"印刷历史和其他历史"一文的注 29 中列举了其中与我对相关争议讨论有关的一些，更详尽的列举，见于《书志学入门》（9D3 节，1982）2002 年增订本；大卫·L. 范德穆伦也在其 2003—2004 年关于图书史的论著的注 14 下也有列举。）译者按：《克扫利肯大词典》（*Catholicon*），古代拉丁语词典，完全按字母表顺序排列，内容包括正

字法、词源、语法、修辞等，编纂者为意大利文法学家热那亚的约翰（John of Genoa，卒于 1298 年）。

[39] 最近，尼达姆（与布莱兹·阿格拉崴·阿尔卡斯合作）推出了另一个革命性观点：古登堡最初所用的活字不是产于用冲床制成的包含字模的范型，而是产自于若干字形元素拼凑成的不能重复使用的范型（可能是用沙子、陶土或者其他什么东西制成的）。这个假说的由来是，电脑放大研究显示，任何给定的字母其形状存在多种差别。这实际上是从图书本身所见字形出发对铅字制作史的一个贡献；但是它将也会对排字分析和印刷分析有所影响，因为每一个铅字（不仅仅是破损铅字）重新出现的时候都将被看成是可识别的。（尼达姆和阿格拉崴·阿尔卡斯 2000 年 12 月于伦敦、2001 年 1 月于纽约宣布了他们这一观点，而阿格拉崴·阿尔卡斯 2003 年发表了一篇文章论及这一观点。）

[40] 不过，这一时期图书中位于地脚的非书帖的数字和符号并非都是印刷数字记号，有些可能是纸张质量的记号（区分不同纸张的两个批次）或者印张码（在部分印张大小规格的书中识别出整个印张），B. J. 麦克穆伦 1984 年和 1993 年曾分别予以描写。（关于美国图书的印刷数字记号，参看我 1966 年的文章；关于法国、德国和西班牙的情况，参看罗伯特·道森 2004 年的文章。）

[41] 或者，半张拼版的情形下，判定两种交替使用的拼版方式中究竟用的是哪一种。比如说，如果在一叠半张中出现两个数字记号，那么这将排除其使用"翻转再印"方法的可能性。（参看前文注 27）

107 [42] 例如，"论印刷数字记号的发生与解释"，p. 171；"18 世纪图书的书志和整理问题"（1951—1952），p. 46。托德 1955 年堪萨斯讲座（出版于 1958 年）题为《旧书的新进展》，"新"字用得很对。（关于托德生平和早期文章，参看他 1998 年的回忆自传文章，其中也包含许多关于弗雷德林·鲍尔斯的信息。）

[43] 参看其 1988 年发表在《文学研究》上的文章。β射线照相技术，1961 年由 J. S. G. 西蒙斯介绍给英语世界的读者，1967 年艾伦·史蒂文森进行了有益的讨论；关于回旋加速器用于书志学研究的最通俗易懂的文章大概是理查德·N. 施瓦布与其合作者在 1983 发表的那篇。（关于研究水印再生产的各种技术方法，参看大卫·斯库诺弗 1987 年的文章。）

[44] 无独有偶，其 1991 年关于 1728 年《愚人志》的专著（内容包含伯格藏本的影印本）也是一个模范，不但展示了影印件如何呈现最有益于学术研究，而且展示了如何通过汲取各种证据（既有内部的也有外部的）将某一版次的一个特定拷贝置于一个含义丰富的语境之中（他将各章题目拟为"作品"、"版本"、"拷贝"和"[手稿] 注释"）。（其 1982 年关于 1728 年《愚人志》栏外标题的论文是分析栏外标题的最好的那篇。）

[45] 约翰·卡特和迈克尔·萨德利尔（参看前文注 29）作为从书志学方面对 19、20 世纪图书进行认真研究的先行者，其影响不容忽视。到 1930 年代初，两人已各自发表了研究出版商装订方式的论著：萨德利尔《出版商装订方式的进化，1770—1900》（1930）是萨德利尔本人主编的具有历史意义的"书志学"丛书（副标题为"图书史和图书结构研究，1750—1900"，因包含了"图书结构"而

显得尤为重要）中的第一卷，而约翰·卡特的《英国图书出版中的装订差异，1820—1900》（1932）则是这套丛书的第六卷。（卡特也是《图书收藏 ABC》（后来成为书志学术语标准汇编）的编者。）关于萨德利尔，参看他 1951 年的自传文章和卡特 1958 年的回忆文章；关于卡特，参看唐纳德·C. 迪金森 2004 年的传记。

108

[46] 出版商的装订是在印刷过程之外进行操作的，不过其装订中所表现出的任何变化仍然是印刷历史的线索。虽说装订的差异可能只是表示同一印次的众多拷贝不是同时装订的，但也提醒我们存在另一种可能性（因而应当加以研究），即那些印张可能来自于不同的印次。无论哪种情况，这种差异都是生产历史过程的一个事实。关于出版商书衣的分析，参看威廉·汤姆林森和理查德·马斯特斯（1996）、安德烈亚·克鲁普（2006）。（同时参看前一条注文。）

[47] 除非对复制版的可能性很警觉，否则就会想当然地以为比对一个刻版的第一次印刷和最后一次印刷就可以显示所有异文，意识不到其中的谬误。关于这一点的详细说明，参看马修·布鲁科里 1958 年关于《巴比特》的论文。另外我们也应当认识到，在现代图书中有时候的确还会出现停机修正：比如，保罗·埃格特（1995）和加里·施米特加尔（2000）就曾报告过 19 世纪的例子。

第三章

[1] "histoire du livre" 这个法语名词有时候被用来指称此类研究，这是因为这种方法的起源一般可以追溯到吕西安·费夫贺（Lucien Febvre）和马克·布洛赫（Marc Bloch）的年鉴学派，更确切地说，就是费夫贺和让·马尔坦（Jean Martin）的 *L'Apparition du livre*(1958)——1976 年由大卫·杰勒德译为英文，题为 *The Coming of the Book*——该书启发了四卷本 *Histoire de l'édition française*（1982—1986）的编写，由马尔坦等人主编。在许多国家都有多卷本的各国图书史正在编写过程中（或者近期已经完成）；它们与之前出版通史（譬如 F. A. 马姆比）的区别在于，它们对图书的接受给予了更多的关注，不过在这个过程中，它们有时候并未能对图书的物质生产进行充分的研究，或者说，未能充分利用传统的书志分析中所涌现出的那些洞见。英语世界从事这一领域研究早期的两部里程碑著作都存在这一问题，这两部书都出版于 1979 年，分别是罗伯特·达恩顿的《启蒙运动的生意》和伊丽莎白·爱森斯坦的《作为变革动因的印刷机》。在 1992 年书志学会百年纪念文集中有 D. F. 麦肯齐写的一篇题为"图书史"的文章，对这一研究方向进行了总结，称之为"对变化着的意义之条件（从而也是阅读之条件）的研究"（p. 297，着重号是作者所加）。关于进一步的评论，参看我的黑尼斯讲座，题为《图书史作为一个研究领域》（1981），我为《历史上的图书与社会》所写的导言（1983），尼古拉斯·巴克"关于图书史的几点思考"（1990）以及迈克尔·F. 苏亚雷斯和大卫·L. 范德穆伦发表于《书志学研究》2003—2004 年卷的文章。在我的《书志学入门》（2002）一书中曾列举了许多这

一领域的论著，3J（"社会中的图书"）；对照 6J（"图书设计的含义"）。

[2]　我在《自从格雷格以来的校勘学》（2005）一书中曾试图证明，这种研究取向与意图论的研究取向其实互为补充，而较为简短的论说，已见于我的《校勘原理》（1989）和"校勘整理的多样性"（1995）。我在《校勘整理概论》的最新增订本中列举了校勘研究与整理研究的英文文献。

109　[3]　罗杰·E. 斯托达德全面论述了"图书中的记号"，汇集了"制作的记号"、"原产地的记号"和"使用的记号"，颇便使用。在"审视图书中的记号"（2000）一文中，他说这些记号可以"清晰透露制作过程，明确产地，表明人的关系，暗示人的思想"（p. 32）。也可参考他 1985 年的展示目录，《图书中的记号，附图并注》。

[4]　麦根对这些术语的使用，主要见于其"何谓校勘整理"（1991），发表于《文本》5，修订后又收入其《文本的状态》一书。

[5]　因而对图书设计在读者反应中所起作用的研究可以有两种方法：第一种方法是聚焦于设计面貌本身，由此出发可以结合必要的历史知识和心理知识对不同时期不同层次的读者可能对如此呈现的文本有着何种反应努力进行推度；第二种方法更为直接，是审视读者实际留下的评论，可以是他们在自己所阅读图书中的批语，也可以是发表于其他地方的评论文字。（另请参看下文注 30）

[6]　因而拼写和标点通常被排除在"视觉设计"之外，尽管两者无疑都有视觉面相。关于拼写和标点的历史研究，我的《校勘整理概论》（2002）列举了文献目录，见 3A 和 3B。关于拼写和标点的权威著作是 D. G. 斯克拉格的《英语拼写的历史》（1974）和 M. B. 帕克斯的《停顿与效果》（1992）。

[7]　作者高调拒斥特殊视觉效果的一个例子是华莱士·史蒂文斯。《弹蓝色吉他的人》（1937）出版时版权页载明："非同寻常的空白与某些关键词语的超宽间距"是作者的"实验性设计"，史蒂文斯给罗纳德·莱恩·拉蒂默写信声明："这纯粹是无藉之谈。我从来没有说过这些，而且我反感诗歌藉由怪异排版来假装现代"（1937 年 9 月 16 日）。1997 年美国文库版史蒂文斯诗集（p. 971）引用了这一声明来解释整理者何以决定不遵从第一版的间距安排。

[8]　我的《书志学入门》（2002）有对这些历史文献的广泛举例，并有对起步阅读的建议，见第 3 部分和第 5—8 部分。另可参考菲利普·加斯克尔《书志学新论》（1972）的"参考文献"，pp. 392-411。最著名的印刷史通览是 S. H. 斯坦伯格的《印刷五百年》（1955）；另可参考迈克尔·特怀曼的《印刷史 1770—1970》以及他的《大英图书馆印刷历史和技术文献指南》（1998），还有杰弗里·格莱斯特的《图书术语词典》（1960）。

110　[9]　让·弗朗索瓦·索布里在其《论印刷艺术》（*Discours sur l'art de l'imprimerie*）（1799）一书中曾有记述，1928 年该书由保罗·布卢姆菲尔德进行了翻译，并由 D. B. 厄普代克进行了讨论。阿尼松不喜欢迪多的新设计，显然志在证明加拉蒙字体更为清晰可读；他的实验表明，用加拉蒙字体排印的书页，可以在比用同样大小的迪多字体排印的书页更远的距离读出，而其原因，索布里说，是"加拉蒙对其字体彼此之间的区分点进行了细致入微的强调"。

[10] 现在他的名誉因为他死后被发现一桩事实而受到玷污：在他后来的研究中他在数据上动手脚（很可能是伪造数据）藉以推进他的观点：社会阶级结构反映出智力的遗传。不管他的态度对他排字研究有没有影响，他研究字体易识性的总的方法（这里我只关心这个）都是很重要的。

[11] 早前突出的研究有：T. C. 汉萨德和查尔斯·H. 巴比奇在 1820 年代的研究以及埃米尔·雅瓦尔在 1870 年代的研究（正如 R. L. 派克在其 1926 年医学研究委员会《关于印刷品易识性的报告》中所论）；E. C. 桑福兹（1888）；E. B. 休伊（1908）；芭芭拉·E. 勒特莱因（1912）；G. W. 奥文克（1938）；以及唐纳德·G. 佩特森和迈尔斯·A. 廷克（1940，之前他们的研究可以追溯到 1928），再加上英国科学促进协会 1912 年关于学校教科书的报告。研究排字历史的经典著作之一是吕西安·阿方斯·勒格罗和约翰·卡梅伦·格兰特的《排字印面》（1916），研究了相关问题的机械学（勒格罗曾是一名工程师），其中一章是"易识性"（pp. 156-192），提到了几项更早的心理和生理研究；这一章还报告了两位作者自己的相关研究项目，即通过叠合特定字体的相似字母（比如"b"和"h"）考量其未叠合部分，藉以确定相似字母的"易识性协同因素"。

[12] 纸张对易识性的影响，除了其颜色和不透明的程度之外，还有一种方式就是，某些笔画非常细的字体设计用于光滑纸的时候，就可能不大清晰可读，正如碧翠丝·瓦德《水晶高脚杯》（1955）所说：光滑的表面"对油墨拷贝的接受如此轻易以至于很少甚至没有必要印进纸张纤维里，因而，从铅字上下来的油墨就只有留在表面上的那些"（p. 140）——因而笔画就更细了。

[13] 甚至，他在该文中还贬低这类测试的价值："读者意识的整体性比任何根据科学调查数据所新创的字体都更为重要……没有什么比'易识性'更重要的了，再者，尽管为了调查做了所有这些工作，但是医学的、生理学的、心理学的以及字体权威的报告仍然模糊游移"（大卫·麦克基特里克整理本，p. 310）。他引 R. L. 派克 1926 年关于易识性的报告作为例子（参看前文注 11）。

[14] 尼古拉斯·巴克在其 1972 年出版的莫里森传记的第 12 章（pp. 283-302）详细叙述了促成这一设计产生的一系列事件（1930—1932）。

[15] 马歇尔·李在《图书制作》（1965）中对这一问题有如下陈述："关于图书的易读性有相当多的研究，但是这一问题有太多隐微，从未就范于纯粹的理性研究。不过，当许多实验不但彼此印证，而且与有经验的设计者的观点互相印证时，就不妨姑且认定已经发现了一些真相。"（p. 96）

[16] 在对某种字体设计按照上述各种不同的特征进行检视之后，历史研究者也许希望ून之以名；在这一过程中好用的书之一是《罗克利奇国际字体易检》（1983）。（关于不同字体设计家族的历史背景，除了可以用莫里森的书之外，还可以参看 A. F. 约翰逊的《字体设计》（1934）；关于字体的描写，参看我 1966 年的文章。

[17] 这篇文章——非常适合地在一个新事业的开端——回顾了易识性实验的历史，提到了前文注 9 和注 11 中所引的几项研究。后来在这一领域较为突出的学者有彼得·伯恩希尔和詹姆斯·哈特利，他们的一些文章发表在弗罗尔斯塔德的杂志上。这类研究的全面目录，包括发表在心理学期刊上的论文（特别是《应用

111

TYPOGRAPHIA:

AN HISTORICAL SKETCH

OF

THE ORIGIN AND PROGRESS OF

THE ART OF PRINTING;

WITH

PRACTICAL DIRECTIONS FOR CONDUCTING
EVERY DEPARTMENT IN AN OFFICE:

WITH A DESCRIPTION OF

STEREOTYPE AND LITHOGRAPHY.

ILLUSTRATED BY

𝕰ngrabings, 𝕭iographical 𝕹otices, anb 𝕻ortraits.

BY T. C. HANSARD.

PRINTED FOR

BALDWIN, CRADOCK, AND JOY: LONDON.

1825.

汉萨德《印刷史纲要》，伦敦，1825 年

心理学杂志》、《教育心理学杂志》和《英国教育心理学杂志》)，参看我的《书志学入门》，6J1。还有许多关于阅读心理的研究论著绕开了图书设计，从作为语言的书写文本直奔读者头脑中的反应。例如埃伦·J. 埃斯罗克的《读者之眼》(1994)，评述了若干关于读者的视觉想象的研究，并没有考虑物质呈现在那个过程中的作用。

[18] 在他的杂志第十年的开头，基于相关研究所提出的"书写——不是言说——已是语言历史发展的主流"(p. 5)，他为杂志写了一篇"宣言"。遵循这个"看得见的语言的新概念"，他希望自己的杂志可以"为所有影响语言研究的学科提供一个协同努力的召集点，以厘清三个基本组分之间的关系：语言本身及其作为看得见的语言和听得见的语言的表述"(p. 37)。

[19] 其中第一次研讨会 1977 年 9 月 4 日至 8 日在荷兰海尔德罗普举办。这次会议留下了一卷《看得见的语言的处理》第一卷 (1979)，包括三四十篇论文；几位主编（保罗·A. 科勒尔斯、弗罗尔斯塔德和赫尔曼·布马）在导言中表明其初衷是让心理学家、平面设计师和工程师相会，因为这些群体"他们的共同事业理当鼓励互相交流但他们却已错失太多"。在目前这个语境中，最为相关的论文是统摄在"形象语言设计"标题下的一组，有弗罗尔斯塔德的导言，他指出，研讨会的成就之一是让全世界研究书写、研究阅读的学者代表有机会"坐下来一起辩论"。1979 年 9 月 3 日至 7 日第二届研讨会在安大略滨湖尼亚加拉举办过后，这个论文集在 1980 年出版了第二卷，还是相同的主编；这届会议更加强调"语言的设计，包括其历史发展和当下展示"。第三届研讨会，1982 年 5 月 31 日至 6 月 3 日在弗吉尼亚州沃伦顿市的爱尔利庄园举办，留下了第三卷论文集，《走向对读写能力的新的理解》（由弗罗尔斯塔德和丹尼斯·F. 费希尔主编，1986)，再次强调"跨学科的探索"。《看得见的语言》的许多专号也是关于特定主题的论文集，比如"文本的空间安排"（由詹姆斯·哈特利和彼得·伯恩希尔主编，1981)，又如"前卫艺术与文本"（由斯蒂芬·C. 福斯特主编，1987)。

[20] 在 1987 年该刊冬季号中以"看得见的悼念，致敬梅拉尔德·弗罗尔斯塔德，1923—1987"为题所收的十一篇悼念文章中，布里姆的是第一篇。

[21] 虽说接下来的讨论聚焦于非图画要素，但插图（如果有的话）天然地与当时的艺术潮流形成另一个链接；两部权威概览将书籍插图与书籍制作的时代风格联系起来，颇便使用，它们是大卫·布兰德的《书籍插图》(1951) 和爱德华·霍内特的《英国书籍插图五百年》(1988)。图书装订也向读者传达信息，但是只有出版商加在图书上的装订（即在 18 世纪末期精装开始之后。[译者按：在此之前，图书的最终使用者即读者通常自主选择由出版商或者装订商按照读者自己的预算和要求装订图书])才可以分析为出版前过程的一部分。不过，所有时期的装订都无可避免地反映了它们那个时期的风格感觉和文化——较早时期的这种联系，详见安东尼·霍布森《人文主义者与书籍装订匠》(1989) 以及米里亚姆·富特《作为社会变化一面镜子的图书装订的历史》(1998)。亦可参看保罗·尼达姆《图书装订一千两百年：400—1600》(1979)；而关于精装，参看道格拉斯·鲍尔 (1985)、艾伦·K. 莫里斯和爱德华·S. 莱文 (2000)，以及埃德

112

蒙德 · M. B. 金（2003）。

[22] 旨在追寻此类联系的研究的一个很好的例子是保罗 · F. 格伦德勒的"意大利文艺复兴普及本图书的形制与功能"（1993）。

113 [23] 参看前文注 8。我的《书志学入门》（2002）对这个特定问题的最相关的部分是 2E3（印刷和印刷期刊），6H（图书设计），7D—7G（插图），8D—8E（装订）。

[24] 1946 年马克斯 · 比尔和简 · 奇希霍尔德之间的意见交流是印刷艺术中现代主义与传统主义论辩的一个例子，明确提出了社会和政治联系。由克里斯托弗 · 伯克和罗宾 · 金罗斯译介，发表于 2000 年的《印刷艺术论文集》；用伯克的话来说，这次论辩"可以看作是朝着对印刷艺术实践可能的结果的觉悟的一次奋斗"（对照 1997 年号金罗斯那篇文章的意味深长的题目"字体批判"）。在比尔—奇希霍尔德交流三年之后另一个充满象征意义的时刻是 1949 年 1 月在哈佛大学召开的"图像形式"（Graphic Forms）会议，与会发言的各国代表既有主张历史主义的，也有主张欧洲现代主义的；议题之一是"如何将时代精神化身为印刷页面"（用沃特 · 多温 · 蒂格的措辞）。这些演讲 1949 年出成了一本书，题为《图像形式》，2006 年埃伦 · 梅热 · 汤姆森在一篇文章中将其归结为历史观点。近期论文讨论字体与政治和社会的联系的一个例子是彼得 · 贝恩和保罗 · 肖的"黑体字：字体与国家认同"（1999）。

[25] 不过莫里森其他许多研究这两方面的权威论著提供了相关背景以便读者理解这本书，特别是其最后两章：例如，《印刷设计的过去与现在》（1926）和《印刷通典 1450—1935》（1963）。大卫 · 麦克基特里克主编了一部相当全面的莫里森论文集，出版于 1980—1981。

[26] 莫里森书志学概念的一个几乎同时期的表述，虽说不能概括无遗，但也有其全面性："所谓鉴别书志学是这样一门科学，它是对符号、文字等所施之表面和单张、牌匾、图书以及其他所有材料的物质结构之细节的识别、区分和归类。因而，它揭示文本结撰（无论是写本还是印本）的形成与生产中的各种差异下面的基本原理"（1963 年论文"论印刷艺术差异的分类"的开头两句，略有修订出版于 1968 年）。因此，莫里森和格雷格对于书志学各有其广阔的视野，其侧重点互为补充。

114 [27] 有一本书值得在这里提一下，这就是阿曼多 · 彼得鲁奇的 *La scrittura*（《书体》，1986），采用了相似的思路研究书体与文化之间的互相影响；1993 年由琳达 · 拉平译为英文，题为《公共字体：书体，权力和文化》。妮科莱特 · 格雷的工作这里也应当提一下，因为她研究了公共字体，如《建筑题写》（1960）和《字体的历史》（1986）以及她在《看得见的语言》1974 年号上的文章"字体与社会"。（1998 年迈克尔 · 特怀曼发表了一篇对她的研究的十分精到的评价。）还可以参看约翰娜 · 德鲁克 1995 年出版的那本书，《字母之谜：历史中的字母和想象中的字母》。

[28] 关于这个核心组之外的论著，参看我的《书志学入门》（2002），6J2。

[29] 麦克基特里克特别说明，在追求这一目标的时候，有必要认识到写本与印本之间复杂而又持续不断的关系，因为（往往有所夸大）"写本与印本之间的界线，无论

在时间上，商业上，材料上，或者社会上，都是不整齐的"(p. 12)。同样提出这种观点的还有保罗·森格尔 1996 年对影响阅读史的印本图书惯例的逐步发展的论述。

[30] 实际被接受意义的文件资料一般见于图书本身之外，比如读者来信或者批评文章。不过读者的确常常以记号和批注的方式在文本页面上留下自己的反应，而且近些年来兴起了对批注（作为阅读史的一部分）的研究。可参看，比如说，拜内克图书馆的伯纳德·M. 罗森塔尔藏书目录《印刷图书批注本》(1997)。批注并不是通常意义上的书志学证据（无别于同样内容却写在书本之外的纸片上的札记）。但是它们在图书之内提供了见证其出版后生命历史的某一时刻或者某几个时刻的可以把玩摩挲的证据，因而也就是解读由图书设计特点构成的那一大类书志学证据的社会影响的资料之一。（对照注 5 和注 39）。

[31] 与前面提到过的尼古拉斯·巴克的论文一同发表于沃尔芬比特尔学术报告会（题为"18 世纪欧洲的图书与图书业"("Buch und Buchhandel in Europa im achtzehnten Jahrhundert")），出版于 1981 年。

[32] 关于格雷格"底本原理"(1950)之影响的详细论述，参看我的《格雷格以来的校勘学》(2005)。

[33] 关于麦肯齐这一瑕疵的更为详细的讨论，参看我发表在 1986 年《书志学研究》(pp. 14-18) 上的几篇文章，还有"D. F. 麦肯齐的研究"，收入 2004 年《美国书志学会论文集》。（另一个对麦肯齐成就的详细评论是哈罗德·洛夫 [2001]。）

[34] 目前只有复制打印本（有印制的扉页和封面）私下传播；含有一篇前言，表明文本"没有经过校订，但是有一些小的改动以弥补幻灯片的阙如"。"就当下而言"，麦肯齐补充道，"作为对令我感兴趣的题目的极为尝试性的探索，我愿意演讲稿只是保持这种样子"。藏有这个复制打印本的图书馆有剑桥、牛津和哈佛大学以及福尔杰、亨廷顿和纽伯里图书馆。

[35] 例如四年后，鲁思·萨姆森·卢博尔斯基一篇关于斯宾塞《牧人日记》(1579) 的研究论文，认为那"称得上是英国诗歌中特意用寓意式呈现方式印刷的第一部"(p. 29) 而这是由斯宾塞本人负责的。（也可参看 S. K. 赫宁格 1988 年的论文。）讨论更晚时期情况的一个例子是约翰娜·德鲁克 1991 年的研究论文"20 世纪早期先锋艺术中诗歌文本的排印干预"。

[36] 字体问题，剑桥大学印刷商布鲁克·克拉奇利在其为《线上线》所作的序言中曾简单而又含糊地提及：他说，对于所收铭文他觉得可以自由地改变其"字体风格"，因为原作的字体"常常是偶然的，而且是不适宜的"(p. 7)。

[37] 下面所引《看得见的语词》的这一段，是很典型的关于"视觉形式"的泛常说明，后面却只提到布局："读者在领略一个语词串的意义的那个行为中可能会受到藉以呈现给他的那个形式的影响：一篇文字对我们的意识所产生的影响的质量，可能部分取决于布局，而且特别是线"(p. 143)。因而斯派罗大概会同意罗伯特·H. W. 沃勒的研究，沃勒（在 1980 年的一篇文章中）将间距和其他布局手段视同"超级标点"。斯派罗的 Lapidaria 系列 (1943—1981) 令人印象深刻地展示了他关于线的表达力的论点；正如他在第六卷 (1969) 中所说，他的确有时

115

候"改动线条,赋予所推定的结撰者的意图以效果"。

[38] 尽管绝大多数作者并没有将这里的每一种元素作为他们作品的一个表意部分,但是称为"具体诗"的图形诗的确(顾名思义)通常有意识地运用所有这一切。对于早期图形诗的一个开拓性的研究是玛格丽特·丘奇 1964 年的论文"最早的英国图形诗";也可参看肯尼思·纽厄尔的《图形诗》(1976)和迪克·希金斯的《图形诗》(1987)。对于一首图形诗的最为详尽的考察,讨论了编辑问题并进行了书志分析的,是兰德尔·麦克劳德在其"FLAT FLUX"(1994)一文中对乔治·赫伯特的"复活节之翼"的讨论。我将关于具体诗和其他种类的形体诗以及其他作者运用图书设计特点的研究论著,收在我的《书志学入门》(2002)的书目中,6J3。

[39] 当然,签名和藏书标签也可以。无论怎样,一本书出版后的每个批注,都记录下其历史的一个阶段。大卫·皮尔逊的《图书史中的出处研究》(1994)详细说明了试图重建医书出版后历史的过程,运用书中仍然留存的证据以及诸如书商目录和财产清单等外部资料。(也请参看上文注 30。)研究图书装订的一些重要文献,见于我的《书志学入门》(2002)所列书目,8。

延伸阅读：引用文献

著者目录

Abbott, Craig S. 1976. "Offset Slur as Bibliographical Evidence," *Papers of*   117
the Bibliographical Society of America 70: 538–41.

Agüera y Arcas, Blaise. 2003. "Temporary Matrices and Elemental Punches
in Gutenberg's DK Type," in *Incunabula and Their Readers: Printing,
Selling and Using Books in the Fifteenth Century*, ed. Kristian Jensen
(London: British Library), pp. 1–12.

Ames, Joseph. 1749. *Typographical Antiquities* (London: Printed by W. Faden
and sold by J. Robinson). Rev. William Herbert, 1785–90 (3 vols.;
London: Printed for the editor). Rev. Thomas Frognall Dibdin, 1810–19
(4 vols.; London: Printed for William Miller by William Savage).

Amory, Hugh. 1996. "The Trout and the Milk: An Ethnobibliographical
Talk," *Harvard Library Bulletin* n.s. 7.1 (Spring): 50–65.

Aubin, Paul. *See* Tanselle 1993a.

Bain, D. C. 1940. "Some Notes on the Printing of the *Summa de Exemplis*,
1499," *The Library* 4th series 21 (1940–41): 192–98.

Bain, Peter, and Paul Shaw. 1999. "Blackletter: Type and National Identity,"
Printing History 19.2/20.1: 1–80.

Baines, Phil. 1990. *See* Perfect 1983.

Baker, William. *See* Howard-Hill 1999.

Bald, R. C. 1942. "Evidence and Inference in Bibliography," *English Institute
Annual 1941*, pp. 159–83.

Ball, Douglas. 1985. *Victorian Publishers' Bindings* (London: Library
Association; Williamsburg, Va.: Book Press).

Barber, Giles, and Bernhard Fabian, eds. 1981. *Buch und Buchhandel
in Europa im achtzehnten Jahrhundert* (Fünftes Wolfenbütteler
Symposium, 1977; Hamburg: Ernst Hauswedell).

Barker, Nicolas. 1972a. *Stanley Morison* (London: Macmillan).

　1972b. *See* Morison 1972.

　1980. *See* Carter (J.) 1952.

118   1981. "Typography and the Meaning of Words: The Revolution in the Layout of Books in the Eighteenth Century," in Barber 1981, pp. 126–65.

    1983. *See* Carter (J.) 1934.

    1987. *The Butterfly Books: An Enquiry into the Nature of Certain Twentieth Century Pamphlets* (London: Bertram Rota).

    1990. "Reflections on the History of the Book," *The Book Collector* 39: 9–26. Reprinted, 2003, in *Form and Meaning in the History of the Book* (London: British Library), pp. 269–78.

Bayfield, M. A. 1920. "Elizabethan Printing: An Instructive Blunder," *Times Literary Supplement*, September 23, pp. 618–19. Followed by comments from J. Dover Wilson (September 30, p. 636), Bayfield (October 14, pp. 667–68), A. W. Pollard (October 21, p. 680), and Bayfield (November 11, p. 738).

Belanger, Terry. 2008. "A Short Description of the BAP [Book Arts Press] and RBS [Rare Book School]," in *Book Arts Press Address Book* (10th edn., March 2008; Charlottesville: Book Arts Press, University of Virginia), pp. 6–15 (supplemented by "The RBS Faculty & Their Courses, 1983–2008," pp. 238–69, and "BAP/RBS Lectures 1–500, 1972–2007," pp. 273–318).

Bennet, Thomas. 1715. *An Essay on the Thirty Nine Articles of Religion, Agreed on in 1562, and Revised in 1571* (London: Printed by M. J. for W. Innys).

Benton, Megan L. *See* Gutjahr 2001.

The Bibliographical Society 1892–1942: Studies in Retrospect. 1945. (London: Bibliographical Society).

Bill, Max. 1946. *See* Burke 2000.

Blades, William. 1861. *The Life and Typography of William Caxton* (2 vols.; London: J. Lilly, 1861–63).

    1891. *The Pentateuch of Printing, with a Chapter on Judges* (London: Elliot Stock).

Bland, David. 1951. *The Illustration of Books* (London: Faber & Faber). 2nd edn., 1953 (Faber & Faber). 3rd edn., 1962 (Faber & Faber).

    1963. *See* Simon 1945.

Blayney, Peter W. M. 1982. *The Texts of "King Lear" and Their Origins: Volume I, Nicholas Okes and the First Quarto* (Cambridge: University Press). *See also* Blayney's letter in the *Times Literary Supplement*, January 27, 1984, p. 85.

    1991. *The First Folio of Shakespeare* (Washington: Folger Shakespeare Library).

    1996. "Introduction to the Second Edition," in *The Norton Facsimile of the First Folio of Shakespeare*, ed. Charlton Hinman (New York: Norton), pp. xxvii–xxxvii. *See also* Hinman 1968.

Bloomfield, Paul. 1928. *See* Sobry 1799.

Boghardt, Martin. *See* Needham 1994b.

Bond, William H. 1948. "Casting off Copy by Elizabethan Printers: A   119
    Theory," *Papers of the Bibliographical Society of America* 42: 281–91.
Bornstein, George. 2001. *Material Modernism: The Politics of the Page*
    (Cambridge: University Press).
Bouma, Herman. *See* Kolers 1979, 1980.
Bowden, Ann. *See* Todd 1998b.
Bowers, Fredson. 1939. "Notes on Running-Titles as Bibliographical
    Evidence," *The Library* 4th series 19 (1938–39): 315–38.
    1942. "The Headline in Early Books," *English Institute Annual 1941*,
    pp. 185–205. Reprinted in Bowers 1975, pp. 199–211.
    1947. "An Examination of the Method of Proof Correction in *Lear*,"
    The Library 5th series 2 (1947–48): 20–44. Reprinted in Bowers 1975,
    pp. 212–39.
    1949a. "Bibliography and the University," *University of Pennsylvania
    Library Chronicle* 15: 37–51. Reprinted in Bowers 1975, pp. 3–14.
    1949b. *Principles of Bibliographical Description* (Princeton: University
    Press). *See also* Tanselle 1994.
    1950. "Some Relations of Bibliography to Editorial Problems," *Studies in
    Bibliography* 3 (1950–51): 37–62. Reprinted in Bowers 1975, pp. 15–36.
    1952. "Bibliography, Pure Bibliography, and Literary Studies," *Papers
    of the Bibliographical Society of America* 46: 186–208. Reprinted in
    Bowers 1975, pp. 37–53.
    1954. "Shakespeare's Text and the Bibliographical Method," *Studies in
    Bibliography* 6: 71–91.
    1955. *On Editing Shakespeare and the Elizabethan Dramatists* (Rosenbach
    Lectures 1954; Philadelphia: University of Pennsylvania Library for
    the Rosenbach Foundation).
    1959a. *The Bibliographical Way* (University of Kansas Publications,
    Library Series, no. 7; Lawrence: University of Kansas Libraries).
    Reprinted in Bowers 1975, pp. 54–74.
    1959b. *Textual and Literary Criticism* (Sandars Lectures 1958; Cambridge:
    University Press).
    1964. *Bibliography and Textual Criticism* (Lyell Lectures 1959; Oxford:
    Clarendon Press).
    1965. [Discussion of compositorial stints], in Nathaniel Hawthorne,
    The House of the Seven Gables, ed. Bowers (Centenary Edition, vol. ii;
    Columbus: Ohio State University Press), pp. xxxviii–lviii.
    1966. *Bibliography and Modern Librarianship* (Berkeley: School of
    Librarianship; Los Angeles: School of Library Service, University of
    California). Reprinted in Bowers 1975, pp. 75–93.
    1971. "Four Faces of Bibliography," *Papers of the Bibliographical Society of
    Canada* 10: 33–45. Reprinted in Bowers 1975, pp. 94–108.

120   1975. *Essays in Bibliography, Text, and Editing* (Charlottesville: University Press of Virginia for the Bibliographical Society of the University of Virginia).

1977. [Biographical sketch of Charlton Joseph Kadio Hinman], *The Book Collector* 26: 389–91.

Brack, O M, Jr. *See* McMullin 1994.

Bradley, Henry. 1928. *The Collected Papers* (Oxford: Clarendon Press).

Bradshaw, Henry. 1860ff. *See* Bradshaw 1904, 1909, 1966, 1972, 1980, 1981.

1870. *A Classified Index of the Fifteenth Century Books in the Collection of M. J. De Meyer, Which Were Sold at Ghent in November, 1869* (Memoranda, no. 2; London: Macmillan, April 1870). Reprinted in Bradshaw 1889, pp. 206–36.

1889. *Collected Papers,* ed. F. J. [Francis Jenkinson] (Cambridge: University Press).

1904. "Letters of Henry Bradshaw to Officials of the British Museum," ed. A. W. Pollard, *The Library* 2nd series 5: 266–92, 431–42.

1909. "Eleven Letters from Henry Bradshaw to S. W. Lawley," ed. Francis Jenkinson, in *Fasciculus Ioanni Willis Clark dicatus* (Cambridge: Privately printed at the University Press), pp. 115–34.

1966. *Henry Bradshaw's Correspondence on Incunabula with J. W. Holtrop and M. F. A. G. Campbell,* ed. Wytze and Lotte Hellinga (2 vols.; Amsterdam: Menno Hertzberger, 1966, and A. L. Van Gendt, 1978).

1972. "Henry Bradshaw's Correspondentië met Ferdinand Vander Haeghen," ed. J. Machiels, *Archives et bibliothèques de Belgique* 43: 598–614.

1980. "Henry Bradshaw and M. F. A. G. Campbell: Some Further Correspondence," ed. David McKitterick, in *Hellinga Festschrift* (Amsterdam: Israel), pp. 335–38.

1981. "Henry Bradshaw and J. W. Holtrop: Some Further Correspondence," ed. David McKitterick, *Quaerendo* 11: 128–64.

1984. *Henry Bradshaw, 1831–1886,* ed. Roy Stokes (The Great Bibliographers Series, no. 6; Metuchen, N. J.: Scarecrow Press).

Bray, Joe. *See* McLeod 2000.

Briem, Gunnlaugur S. E. *et al.* 1987. "A Visible Tribute to Merald Wrolstad, 1923–1987," *Visible Language* 21.1 (Winter): 3–15.

British Association for the Advancement of Science. 1912. *Report on the Influence of School-Books upon Eyesight* (London: The Association).

Bronson, Bertrand H. 1958. "Printing as an Index of Taste in Eighteenth-Century England," *Bulletin of the New York Public Library* 62: 371–87, 443–62. Reprinted, 1958, as a pamphlet (New York: Public Library). Reprinted, 1968, in *Facets of the Enlightenment: Studies in English Literature and Its Contexts* (Berkeley: University of California Press), pp. 326–65.

Brooks, Douglas A. *See* Maguire 2005.

Bruccoli, Matthew J. 1957. *James Branch Cabell: A Bibliography, Part II. Notes on the Cabell Collections at the University of Virginia* (Charlottesville: University of Virginia Press).

    1958. "Textual Variants in Sinclair Lewis's *Babbitt*," *Studies in Bibliography* 11: 263–68.

    1963. "Concealed Printings in Hawthorne," *Papers of the Bibliographical Society of America* 57: 42–49.

Bühler, Curt F. 1948. "The Headlines of William de Machlinia's *Year-Book, 37 Henry VI*," *Studies in Bibliography* 1 (1948–49): 125–32.

    1949. [Review of *Studies in Bibliography* 1 (1948–49)], *Papers of the Bibliographical Society of America* 43: 227–29.

    1957. "Watermarks and the Dates of Fifteenth-Century Books," *Studies in Bibliography* 9: 217–24. Reprinted in *Early Books and Manuscripts: Forty Years of Research* (New York: Grolier Club and Pierpont Morgan Library, 1973), pp. 257–65. [Cf. Needham 1994a, pp. 50–52.]

Burke, Christopher, and Robin Kinross, eds. 2000. "The Dispute between Max Bill and Jan Tschichold of 1946, with a Later Contribution [1948] by Paul Renner," *Typography Papers* 4: 57–90.

Burnhill, Peter. 1970. "Typographic Education: Headings in Text," *Journal of Typographic Research* 4: 353–65.

    1971, 1981. *See* Hartley 1971, 1981.

Burt, Cyril. 1955. "A Psychological Study of Typography," *British Journal of Statistical Psychology* 8.1: 29–57.

    1959. *A Psychological Study of Typography*, with introduction by Stanley Morison (Cambridge: University Press).

Cahill, Thomas A. *See* Schwab 1983.

Campbell, M. F. A. G. 1870ff. *See* Bradshaw 1966, 1980.

Capell, Edward, ed. 1760. *Prolusions; or, Select Pieces of Antient Poetry* (London: J. & R. Tonson).

Carpenter, Kenneth E. *See* Tanselle 1983.

Carter, Harry. 1958. *See* Moxon 1683.

Carter, John. 1932. *Binding Variants in English Publishing, 1820–1900* (Bibliographia, no. 6; London: Constable; New York: Ray Long & Richard R. Smith).

    1934. Carter and Graham Pollard, *An Enquiry into the Nature of Certain Nineteenth Century Pamphlets* (London: Constable; New York: Charles Scribner's Sons). Reprinted, 1983, with an epilogue, and with notes by Nicolas Barker and John Collins (London: Scolar Press); accompanied, in a separate volume, by Barker and Collins's *A Sequel to "An Enquiry"* (London: Scolar Press).

    1948. *Taste and Technique in Book-Collecting* (Sandars Lectures 1947; New York: R. R. Bowker; Cambridge: University Press). Reprinted, 1970, with an epilogue (London: Private Libraries Association).

122   1952. *ABC for Book-Collectors* (London: Hart-Davis). 6th edn., 1980, rev. Nicolas Barker (London: Granada). 8th edn., 2004, with Barker as coauthor (New Castle, Del.: Oak Knoll Press; London: British Library).

     1958. "Michael Sadleir: A Valediction," *The Book Collector* 7: 58–61.

Chapman, R. W. 1924. "Notes on Cancel Leaves," *The Library* 4th series 5 (1924–25): 249–58.

     1930. *Cancels* (Bibliographia, no. 3; London: Constable; New York: Richard R. Smith).

Chartier, Roger. *See* Martin 1982.

Church, Margaret. 1946. "The First English Pattern Poems," *PMLA* 61: 636–50.

Clarke, Adam. 1806. *The Bibliographical Miscellany* (2 vols.; London: W. Baynes).

Clegg, Cyndia Susan. *See* McLeod 2005.

Collins, John. 1983. *See* Carter (J.) 1934.

Conley, Tom. 1992. *The Graphic Unconscious in Early Modern French Writing* (Cambridge: University Press).

Copinger, W. A. 1893. "Inaugural Address," *Transactions of the Bibliographical Society* 1 (1892–93): 29–59.

     1894. "Presidential Address," *Transactions of the Bibliographical Society* 2 (1893–94): 103–22.

Crutchley, Brooke. *See* Sparrow 1967.

Daly, Peter M. *See* Heninger 1988.

Darnton, Robert. 1979. *The Business of Enlightenment: A Publishing History of the "Encyclopédie," 1775–1800* (Cambridge, Mass.: Belknap Press of Harvard University Press).

Davis, Herbert. 1957. [Review of *Studies in Bibliography* 7 (1955)], *Review of English Studies* n.s. 8: 215–17.

     1958. *See* Moxon 1683.

Davison, Peter. 1972. "Science, Method, and the Textual Critic," *Studies in Bibliography* 25: 1–28.

     1977. "The Selection and Presentation of Bibliographic Evidence," *Analytical and Enumerative Bibliography* 1: 101–36.

Davison, Peter, ed. 1992. *The Book Encompassed: Studies in Twentieth-Century Bibliography* (Cambridge: University Press).

Dawson, Giles E. 1961. "Guide-Lines in Small Formats (about 1600)," *Studies in Bibliography* 14: 206–8.

Dawson, Robert. 2004. "Notes on Press-Figures in France and the Localization of Books during the Later 18th Century," *Bibliographical Society of Australia and New Zealand Bulletin* 28.3: 97–121.

Day, Kenneth. *See* Morison 1963b.

Dibdin, Thomas Frognall. 1810. *See* Ames 1749.

Dickinson, Donald C. 2004. *John Carter: The Taste & Technique of a*   123
  Bookman (New Castle, Del.: Oak Knoll Press).
Doh, Herman. 1974. "Compositorial Responsibility in *Fortune by Land and*
  Sea, 1655," *The Library* 5th series 29: 379–404.
Doran, Madeleine. 1942. "An Evaluation of Evidence in Shakespearean
  Textual Criticism," *English Institute Annual 1941*, pp. 95–114.
Draudt, Manfred. 1987. "The Rationale of Current Bibliographical
  Methods: Printing House Studies, Computer-Aided Compositor
  Studies, and the Use of Statistical Methods," *Shakespeare Survey* 40:
  145–53. [Cf. Jackson (M. P.) 1989.]
Dreyfus, John. *See* Morison 1963a.
Drucker, Johanna. 1991. "Typographic Manipulation of the Poetic Text in the
  Early Twentieth-Century Avant-Garde," *Visible Language* 25: 231–56.
    1994. *The Visible Word: Experimental Typography and Modern Art,*
    1909–1923 (Chicago: University of Chicago Press).
    1995. *The Alphabetic Labyrinth: The Letters in History and Imagination*
    (New York: Thames & Hudson).
Eggert, Paul. 1995. "A Cautionary Tale: Stop-Press Correction in *The*
  Recollections of Geoffry Hamlyn (1859) [by Henry Kingsley],"
  Bibliographical Society of Australia and New Zealand Bulletin 19:
  267–69.
Eisenstein, Elizabeth L. 1979. *The Printing Press as an Agent of Change*
  (2 vols.; Cambridge: University Press).
Elam, Kimberly. 1990. *Expressive Typography: The Word as Image* (New
  York: Van Nostrand Reinhold).
Erdman, David V., and Ephim G. Fogel, eds. 1966. *Evidence for Authorship:*
  Essays on Problems of Attribution (Ithaca, N. Y.: Cornell University
  Press).
Erne, Lukas. *See* Honigmann 2004.
Esrock, Ellen J. 1994. *The Reader's Eye: Visual Imaging as Reader Response*
  (Baltimore: The Johns Hopkins University Press).
Ezell, Margaret J. M., and Katherine O'Brien O'Keeffe, eds. 1994. *Cultural*
  Artifacts and the Production of Meaning: The Page, the Image, and the
  Body (Ann Arbor: University of Michigan Press).
Fabian, Bernhard. *See* Barber 1981.
Farnham, Willard. 1916. "Colloquial Contractions in Beaumont, Fletcher,
  Massinger, and Shakespeare as a Test of Authorship," *PMLA* 31:
  326–58.
Farr, Cecilia Konchar. 2005. *Reading the Graphic Surface: The Presence of the*
  Book in Prose Fiction (Manchester: University Press).
Febvre, Lucien, and Henri-Jean Martin. 1958. *L'Apparition du livre* (Paris:
  Albin Michel). Translated, 1976, by David Gerard as *The Coming of the*
  Book: The Impact of Printing 1450–1800 (London: NLB).

124   Fisher, Dennis F. *See* Wrolstad 1986.

Fleeman, J. D. 1964. "William Somervile's *The Chace, 1735*," *Papers of the Bibliographical Society of America* 58: 1–7.

2000. *A Bibliography of the Works of Samuel Johnson*, ed. James McLaverty (2 vols.; Oxford: Clarendon Press).

Fleming, Patricia Lockhart. 1988. *Upper Canadian Imprints, 1801–1841: A Bibliography* (Toronto: University of Toronto Press).

Flores, R. M. 1975. *The Compositors of the First and Second Madrid Editions of "Don Quixote" Part I* (London: Modern Humanities Research Association).

Fogel, Ephim G. *See* Erdman 1966.

Foot, Mirjam. 1998. *The History of Bookbinding as a Mirror of Society* (Panizzi Lectures 1997; London: British Library).

Foster, Stephen C., ed. 1987. "The Avant-Garde and the Text," *Visible Language* 21.3–4 (Summer-Autumn).

Foxon, David. 1956. "On Printing at One Pull and Distinguishing Impressions by Point-Holes," *The Library* 5th series 11: 284–85.

1970. *Thoughts on the History and Future of Bibliographical Description* (Los Angeles: School of Library Service; Berkeley: School of Librarianship, University of California).

1975. *English Verse 1701–1750: A Catalogue of Separately Printed Poems with Notes on Contemporary Collected Editions* (2 vols.; Cambridge: University Press).

1991. *Alexander Pope and the Early Eighteenth-Century Book Trade,* ed. James L. McLaverty (Lyell Lectures 1976; Oxford: Clarendon Press).

Francis, F. C. 1945. "The Bibliographical Society: A Sketch of the First Fifty Years," in *The Bibliographical Society* 1945, pp. 1–22.

Gants, David L. 2004. "The Early English Booktrade Database," www.lib. unb.ca/Texts/Gants/EEBD/.

Gardner, Helen. 1969, 1970. *See* Wilson (F. P.) 1945, 1959.

Gascoigne, Bamber. 1986. *How to Identify Prints: A Complete Guide to Manual and Mechanical Processes from Woodcut to Ink Jet* (New York: Thames & Hudson).

Gaskell, Philip. 1949. "Eighteenth Century Press Numbers: Their Use and Usefulness," *The Library* 5th series 4 (1949–50): 249–61.

1959. *John Baskerville: A Bibliography* (Cambridge: University Press).

1972. *A New Introduction to Bibliography* (Oxford: Clarendon Press). Corrected printing, 1974.

Gaskell, Roger. 2004. "Printing House and Engraving Shop: A Mysterious Collaboration," *The Book Collector* 53: 213–51.

Gerard, David. 1976. *See* Febvre 1958.

Gibson, Strickland. 1951. "Thomas Bennet, a Forgotten Bibliographer," *The Library* 5th series 6: 43–47.

Gilson, David. 1982. *A Bibliography of Jane Austen* (Soho Bibliographies,   125
no. 21; Oxford: Clarendon Press). Rev. edn., 1997 (Winchester: St.
Paul's Bibliographies; New Castle, Del.: Oak Knoll Press).

Glaister, Geoffrey Ashall. 1960. *Glossary of the Book* (London: Allen &
Unwin). Rev. edn., 1979 (Allen & Unwin).

Goldfinch, John. *See* Needham 1987.

Grant, John Cameron. *See* Legros 1916.

Graphic Forms: The Arts as Related to the Book. 1949. (Cambridge, Mass.:
Harvard University Press.)

Gray, Nicolete. 1960. *Lettering on Buildings* (London: Architectural Press).

   1974. "Lettering and Society," *Visible Language* 8: 247–60.

   1986. *A History of Lettering: Creative Experiment and Letter Identity*
(Oxford: Phaidon).

Greetham, D. C. *See* Tanselle 1995b.

Greg, W. W. 1906. *See* Pollard (A. W.) 1906b.

   1908. "On Certain False Dates in Shakespearian Quartos," *The Library*
2nd series 9: 113–31, 381–409. Reprinted in Greg 1998, pp. 35–67.

   1914. "What Is Bibliography?," *Transactions of the Bibliographical Society*
12 (1911–13): 39–53. Reprinted in Greg 1966, pp. 75–88, and in Greg
1998, pp. 85–96.

   1921. "The Printing of the Beaumont and Fletcher Folio of 1647," *The
Library* 4th series 2 (1921–22): 109–15.

   1930. "The Present Position of Bibliography," *The Library* 4th series 11
(1930–31): 241–62. Reprinted in Greg 1966, pp. 207–25, and in Greg
1998, pp. 119–34.

   1932. "Bibliography – An Apologia," *The Library* 4th series 13 (1932–33):
113–43. Reprinted in Greg 1966, pp. 239–66, and in Greg 1998,
pp. 135–57.

   1933. "The Function of Bibliography in Literary Criticism Illustrated in a
Study of the Text of *King Lear*," *Neophilologus* 19: 241–62. Reprinted in
Greg 1966, pp. 267–97, and in Greg 1998, pp. 159–86.

   1934. "A Formulary of Collation," *The Library* 4th series 14 (1933–34):
365–82. Reprinted in Greg 1966, pp. 298–313.

   1939. *A Bibliography of the English Printed Drama to the Restoration*
(Illustrated Monographs, no. 24; 4 vols.; London: Bibliographical
Society, 1939–59).

   1940a. "Ronald Brunlees McKerrow, 1872–1940," *Proceedings of the British
Academy* 26: 488–515 (and as a separate). Reprinted in McKerrow 1974,
pp. 1–23.

   1940b. *The Variants in the First Quarto of "King Lear": A Bibliographical
and Critical Inquiry* (London: Oxford University Press for
the Bibliographical Society). Partially reprinted in Greg 1998,
pp. 187–200.

126   1942. *The Editorial Problem in Shakespeare: A Survey of the Foundations of the Text* (Clark Lectures 1939; Oxford: Clarendon Press). 2nd edn., 1951 (Clarendon Press). 3rd edn., 1954 (Clarendon Press).

1945. "Bibliography – A Retrospect," in *The Bibliographical Society 1945*, pp. 23–31.

1950a. "The Rationale of Copy-Text," *Studies in Bibliography* 3 (1950–51): 19–36. Reprinted in Greg 1966, pp. 374–91, and in Greg 1998, pp. 213–28.

1950b. [Review of *Studies in Bibliography* 1 (1948–49)], *Modern Language Review* 45: 76.

1955. *The Shakespeare First Folio: Its Bibliographical and Textual History* (Oxford: Clarendon Press).

1960. *Biographical Notes 1877–1947* (Oxford: New Bodleian Library).

1966. *Collected Papers*, ed. J. C. Maxwell (Oxford: Clarendon Press).

1998. *Sir Walter Wilson Greg: A Collection of His Writings*, ed. Joseph Rosenblum (The Great Bibliographers Series, no. 11; Lanham, Md.: Scarecrow Press).

Grendler, Paul F. 1993. "Form and Function in Italian Renaissance Popular Books," *Renaissance Quarterly* 46: 451–85.

Gutjahr, Paul C., and Megan L. Benton, eds. 2001. *Illuminating Letters: Typography and Literary Interpretation* (Amherst: University of Massachusetts Press).

Haebler, Konrad. 1905. *Typenrepertorium der Wiegendrucke* (5 vols.; Halle: R. Haupt, etc., 1905–24).

Hailey, R. Carter. 2005. "The Shakespearian Pavier Quartos Revisited," *Studies in Bibliography* 57 (2005–6): 151–95.

Hammond, Anthony. 1986. "*The White Devil* in Nicholas Okes's Shop," *Studies in Bibliography* 39: 135–76.

Handley, Miriam. *See* McLeod 2000.

Harris, Michael. *See* Roberts 1988.

Harris, Neil. 2004a. "Analytical Bibliography: An Alternative Prospectus," http://ihl.enssib.fr/siteihl.php?page=55.

2004b. "The Blind Impressions in the Aldine *Hypnerotomachia Poliphili*," *Gutenberg-Jahrbuch 2004*, pp. 93–146.

2006. "Tribal Lays and the History of the Fingerprint," in *Many into One: Problems and Opportunities in Creating Shared Catalogues of Older Books*, ed. David J. Shaw (London: Consortium of European Research Libraries), pp. 21–72. Reprinted, 2007, as a pamphlet with two pages of errata.

Hartley, James. 1971. Hartley and Peter Burnhill, "Experiments with Unjustified Text," *Visible Language* 5: 265–77.

1978. *Designing Instructional Text* (London: Kogan Page).

Hartley, James, ed. 1980. *The Psychology of Written Communication: Selected Readings* (London: Kogan Page).

Hartley, James, and Peter Burnhill, eds. 1981. "The Spatial Arrangement of
Text," *Visible Language* 15.1 (Winter).
Hartwig, Otto. *See* Wallau 1900.
Harvey, Ross. *See* McKitterick 1993a.
Hayford, Harrison. *See* Tanselle 1991a.
Hazen, Allen T. 1942. *A Bibliography of the Strawberry Hill Press* (New Haven: Yale University Press).
Heller, Scott. 1996. "Visual Images Replace Text as Focal Point for Many Scholars," *Chronicle of Higher Education*, July 19, pp. A8-A9, A15.
Hellinga, Lotte. 1966. *See* Bradshaw 1966.
    1982. *Caxton in Focus: The Beginning of Printing in England* (London: British Library).
    1987. *See* Needham 1987.
    1989. "Analytical Bibliography and the Study of Early Printed Books with a Case-Study of the Mainz Catholicon," *Gutenberg-Jahrbuch 1989*, pp. 47–96.
Hellinga, Lotte, ed. 2007. *Catalogue of Books Printed in the XVth Century Now in the British Library* (BMC Part XI: England; 't Goy-Houten, Netherlands: Hes & De Graaf). Includes essays by Hellinga on "Methods of Production," pp. 19–36, and on "Printing Types and Other Typographical Material," pp. 335–50.
Hellinga, Wytze. *See* Bradshaw 1966.
Heninger, S. K. 1988. "The Typographical Layout of Spenser's *Shepheardes Calender*," in *Word and Visual Imagination: Studies in the Interaction of English Literature and the Visual Arts*, ed. Karl Josef Höltgen, Peter M. Daly, and Wolfgang Lottes (Erlangen: Universitätsbibliothek Erlangen-Nürnberg), pp. 33–71.
Henry, Anne C. *See* McLeod 2000.
Herbert, William. 1785. *See* Ames 1749.
Higgins, Dick. 1987. *Pattern Poetry: Guide to an Unknown Literature* (Albany: State University of New York).
Hill, W. Speed. 1999. "Where Are the Bibliographers of Yesteryear?," in *Pilgrimage for Love: New Essays in Early Modern Literature in Honor of Josephine A. Roberts*, ed. Sigrid King (Tempe: Arizona Center for Medieval and Renaissance Studies), pp. 115–32.
Hinman, Charlton. 1940. "Principles Governing the Use of Variant Spellings as Evidence of Alternate Setting by Two Compositors," *The Library* 4th series 21 (1940–41): 78–94.
    1942. "New Uses for Headlines as Bibliographical Evidence," *English Institute Annual 1941*, pp. 207–22.
    1955. "Cast-Off Copy for the First Folio of Shakespeare," *Shakespeare Quarterly* 6: 259–73.
    1963. *The Printing and Proof-Reading of the First Folio of Shakespeare* (2 vols.; Oxford: Clarendon Press).

128   Hinman, Charlton, ed. 1968. *The Norton Facsimile of the First Folio of Shakespeare* (New York: Norton). *See also* Blayney 1996.

Hobson, Anthony. 1989. *Humanists and Bookbinders: The Origins and Diffusion of the Humanistic Bookbinding 1459–1559* (Cambridge: University Press).

Hodnett, Edward. 1988. *Five Centuries of English Book Illustration* (Aldershot: Scolar Press).

Höltgen, Karl Josef. *See* Heninger 1988.

Holtrop, J. W. 1856. *Monuments typographiques des Pays-Bas au quinzième siècle* (The Hague: Nijhoff, 1856–68).

1864ff. *See* Bradshaw 1966, 1981.

Honigmann, E. A. J. 1965a. "Spelling Tests and the First Quarto of *King Lear*," *The Library* 5th series 20: 310–15.

1965b. *The Stability of Shakespeare's Text* (London: Edward Arnold; Lincoln: University of Nebraska Press).

2004. "The New Bibliography and Its Critics," in *Textual Performances: The Modern Reproduction of Shakespeare's Drama*, ed. Lukas Erne and Margaret Jane Kidnie (Cambridge: University Press), pp. 77–93.

Horne, Thomas Hartwell. 1814. *An Introduction to the Study of Bibliography* (London: Printed by G. Woodfall for T. Cadell and W. Davies).

Howard-Hill, T. H. 1963. "Spelling and the Bibliographer," *The Library* 5th series 18: 1–28. Signed "T. H. Hill."

1972. *Ralph Crane and Some Shakespeare First Folio Comedies* (Charlottesville: University Press of Virginia for the Bibliographical Society of the University of Virginia).

1973. "The Compositors of Shakespeare's Folio Comedies," *Studies in Bibliography* 26: 61–106.

1976. *Compositors B and E in the Shakespeare First Folio and Some Recent Studies* (Columbia, S.C.: Distributed as reproduced typescript).

1977. *A Reassessment of Compositors B and E in the First Folio Tragedies* (Columbia, S.C.: Distributed as reproduced typescript).

1980. "New Light on Compositor E of the Shakespeare First Folio," *The Library* 6th series 2: 156–78.

1999. "Alice Walker," in *Twentieth-Century British Book Collectors and Bibliographers, First Series*, ed. William Baker and Kenneth Womack (Dictionary of Literary Biography, vol. 201; Detroit: Gale Research), pp. 297–305.

2006. "Early Modern Printers and the Standardization of English Spelling," *Modern Language Review* 101: 16–29.

Hoy, Cyrus. 1955. "The Shares of Fletcher and His Collaborators in the Beaumont and Fletcher Canon," *Studies in Bibliography* 8 (1956): 129–46; 9 (1957): 143–62; 11 (1958): 85–106; 12 (1959): 91–116; 13 (1960): 77–108; 14 (1961): 45–67; 15 (1962): 71–90.

Huey, Edmund Burke. 1908. *The Psychology and Pedagogy of Reading* (New
York: Macmillan).
Immroth, John Phillip. *See* McKerrow 1974.
Jackson, MacD. P. 1989. [Comments on Draudt 1987], *Shakespeare Survey* 42: 208–9.
Jackson, William A. 1954. "Printed Quire and Sheet Numbers," *Harvard Library Bulletin* 6: 96–102, 363–74.
Jacob, Henry. *See* Warde 1955.
Janssen, Frans A. 1995. "Layout as Means of Identification," *Quaerendo* 25: 46–58.
Jenkinson, Francis. 1889. "Prefatory Note," in Bradshaw 1889, p. v. Signed "F. J."
1909. *See* Bradshaw 1909.
Jensen, Kristian. *See* Agüera y Arcas 2003.
Johnson, A. F. 1934. *Type Designs: Their History and Development* (London: Grafton). 2nd edn., 1959 (London: Grafton). 3rd edn., 1966 (London: Deutsch).
Johnson, Barry C. 1985. *Lost in the Alps: A Portrait of Robert Proctor, the "Great Bibliographer," and of His Career in the British Museum* (London: Privately printed).
Johnson, Francis R. 1933. *A Critical Bibliography of the Works of Edmund Spenser Printed before 1700* (Baltimore: The Johns Hopkins Press).
Jowett, John. *See* Wells 1987.
Kaufmann, Michael. 1994. *Textual Bodies: Modernism, Postmodernism, and Print* (Lewisburg, Pa.: Bucknell University Press).
Kidnie, Margaret Jane. *See* Honigmann 2004.
King, Edmund M. B. 2003. *Victorian Decorated Trade Bindings, 1830–1880: A Descriptive Bibliography* (London: British Library; New Castle, Del.: Oak Knoll Press).
King, Sigrid. *See* Hill 1999.
Kinross, Robin. 1997. "Type as Critique," *Typography Papers* 2: 77–87.
2000. *See* Burke 2000.
Kirschbaum, Leo. 1957. [Review of *Studies in Bibliography* 9 (1957)], *Shakespeare Quarterly* 8: 544–46.
Kirsop, Wallace. *See* McKitterick 1993a.
Knotts, Walter E. 1949. "Press Numbers as a Bibliographical Tool: A Study of Gay's *The Beggar's Opera*, 1728," *Harvard Library Bulletin* 3: 198–212.
Kolers, Paul A., Merald E. Wrolstad, and Herman Bouma, eds. 1979. *Processing of Visible Language: Volume 1* (New York: Plenum Press).
1980. *Processing of Visible Language 2* (New York: Plenum Press).
Krupp, Andrea. 2006. "Bookcloth in England and America, 1823–50," *Papers of the Bibliographical Society of America* 100 (2006): 25–87.

130   Reprinted, 2008, in revised form as a separate (New Castle, Del.: Oak Knoll Press; London: British Library; New York: Bibliographical Society of America).

Kusko, Bruce H. *See* Schwab 1983.

Kyles, Gillian G. M. 1999. "Alteration of Leading within Editions," *Studies in Bibliography* 52: 187–91.

Lancaster, John. *See* Maslen 1991.

Lappin, Linda. 1993. *See* Petrucci 1986.

Lavagnino, John. *See* Weiss 2007.

Lee, Marshall. 1965. *Bookmaking: The Illustrated Guide to Design & Production* (New York: Bowker). 2nd edn., 1979 (New York: Bowker). 3rd edn., 2004 (New York: Norton).

Lee, Sidney. 1902. "Introduction," in *Shakespeare Comedies, Histories, & Tragedies: Being a Reproduction in Facsimile of the First Folio Edition, 1623* (Oxford: Clarendon Press).

Legros, Lucien Alphonse, and John Cameron Grant. 1916. *Typographical Printing-Surfaces: The Technology and Mechanism of Their Production* (London: Longmans, Green).

Lepschy, Anna Laura. *See* Paisey 1986.

Levenston, Edward A. 1992. *The Stuff of Literature: Physical Aspects of Texts and Their Relation to Literary Meaning* (Albany: State University of New York Press).

Levin, Edward S. *See* Morris 2000.

Littau, Karin. 2006. *Theories of Reading: Books, Bodies, and Bibliomania* (Cambridge: Polity Press).

Lottes, Wolfgang. *See* Heninger 1988.

Love, Harold. 2001. "The Intellectual Heritage of Donald Francis McKenzie," *The Library* 7th series 2: 266–80.

2002. *Authorship and Attribution: An Introduction* (Cambridge: University Press).

Luborsky, Ruth Samson. 1980. "The Allusive Presentation of *The Shepheardes Calender*," *Spenser Studies* 1: 29–67.

Machiels, J. *See* Bradshaw 1972.

Maguire, Laurie E. 1996. "The Rise of the New Bibliography," in *Shakespearean Suspect Texts: The "Bad" Quartos and Their Contexts* (Cambridge: University Press), pp. 21–71, 343–58.

2005. "How Many Children Had Alice Walker?," in *Printing and Parenting in Early Modern England*, ed. Douglas A. Brooks (Aldershot, Hampshire, and Burlington, Vt.: Ashgate), pp. 327–50.

Maittaire, Michael. 1719. *Annales typographici* (5 vols.; The Hague: Isaac Vaillant, 1719–41).

Martin, Henri-Jean. 1958. *See* Febvre 1958.

1982. *Histoire de l'édition française*, ed. Martin, Roger Chartier, and Jean-Pierre Vivet (4 vols.; Paris: Promodis, 1982–86).

Maslen, K. I. D. 1968. "Point-Holes as Bibliographical Evidence," *The*   131
   Library 5th series 23: 240–41.
Maslen, K. I. D., and John Lancaster, eds. 1991. *The Bowyer Ledgers: The*
   Printing Accounts of William Bowyer Father and Son Reproduced on
   Microfiche with a Checklist of Bowyer Printing 1699–1777, a Commentary,
   Indexes, and Appendixes (London: Bibliographical Society; New York:
   Bibliographical Society of America).
Masters, Richard. *See* Tomlinson 1996.
Maxwell, J. C. See Greg 1966.
McDonald, Peter D. *See* McKenzie 2002.
McGann, Jerome. 1991a. *The Textual Condition* (Princeton: University
   Press).
   1991b. "What Is Critical Editing?," *Text* 5: 15–29. Reprinted in revised
   form in McGann 1991a, pp. 48–68.
   1993. *Black Riders: The Visible Language of Modernism* (Princeton:
   University Press).
McIlwraith, A. K. 1930. "Some Bibliographical Notes on Massinger," *The*
   Library 4th series 11 (1930–31): 87–91.
McKenzie, D. F. 1966. *The Cambridge University Press, 1696–1712: A*
   Bibliographical Study (2 vols.; Cambridge: University Press).
   1969. "Printers of the Mind: Some Notes on Bibliographical Theories and
   Printing-House Practices," *Studies in Bibliography* 22: 1–75. Reprinted
   in McKenzie 2002, pp. 13–85.
   1973. "'Indenting the Stick' in the First Quarto of *King Lear* (1608),"
   Papers of the Bibliographical Society of America 67: 125–30. Reprinted in
   McKenzie 2002, pp. 86–90..
   1976. *The London Book Trade in the Later Seventeenth Century* (Sandars
   Lectures 1976; distributed as reproduced typescript).
   1981. "Typography and Meaning: The Case of William Congreve," in
   Barber 1981, pp. 81–125. Reprinted in McKenzie 2002, pp. 198–236.
   1986. *Bibliography and the Sociology of Texts* (Panizzi Lectures 1985;
   London: British Library). Reprinted in McKenzie 1999, pp. 7–76.
   1992. "History of the Book," in Davison 1992, pp. 290–301.
   1993. *"What's Past is Prologue": The Bibliographical Society and History*
   of the Book (Centenary Lecture 1992; Hearthstone Publications).
   Reprinted in McKenzie 2002, pp. 259–75.
   1999. *Bibliography and the Sociology of Texts* (Cambridge: University
   Press).
   2002. *Making Meaning: "Printers of the Mind" and Other Essays*, ed.
   Peter D. McDonald and Michael F. Suarez (Amherst: University of
   Massachusetts Press).
McKerrow, Ronald B. 1913. *Printers' & Publishers' Devices in England*
   & Scotland, 1485–1640 (Illustrated Monographs, no. 16; London:
   Bibliographical Society).

　　1914. "Notes on Bibliographical Evidence for Literary Students and Editors of English Works of the Sixteenth and Seventeenth Centuries," *Transactions of the Bibliographical Society* 12 (1911–13): 211–318.

1925. "Elizabethan Printers and the Composition of Reprints," *The Library* 4th series 5 (1924–25): 357–64. Reprinted in McKerrow 1974, pp. 80–86.

1927. *An Introduction to Bibliography for Literary Students* (Oxford: Clarendon Press). Corrected printing, 1928. *See also* McKitterick 1994.

1931. "The Elizabethan Printer and Dramatic Manuscripts," *The Library* 4th series 12 (1931–32): 253–75. Reprinted in McKerrow 1974, pp. 139–58.

1974. *Ronald Brunlees McKerrow: A Selection of His Writings*, ed. John Phillip Immroth (The Great Bibliographers Series, no. 1; Metuchen, N.J.: Scarecrow Press).

McKitterick, David. 1980. *See* Bradshaw 1980; Morison 1980.

1981. *See* Bradshaw 1981.

1983. *The Sandars and Lyell Lectures: A Checklist* (New York: Jonathan A. Hill).

1986. *Cambridge University Library, a History: The Eighteenth and Nineteenth Centuries* (Cambridge: University Press).

1992. *A History of Cambridge University Press* (3 vols.; Cambridge: University Press, 1992–2004).

1993a. "The Acceptable Face of Print," in *An Index of Civilisation: Studies in Printing and Publishing History in Honour of Keith Maslen*, ed. Ross Harvey, Wallace Kirsop, and B. J. McMullin (Clayton, Victoria: Centre for Bibliographical and Textual Studies, Monash University), pp. 15–30.

1993b. "Old Faces and New Acquaintances: Typography and the Association of Ideas," *Papers of the Bibliographical Society of America* 87: 163–86.

1994. "Introduction," in Ronald B. McKerrow, *An Introduction to Bibliography for Literary Students* (1994 printing; Winchester: St. Paul's Bibliographies; New Castle, Del.: Oak Knoll Press), pp. xi–xxxi. *See also* McKerrow 1927.

2003. *Print, Manuscript and the Search for Order, 1450–1830* (Lyell Lectures 2000; Cambridge: University Press).

McLaverty, James L. *See* Foxon 1991; Fleeman 2000.

McLeod, Randall. 1979. "A Technique of Headline Analysis, with Application to *Shakespeares Sonnets*, 1609," *Studies in Bibliography* 32: 197–210.

1994. "FIAT fLUX," in *Crisis in Editing: Texts of the English Renaissance*, ed. McLeod (Toronto Conferences on Editorial Problems, 1988; New York: AMS Press), pp. 61–172. Signed "Random Cloud."

1999. "IMAGIC: *a long discourse*," *Studies in the Literary Imagination* 32.1   133
(Spring): 190–215. Signed "Orlando F. Booke."
2000. "Where Angels Fear to Read," in *Mar(k)ing the Text: The
Presentation of Meaning on the Literary Page*, ed. Joe Bray, Miriam
Handley, and Anne C. Henry (Aldershot: Ashgate), pp. 144–92.
2005. "Chronicling Holinshed's *Chronicles*: Textual Commentary," in
*The Peaceable and Prosperous Regiment of Blessed Queene Elisabeth: A
Facsimile from Holinshed's "Chronicles" (1587)*, ed. Cyndia Susan Clegg
(San Marino, Calif.: Huntington Library), pp. 19–76.
McManaway, James G. 1938. "Thomas Dekker: Further Textual Notes,"
The Library 4th series 19 (1938–39): 176–79.
McMullin, B. J. 1979. "The Origins of Press Figures in English Printing,
1629–1671," *The Library* 6th series 1: 307–35.
1983. "Press Figures and Format," *Bibliographical Society of Australia and
New Zealand Bulletin* 7: 109–19.
1984. "Paper-Quality Marks and the Oxford Bible Press 1682–1717," *The
Library* 6th series 6: 39–49.
1993a. "Sheet Numbers, 'Constable's Miscellany' and *Irma*,"
Bibliographical Society of Australia and New Zealand Bulletin 17:
33–43.
1993b. *See* McKitterick 1993a.
1994. "Further Observations on the Incidence and Interpretation of Press
Figures," in *Writers, Books, and Trade: An Eighteenth-Century English
Miscellany for William B. Todd*, ed. O M Brack, Jr. (New York: AMS
Press), pp. 177–200.
2003. "Watermarks and the Determination of Format in British Paper,
1794–*circa* 1830," *Studies in Bibliography* 56 (2003–4): 295–315.
2008. "Machine-Made Paper, Seam Marks, and Bibliographical
Analysis," *The Library* 7th series 9: 62–88.
Mitchell, C. J. 1983. "Quotation Marks, National Compositorial Habits
and False Imprints," *The Library* 6th series 5: 359–84.
Montgomery, William. *See* Wells 1987.
Moore, J. K. 1992. *Primary Materials Relating to Copy and Print in
English Books of the Sixteenth and Seventeenth Centuries* (Oxford:
Bibliographical Society).
Morison, Stanley. 1923. *On Type Faces: Examples of the Use of Type for the
Printing of Books* (London: Medici Society and The Fleuron).
1926. *Type Designs of the Past and Present* (London: The Fleuron). Revised
and enlarged, 1962, as *On Type Designs, Past and Present: A Brief
Introduction* (London: Ernest Benn).
1930a. "First Principles of Typography," *Fleuron* 7: 61–72. Reprinted,
1936, in book form with slight revisions (Cambridge: University Press).
2nd edn., 1967, with postscript (Cambridge: University Press).

134   1930b. *Memorandum on a Proposal to Revise the Typography of "The Times"* (London: The Times). Reprinted in Morison 1980, pp. 295–317.

1944. *The Typographic Arts: Past, Present & Future* (Edinburgh: James Thin). Reprinted, 1959, in *The Typographic Arts: Two Lectures* (London: Theodore Brun, 1949; Cambridge, Mass.: Harvard University Press, 1950).

1957. *Aspects of Authority and Freedom in Relation to Graeco-Latin Script, Inscription, and Type: Sixth Century B.C. to Twentieth Century A.D.* (Lyell Lectures 1957; 6 pamphlets; Cambridge: Privately printed as "Unrevised Proof" at the University Press). For revised and published version, *see* Morison 1972.

1959. "Introduction," in Burt 1959, pp. ix–xix.

1960. *Talbot Baines Reed: Author, Bibliographer, Typefounder* (Cambridge: Privately printed at the University Press).

1963a. "On the Classification of Typographical Variations," in *Type Specimen Facsimiles,* ed. John Dreyfus (London: Bowes & Bowes and Putnam), pp. ix–xxix. Reprinted, 1968, with slight revisions in *Letter Forms, Typographical and Scriptorial* (New York: Typophiles; London: Nattali & Maurice), pp. 1–132.

1963b. Morison and Kenneth Day, *The Typographic Book 1450–1935* (London: Ernest Benn).

1972. *Politics and Script: Aspects of Authority and Freedom in the Development of Graeco-Latin Script from the Sixth Century B.C. to the Twentieth Century A.D.,* ed. Nicolas Barker (Lyell Lectures 1957; Oxford: Clarendon Press). For preliminary version, *see* Morison 1957.

1980. *Selected Essays on the History of Letter-Forms in Manuscript and Print,* ed. David McKitterick (2 vols.; Cambridge: University Press, 1980–81).

Morris, Ellen K., and Edward S. Levin. 2000. *The Art of Publishers' Bookbindings, 1815–1915* (Los Angeles: William Dailey Rare Books).

Mosser, Daniel W. *See* Needham 2000.

Moxon, Joseph. 1683. *Mechanick Exercises: Or, the Doctrine of Handy-Works, Applied to the Art of Printing* (London: Printed for Joseph Moxon), II. New edition, 1958, 1962, ed. Herbert Davis and Harry Carter (London: Oxford University Press).

Mumby, Frank Arthur. 1930. *Publishing and Bookselling: A History from the Earliest Times to the Present Day* (London: Cape). 5th edn., 1974, expanded by Ian Norrie (London: Cape).

Myers, Robin. 1978. "William Blades's Debt to Henry Bradshaw and G. I. F. Tupper in His Caxton Studies: A Further Look at Unpublished Documents," *The Library* 5th series 33: 265–83.

1988. *See* Roberts 1988.

Needham, Paul. 1979. *Twelve Centuries of Bookbindings, 400–1600* (New York: Pierpont Morgan Library; London: Oxford University Press).

1982. "Johann Gutenberg and the Catholicon Press," *Papers of the Bibliographical Society of America* 76: 395–456.

1985. "The Paper Supply of the Gutenberg Bible," *Papers of the Bibliographical Society of America* 79: 303–74.

1987. "ISTC as a Tool for Analytical Bibliography," in *Bibliography and the Study of 15th-Century Civilisation,* ed. Lotte Hellinga and John Goldfinch (London: British Library), pp. 39–54.

1988. *The Bradshaw Method: Henry Bradshaw's Contribution to Bibliography* (Hanes Lecture; Chapel Hill, N.C.: Hanes Foundation, Rare Book Collection, University Library, University of North Carolina).

1990. "Paul Schwenke and Gutenberg Scholarship: The German Contribution, 1885–1921," *Papers of the Bibliographical Society of America* 84: 241–64.

1993. "Aldus Manutius's Paper Stocks: The Evidence of Two Uncut Books," *Princeton University Library Chronicle* 55 (1993–94): 287–307.

1994a. "Allan H. Stevenson and the Bibliographical Uses of Paper," *Studies in Bibliography* 47: 23–64.

1994b. "Res papirea: Sizes and Formats of the Late Medieval Book," in *Rationalisierung der Buchherstellung im Mittelalter und in der frühen Neuzeit,* ed. Peter Rück and Martin Boghardt (Marburg an der Lahn: Institut für Historische Hilfswissenschaften), pp. 123–45.

2000. "Concepts of Paper Study," in *Puzzles in Paper: Concepts in Historical Watermarks,* ed. Daniel W. Mosser, Michael Saffle, and Ernest W. Sullivan II (New Castle, Del.: Oak Knoll Press), pp. 1–36.

2006. "IDL, ILC, WILC: Gerard van Thienen's Contributions to the Study of Incunabula," *Quaerendo* 36: 3–24.

2007. "The Paper of English Incunabula," in Hellinga 2007, pp. 311–34.

Newell, Kenneth B. 1976. *Pattern Poetry: A Historical Critique from the Alexandrian Greeks to Dylan Thomas* (Boston: Marlborough House).

Norrie, Ian. 1974. *See* Mumby 1930.

O'Keeffe, Katherine O'Brien. *See* Ezell 1994.

Ovink, G. W. 1938. *Legibility, Atmosphere-Value, and Forms of Printing Types* (Leiden: A. W. Sijthoff).

Paisey, David. 1986. "Blind Printing in Early Continental Books," in *Book Production and Letters in the Western European Renaissance: Essays in Honour of Conor Fahy,* ed. Anna Laura Lepschy, John Took, and Dennis E. Rhodes (London: Modern Humanities Research Association), pp. 220–33.

Pantzer, Katharine F. 1986. "Introduction," in *A Short-Title Catalogue of Books Printed in England, Scotland, & Ireland and of English Books*

135

136   *Printed Abroad 1475–1640*, rev. Pantzer (3 vols.; London: Bibliographical Society, 1976–91), I (1986), xix–xliii. *See also* Pollard 1926.

Panzer, G. W. F. 1793. *Annales typographici* (5 vols.; Nuremberg: J. E. Zeh, 1793–97).

Parkes, M. B. 1992. *Pause and Effect: An Introduction to the History of Punctuation in the West* (Aldershot: Scolar Press).

Paterson, Donald G., and Miles A. Tinker. 1929. "Studies of Typographical Factors Influencing Speed of Reading," *Journal of Applied Psychology* 13 (1929) – 16 (1932): *passim.* (E.g., "II. Size of Type," 13: 120–30; "III. Length of Line," 13: 205–19; "X. Style of Type Face," 16: 605–13.)

    1940. *How to Make Type Readable: A Manual ... Based on Twelve Years of Research Involving Speed of Reading Tests* (New York: Harper).

Pearson, David. 1994. *Provenance Research in Book History: A Handbook* (London: British Library).

Perfect, Christopher, and Gordon Rookledge. 1983. *Rookledge's International Typefinder: The Essential Handbook of Typeface Recognition and Selection* (London: Sarema Press). 2nd edn., 1990, rev. Phil Baines (Sarema Press).

Petrucci, Armando. 1986. *La scrittura: ideologia e rappresentazione* (Torino: G. Einaudi). Translated, 1993, by Linda Lappin as *Public Lettering: Script, Power, and Culture* (Chicago: University of Chicago Press).

Pickwoad, Nicholas. 1995. "The Interpretation of Bookbinding Structure: An Examination of Sixteenth-Century Bindings in the Ramey Collection in the Pierpont Morgan Library," *The Library* 6th series 17: 209–49.

Pollard, Alfred W. 1904a. "Robert Proctor," *The Library* 2nd series 5: 1–34. Reprinted in Proctor 1905, pp. ix–xl.

    1904b. *See* Bradshaw 1904.

    1905. *See* Proctor 1905.

    1906a. "Shakespeare in the Remainder Market," *The Academy*, June 2, pp. 528–29.

    1906b. Pollard and W. W. Greg, "Some Points in Bibliographical Descriptions," *Transactions of the Bibliographical Society* 9 (1906–8): 31–52. Reprinted in Pollard 1976, pp. 116–29.

    1908. "Introduction," in *Catalogue of Books Printed in the XVth Century Now in the British Museum* (London: British Museum), I, x–xxviii.

    1909. *Shakespeare Folios and Quartos: A Study in the Bibliography of Shakespeare's Plays, 1594–1685* (London: Methuen).

    1916. "Our Twenty-First Birthday," *Transactions of the Bibliographical Society* 13 (1913–15): 9–27.

    1920. *See* Bayfield 1920.

    1923. "Elizabethan Spelling as a Literary and Bibliographical Clue," *The Library* 4th ser. 4 (1923–24): 1–8.

1926. "Preface," in *A Short-Title Catalogue of Books Printed in England,*
 Scotland, & Ireland and of English Books Printed Abroad 1475–1640,
 ed. Pollard and G. R. Redgrave (London: Bibliographical Society),
 pp. v–ix.
1938. "My First Fifty Years," in *A Select Bibliography of the Writings of
 Alfred W. Pollard,* ed. H. T. [Henry Thomas] (Oxford: Printed for sub-
 scribers at the University Press), pp. 1–15.
1976. *Alfred William Pollard: A Selection of His Essays,* ed. Fred W. Roper
 (The Great Bibliographers Series, no. 2; Metuchen, N. J.: Scarecrow
 Press).
Pollard, Graham. *See* Carter 1934.
Poole, William Frederick. 1867. [Comment on running-titles, in his
 introduction], in Edward Johnson, *Wonder-Working Providence of
 Sion's Saviour in New England* (Andover, Mass.: Warren F. Draper),
 p. xliii.
Povey, Kenneth. 1956. "On the Diagnosis of Half-Sheet Impositions," *The
 Library* 5th series 11: 268–72.
1959. "A Century of Press Figures," *The Library* 5th series 14: 251–73.
1960. "The Optical Identification of First Formes," *Studies in Bibliography*
 13: 189–90.
1965. "Working to Rule, 1600–1800: A Study of Pressmen's Practice," *The
 Library* 5th series 20: 13–54.
Price, Hereward T. 1937. "Towards a Scientific Method of Textual Criticism
 for the Elizabethan Drama," *Journal of English and Germanic Philology*
 36: 151–67.
Proctor, Robert. 1898. *An Index to the Early Printed Books in the British
 Museum ... with Notes of Those in the Bodleian Library* (London: Kegan
 Paul, Trench, Trübner, 1898–99). Supplemented, 1900–3 (London:
 Chiswick Press).
1905. *Bibliographical Essays,* ed. A. W. Pollard (London: Chiswick Press).
Prothero, G. W. 1888. *A Memoir of Henry Bradshaw* (London: Kegan Paul,
 Trench).
Prown, Jules David. 1982. "Mind in Matter: An Introduction to Material
 Culture Theory and Method," *Winterthur Portfolio* 17: 1–19. Reprinted,
 2001, in *Art as Evidence: Writings on Art and Material Culture* (New
 Haven: Yale University Press), pp. 69–95.
Pyke, R. L. 1926. *Report on the Legibility of Print* (London: His Majesty's
 Stationery Office).
Redgrave, G. R. *See* Pollard 1926.
Reed, Talbot Baines. 1891. "Memoir of the Late William Blades," in Blades
 1891, pp. ix–xviii.
Renner, Paul. 1948. *See* Burke 2000.
Rhodes, Dennis E. *See* Paisey 1986.

138   Roberts, Julian. 1988. "The Bibliographical Society as a Band of Pioneers," in *Pioneers in Bibliography*, ed. Robin Myers and Michael Harris (Winchester: St. Paul's Bibliographies), pp. 86–100.

    1992. "The Bibliographical Society, 1942–1992," in Davison 1992, pp. 12–23.

Rodriguez, Catherine M. 2004. "The Use of Web Seam Evidence to Determine Format," *Bibliographical Society of Australia and New Zealand Bulletin* 28.3: 122–24.

Roethlein, Barbara Elizabeth. 1912. "The Relative Legibility of Different Faces of Printing Types," *Journal of Applied Psychology* 24: 1–36.

Rogers, Shef. 1996. "How Many Ts Had Ezra Pound's Printer?," *Studies in Bibliography* 49: 277–83.

Rookledge, Gordon. *See* Perfect 1983.

Roper, Fred W. *See* Pollard 1976.

Rosenblum, Joseph. *See* Greg 1998.

Rosenthal, Bernard M. 1997. *The Rosenthal Collection of Printed Books with Manuscript Annotations* (New Haven, Conn.: Yale University).

Rück, Peter. *See* Needham 1994b.

Sadleir, Michael. 1928. *Trollope: A Bibliography* (London: Constable).

    1930. *The Evolution of Publishers' Binding Styles, 1770–1900* (Bibliographia, no. 1; London: Constable; New York: Richard R. Smith). Excerpted in Sadleir 1980, pp. 69–80.

    1951. "Passages from the Autobiography of a Bibliomaniac," in *XIX Century Fiction: A Bibliographical Record Based on His Own Collection* (2 vols.; London: Constable; Berkeley and Los Angeles: University of California Press), I, xi–xxvi. Reprinted, 1962, as a pamphlet (Los Angeles: University of California Library). Excerpted in Sadleir 1980, pp. 87–96.

    1980. *Michael Sadleir, 1888–1957*, ed. Roy Stokes (The Great Bibliographers Series, no. 5; Metuchen, N.J.: Scarecrow Press).

Saenger, Paul. 1996. "The Impact of the Early Printed Page on the History of Reading," *Bulletin du bibliophile* 1996: 237–301.

Saffle, Michael. *See* Needham 2000.

Sandfords, E. C. 1888. "The Relative Legibility of the Small Letters," *American Journal of Psychology* 1: 402–35.

Satchell, Thomas. 1920. "The Spelling of the First Folio," *Times Literary Supplement,* June 3, p. 352.

Sayce, R. A. 1966. "Compositorial Practices and the Localization of Printed Books, 1530–1800," *The Library* 5th series 31: 1–45. Reprinted, 1979, as a pamphlet with additons and corrections (Occasional Publications, no. 13; Oxford: Oxford Bibliographical Society).

Schmidgall, Gary. 2000. "1855: A Stop-Press Revision [in *Leaves of Grass*]," *Walt Whitman Quarterly Review* 18.1–2 (Summer–Fall): 73–75.

Schoonover, David E. 1987. "Techniques of Reproducing Watermarks: A 139 Practical Introduction," in *Essays in Paper Analysis*, ed. Stephen Spector (Washington: Folger Shakespeare Library), pp. 154–67.

Schwab, Richard N., Thomas A. Cahill, Bruce H. Kusko, and Daniel L. Wick. 1983. "Cyclotron Analysis of the Ink [and paper] in the 42-Line Bible," *Papers of the Bibliographical Society of America* 77: 285–315.

Schwenke, Paul. 1896. *Hans Weinreich und die Anfänge des Buchdrucks in Königsberg* (Königsberg: Beyer).

1900. *Untersuchungen zur Geschichte des ersten Buchdrucks* [constituting *Festschrift zur Gutenbergfeier]* (Berlin: Königlichen Bibliothek).

1923. *Johannes Gutenbergs zweiundveierzigzeilige Bibel: Ergänzungsband zur Faksimile-Ausgabe* [of 1913] (Leipzig: Insel-Verlag).

Scragg, D. G. 1974. *A History of English Spelling* (Manchester: University Press).

Shady, Raymond C. *See* Werstine 1984.

Shand, G. B. *See* Werstine 1984.

Shaw, David. 1972. "A Sampling Theory for Bibliographical Research," *The Library* 5th series 27: 310–19.

2006. *See* Harris (N.) 2006.

Shaw, Paul. *See* Bain (P.) 1999.

Shillingsburg, Peter L. 1975. "Detecting the Use of Stereotype Plates," *Editorial Quarterly* 1.1: 2–3.

1979. "Register Measurement as a Method of Detecting Hidden Printings," *Papers of the Bibliographical Society of America* 73: 484–88.

Simmons, J. S. G. 1961. "The Leningrad Method of Watermark Reproduction," *The Book Collector* 10: 329–30.

1967. *See* Stevenson 1967a.

Simon, Oliver. 1945. *Introduction to Typography* (London: Faber & Faber). 2nd edn., 1963, rev. David Bland (Faber & Faber).

Simpson, Percy. 1935. *Proof-Reading in the Sixteenth, Seventeenth and Eighteenth Centuries* (London: Oxford University Press).

Smith, Michael S. *See* Snyder 2003.

Smith, Steven Escar. 2000. "'The Eternal Verities Verified': Charlton Hinman and the Roots of Mechanical Collation," *Studies in Bibliography* 53: 129–61.

2002. "'Armadillos of Invention': A Census of Mechanical Collators," *Studies in Bibliography* 55: 133–70.

Snyder, Henry L., and Michael S. Smith, eds. 2003. *The English Short-Title Catalogue: Past, Present, Future* (New York: AMS Press).

Sobry, Jean François. 1799. *Discours sur l'art de l'imprimerie* (Paris: n.p.). [Includes comments on experiment regarding type legibility by Jean Anisson in 1790s.] Translated by Paul Bloomfield, with an introduction by Daniel Berkeley Updike, in "A Translation of the Reports of [Théophile] Berlier & Sobry on Types of [Joseph Gaspard] Gillé *fils*," *Fleuron* 6 (1928): 167–83 [*see* p. 181].

Sparrow, John. 1943. *Lapidaria* (8 vols.; Cambridge: University Press, 1943, 1951, 1954, 1958, 1965, 1969; Cambridge: Rampant Lions Press, 1975, 1981).

1967. *Line upon Line: An Epigraphical Anthology*, with preface by Brooke Crutchley (Cambridge: University Press).

1969. *Visible Words: A Study of Inscriptions in and as Books and Works of Art* (Sandars Lectures 1964; Cambridge: University Press).

Spector, Stephen. *See* Schoonover 1987.

Steele, Oliver L. 1962a. "Half-Sheet Imposition of Eight-Leaf Quires in Formes of Thirty-Two and SIxty-Four Pages," *Studies in Bibliography* 15: 274–78.

1962b. "A Note on Half-Sheet Imposition in Nineteenth and Twentieth Century Books," *Gutenberg-Jahrbuch 1962*, pp. 545–47.

1962c. "On the Imposition of the First Edition of Hawthorne's *Scarlet Letter*," *The Library* 5th series 17: 250–55.

1963. "Evidence of Plate Damage as Applied to the First Impression of Ellen Glasgow's *The Wheel of Life*," *Studies in Bibliography* 16: 223–31.

Steinberg, S. H. 1955. *Five Hundred Years of Printing* (Harmondsworth, Middlesex: Penguin Books). 2nd edn., 1961 (Penguin). 3rd edn., 1974 (Penguin). 4th edn., 1996, rev. John Trevitt (New Castle, Del.: Oak Knoll Press; London: British Library).

Stevenson, Allan H. 1948. "New Uses of Watermarks as Bibliographical Evidence," *Studies in Bibliography* 1 (1948–49): 151–82.

1951. "Watermarks Are Twins," *Studies in Bibliography* 4 (1951–52): 57–91 (with addendum on p. 235).

1954. "Chain-Indentations in Paper as Evidence," *Studies in Bibliography* 6: 181–95.

1961a. *Observations on Paper as Evidence* (University of Kansas Publications, Library Series, no. 11; Lawrence: University of Kansas Libraries).

1961b. "Paper," in *Catalogue of Botanical Books in the Collection of Rachel McMasters Miller Hunt* (Pittsburgh: Hunt Botanical Library), 11 (1961), clxxvi–clxxx.

1962a. "Paper as Bibliographical Evidence," *The Library* 5th series 17: 197–212.

1962b. "Paper Evidence and the Missale speciale," *Gutenberg-Jahrbuch 1962*, pp. 94–105.

1967a. "Beta-Radiography and Paper Research," in VII International Congress of Paper Historians, *Communications*, ed. J. S. G. Simmons, pp. 159–68.

1967b. *The Problem of the Missale speciale* (London: Bibliographical Society). Also published in a "Special American Issue" (Pittsburgh: Thomas C. Pears III).

Stoddard, Roger E. 1985. *Marks in Books, Illustrated and Explained* (Cambridge, Mass.: Houghton Library).

2000. "Looking at Marks in Books," *Gazette of the Grolier Club* 51: 27–47.

Stokes, Roy. 1980. *See* Sadleir 1980.

1984. "Commentary," in Bradshaw 1984, pp. 1–40.

Suarez, Michael F. 2002. *See* McKenzie 2002.

2003. "Historiographical Problems and Possibilities in Book History and National Histories of the Book," *Studies in Bibliography* 56 (2003–4): 141–70.

Sullivan, Ernest W., II. *See* Needham 2000.

Swann, Cal. 1991. *Language and Typography* (London: Lund Humphries).

Tannenbaum, Samuel A. 1937. [Comment on Price 1937], *Shakespeare Association Bulletin* 12 (July): 191.

Tanselle, G. Thomas. 1966a. "The Identification of Type Faces in Bibliographical Description," *Papers of the Bibliographical Society of America* 60: 185–202. Reprinted, 1967, with a postscript in *Journal of Typographic Research* 1: 427–47.

1966b. "Press Figures in America: Some Preliminary Observations," *Studies in Bibliography* 19: 123–60.

1971. "The Bibliographical Description of Paper," *Studies in Bibliography* 24: 27–67. Reprinted in Tanselle 1979, pp. 203–43.

1974. "Bibliography and Science," *Studies in Bibliography* 27: 55–89. Reprinted in Tanselle 1979, pp. 1–36.

1979. *Selected Studies in Bibliography* (Charlottesville: University Press of Virginia for the Bibliographical Society of the University of Virginia).

1981a. "Analytical Bibliography and Renaissance Printing History," *Printing History* 3.1: 24–33. Reprinted as "Analytical Bibliography and Printing History," in Tanselle 1998a, pp. 291–306.

1981b. *The History of Books as a Field of Study* (Hanes Lecture; Chapel Hill: Hanes Foundation, Rare Book Collection, Academic Affairs Library, University of North Carolina). Reprinted in Tanselle 1998a, pp. 41–55.

1982. "Physical Bibliography in the Twentieth Century," in *Books, Manuscripts, and the History of Medicine: Essays on the Fiftieth Anniversary of the Osler Library*, ed. Philip M. Teigen (New York: Science History Publications), pp. 55–79.

1983. "Introduction," in *Books and Society in History*, ed. Kenneth E. Carpenter (New York: R. R. Bowker), pp. xvii–xxiii.

142   1984. "The Evolving Role of Bibliography, 1884–1984," in *Books and Prints, Past and Future: Papers Presented at The Grolier Club Centennial Convocation, 26–28 April 1984* (New York: Grolier Club), pp. 15–31.

1985. "Title-Page Transcription and Signature Collation Reconsidered," *Studies in Bibliography* 38: 45–81.

1986. "Historicism and Critical Editing," *Studies in Bibliography* 39: 1–46. Reprinted in Tanselle 2005b, pp. 109–54.

1987. "A Sample Bibliographical Description with Commentary," *Studies in Bibliography* 40: 1–30.

1988. "Bibliographical History as a Field of Study," *Studies in Bibliography* 41: 33–63.

1989a. *A Rationale of Textual Criticism* (Rosenbach Lectures 1987; Philadelphia: University of Pennsylvania Press).

1989b. "Reproductions and Scholarship," *Studies in Bibliography* 42: 25–54. Reprinted in Tanselle 1998a, pp. 59–88.

1991a. [On the signatures in *Clarel*], in Herman Melville, *Clarel*, ed. Harrison Hayford *et al.* (Northwestern-Newberry Edition, vol. 12; Evanston, Ill.: Northwestern University Press; Chicago: The Newberry Library), pp. 678–79.

1991b. "Textual Criticism and Literary Sociology," *Studies in Bibliography* 44: 83–143. Reprinted in Tanselle 2005b, pp. 155–215.

1992a. *A Description of Descriptive Bibliography* (Engelhard Lecture on the Book; Washington: Library of Congress). Also printed in *Studies in Bibliography* 45 (1992): 1–30. Reprinted in Tanselle 1998a, pp. 127–56.

1992b. "Issues in Bibliographical Studies since 1942," in Davison 1992, pp. 24–36.

1993a. "Enumerative Bibliography and the Physical Book," in *Scholarly Publishing in Canada and Canadian Bibliography*, ed. Paul Aubin *et al.* (Canadian Issues, vol. 15; Montréal: Association for Canadian Studies), pp. 145–59. Reprinted in Tanselle 1998a, pp. 186–99.

1993b. "The Life and Work of Fredson Bowers," *Studies in Bibliography* 46: 1–154. Reprinted, 1993, as a separate volume (Charlottesville: Bibliographical Society of the University of Virginia).

1994. "Introduction," in Fredson Bowers, *Principles of Bibliographical Description* (1994 printing; Winchester: St. Paul's Bibliographies; New Castle, Del.: Oak Knoll Press), pp. v–xiv. *See also* Bowers 1949.

1995a. "Printing History and Other History," *Studies in Bibliography* 48: 269–89. Reprinted in Tanselle 1998a, pp. 307–27.

1995b. "The Varieties of Scholarly Editing," in *Scholarly Editing: A Guide to Research*, ed. D. C. Greetham (New York: Modern Language Association of America), pp. 9–32.

1997. "A History of *Studies in Bibliography*: The First Fifty Volumes," *Studies in Bibliography* 50: 125–70. Reprinted in Vander Meulen 1998, pp. 125–70.

1998a. *Literature and Artifacts* (Charlottesville: Bibliographical Society of the University of Virginia).

1998b. "A Rationale of Collecting," *Studies in Bibliography* 51: 1–25. Reprinted, 1999, without footnotes and with a few revisions, in *Raritan* 19.1 (Summer): 23–50.

1999. "The Treatment of Typesetting and Presswork in Bibliographical Description," *Studies in Bibliography* 52: 1–57.

2000. "The Concept of Format," *Studies in Bibliography* 53: 67–115.

2001. "Textual Criticism at the Millennium," *Studies in Bibliography* 54: 1–80. Reprinted in Tanselle 2005b, pp. 277–356.

2002a. *Introduction to Bibliography: Seminar Syllabus* (5th edn.; Charlottesville: Book Arts Press, University of Virginia Rare Book School). Also available on the internet at www.rarebookschool.org/tanselle/.

2002b. *Introduction to Scholarly Editing: Seminar Syllabus* (2nd edn.; Charlottesville: Book Arts Press, University of Virginia Rare Book School). Also available on the internet at www.rarebookschool.org/tanselle/.

2004. "The Work of D. F. McKenzie," *Papers of the Bibliographical Society of America* 98: 511–21.

2005a. "The Textual Criticism of Visual and Aural Works," *Studies in Bibliography* 57 (2005–6): 1–37.

2005b. *Textual Criticism since Greg: A Chronicle, 1950–2000* (Charlottesville: Bibliographical Society of the University of Virginia).

Taylor, Gary. *See* Wells 1987; Weiss 2007.

Teigen, Philip M. *See* Tanselle 1982.

Thomas, Henry. *See* Pollard 1938.

Thomson, Ellen Mazur. 2006. "The Graphic Forms Lectures," *Printing History* 25.1: 42–55.

Tinker, Miles A. 1928. "The Relative Legibility of the Letters, the Digits, and Certain Mathematical Signs," *Journal of General Psychology* 1: 472–96.

1929. *See* Paterson 1929.

1932. "The Influence of the Form of Type on the Perception of Words," *Journal of Applied Psychology* 16: 167–74.

1940. *See* Paterson 1940.

Todd, William B. 1949. "Procedures for Determining the Identity and Order of Certain Eighteenth-Century Editions" (University of Chicago Ph.D. dissertation).

1950. "Observations on the Incidence and Interpretation of Press Figures," *Studies in Bibliography* 3 (1950–51): 171–205.

1951. "Bibliography and the Editorial Problem in the Eighteenth Century," *Studies in Bibliography* 4 (1951–52): 41–55.

1952. "Concurrent Printing: An Analysis of Dodsley's *Collection of Poems by Several Hands*," *Papers of the Bibliographical Society of America* 46: 45–57.

144   1956. "Patterns in Press Figures: A Study of Lyttleton's *Dialogues of the Dead,*" *Studies in Bibliography* 8: 230–35.

1958. *New Adventures among Old Books: An Essay in Eighteenth-Century Bibliography* (University of Kansas Publications, Library Series, no. 4; Lawrence: University of Kansas Libraries).

1998a. "Some Early Encounters with Fredson Bowers," in Vander Meulen 1998, pp. 213–24.

1998b. Todd and Ann Bowden, *Sir Walter Scott: A Bibliographical History, 1796–1832* (New Castle, Del.: Oak Knoll Press).

Tomlinson, William, and Richard Masters. 1996. *Bookcloth 1823–1980: A Study of Early Use and the Rise of Manufacture, Winterbottom's Dominance of the Trade in Britain and America, Production Methods and Costs and the Identification of Qualities and Designs* (Stockport, Cheshire: D. Tomlinson).

Took, John. *See* Paisey 1986.

Trevitt, John. 1996. *See* Steinberg 1955.

Tribble, Evelyn B. 1993. *Margins and Marginality: The Printed Page in Early Modern England* (Charlottesville: University Press of Virginia).

Tschichold, Jan. 1946. *See* Burke 2000.

Turner, Robert K., Jr. 1962. "Printing Methods and Textual Problems in *A Midsummer Night's Dream* Q1," *Studies in Bibliography* 15: 33–55.

1965. "The Printing of *A King and No King,*" *Studies in Bibliography* 18: 255–61.

1966. "Reappearing Types as Bibliographical Evidence," *Studies in Bibliography* 19: 198–209.

1967. "The Text of Heywood's *The Fair Maid of the West,*" *The Library* 5th series 22: 299–325.

1974. "The Printers and the Beaumont and Fletcher Folio of 1647: Section 1 (Thomas Warren's)," *Studies in Bibliography* 27: 137–56.

Twyman, Michael. 1970a. *Lithography, 1800–1850: The Techniques of Drawing on Stone in England and France and Their Application in Works of Topography* (London: Oxford University Press).

1970b. *Printing 1770–1970: An Illustrated History of Its Development and Uses in England* (London: Eyre & Spottiswoode).

1979. "A Schema for the Study of Graphic Language," in Kolers 1979, pp. 117–50.

1986. "Articulating Graphic Language: A Historical Perspective," in Wrolstad 1986, pp. 188–251.

1990. *Early Lithographed Books: A Study of the Design and Production of Improper Books in the Age of the Handpress* (London: Farrand Press and the Private Libraries Association).

1998a. *The British Library Guide to Printing: History and Techniques* (London: British Library).

1998b. "Nicolete Gray: A Personal View of Her Contribution to the Study of Letterforms," *Typography Papers* 3: 87–102.

226

Updike, Daniel Berkeley. 1928. *See* Sobry 1799.

Vander Meulen, David L. 1981. "A Descriptive Bibliography of Alexander Pope's *Dunciad*, 1728–1751" (University of Wisconsin Ph.D. dissertation).

　　1982. "The Printing of Pope's *Dunciad*, 1728," *Studies in Bibliography* 35: 271–85.

　　1984. "The Identification of Paper without Watermarks: The Example of Pope's *Dunciad*," *Studies in Bibliography* 37: 58–81.

　　1988a. "The Low-Tech Analysis of Early Paper," *Literary Research* 13: 89–94.

　　1988b. *Where Angels Fear to Tread: Descriptive Bibliography and Alexander Pope* (Engelhard Lecture on the Book; Washington: Library of Congress).

　　1989. "*The Dunciad in Four Books* and the Bibliography of Pope," *Papers of the Bibliographical Society of America* 83: 293–310.

　　1991. *Pope's "Dunciad" of 1728: A History and Facsimile* (Charlottesville: Published for the Bibliographical Society of the University of Virginia and the New York Public Library by the University Press of Virginia).

　　1997. "A History of the Bibliographical Society of the University of Virginia: The First Fifty Years," *Studies in Bibliography* 50: 1–81. Reprinted in Vander Meulen 1998, pp. 1–81.

　　2003. "How to Read Book History," *Studies in Bibliography* 56 (2003–4): 171–93.

　　2008. "Thoughts on the Future of Bibliographical Analysis," *Papers of the Bibliographical Society of Canada* 46: 17–34.

Vander Meulen, David L., ed. 1998. *The Bibliographical Society of the University of Virginia: The First Fifty Years* (Charlottesville: Bibliographical Society of the University of Virginia).

Vivet, Jean-Pierre. *See* Martin 1982.

Walker, Alice. 1953. *Textual Problems of the First Folio* (Cambridge: University Press).

　　1954. "The Folio Text of *1 Henry IV*," *Studies in Bibliography* 6: 45–59.

　　1955. "Compositor Determination and Other Problems in Shakespearian Texts," *Studies in Bibliography* 7: 3–15.

　　1956. "Some Editorial Principles (with Special Reference to *Henry V*)," *Studies in Bibliography* 8: 95–111.

Wallau, Heinrich. 1888. "Über Puncturen in alten Drucken," *Centralblatt für Bibliothekswesen* 5: 91–93.

　　1900. "Die zweifarbigen Initialen der Psalterdrucke von Johann Fust und Peter Schöffer," in *Festschrift zum fünfhundertjährigen Geburstage von Johann Gutenberg*, ed. Otto Hartwig (Leipzig: Harrassowitz), pp. 261–304.

Waller, Robert H. W. 1980. "Graphic Aspects of Complex Texts: Typography as Macro-Punctuation," in Kolers 1980, pp. 241–53.

146   Warde, Beatrice. 1955. *The Crystal Goblet: Sixteen Essays on Typography*, ed. Henry Jacob (London: Sylvan Press).

Weiss, Adrian. 1988. "Reproductions of Early Dramatic Texts as a Source of Bibliographical Evidence," *Text* 4: 237–68.

1990. "Font Analysis as a Bibliographical Method: The Elizabethan Play-Quarto Printers and Compositors," *Studies in Bibliography* 43: 95–164.

1991. "Bibliographical Methods for Identifying Unknown Printers in Elizabethan/Jacobean Books," *Studies in Bibliography* 44: 183–228.

1992. "Shared Printing, Printer's Copy, and the Text(s) of Gascoigne's *A Hundreth Sundrie Flowres*," *Studies in Bibliography* 45: 71–104.

1999a. "A 'Fill-In' Job: The Textual Crux and Interrupted Printing in Thomas Middleton's *The Triumph of Honour and Virtue* (1622)," *Papers of the Bibliographical Society of America* 93: 53–73.

1999b. "Watermark Evidence and Inference: New Style Dates of Edmund Spenser's *Complaints* and *Daphnaida*," *Studies in Bibliography* 52: 129–54.

2007. "Casting Compositors, Foul Cases, and Skeletons: Printing in Middleton's Age," in *Thomas Middleton and Early Modern Textual Culture: A Companion to the Collected Works*, ed. Gary Taylor and John Lavagnino (Oxford: Clarendon Press), pp. 195–225 (cf. "Running-Title Movements and Printing Method," pp. 484–85).

Wells, Stanley, and Gary Taylor, with John Jowett and William Montgomery. 1987. *William Shakespeare: A Textual Companion* (Oxford: Clarendon Press).

Werstine, Paul. 1984. "The Editorial Usefulness of Printing House and Compositor Studies," in *Play-Texts in Old Spelling*, ed. G. B. Shand and Raymond C. Shady (New York: AMS Press), pp. 35–64. Expanded version of "Editorial Uses of Compositor Study," *Analytical & Enumerative Bibliography* 2 (1978): 153–65.

2001. "Scribe or Compositor: Ralph Crane, Compositors D and F, and the First Four Plays in the Shakespeare First Folio," *Papers of the Bibliographical Society of America* 95: 315–39.

Wick, Daniel L. *See* Schwab 1983.

Wiggins, Richard H. 1967. "Effects of Three Typographic Variables [line lengths, spacing, right margins] on Speed of Reading," *Journal of Typographic Research* 1: 5–18.

Williams, George Walton. 1958. "Setting by Formes in Quarto Printing," *Studies in Bibliography* 11: 39–53.

Williams, Philip. 1948. "The Compositor of the Pied-Bull *Lear*," *Studies in Bibliography* 1 (1948–49): 59–68.

Williamson, Hugh. 1956. *Methods of Book Design: The Practice of an Industrial Craft* (London: Oxford University Press). 2nd edn., 1966 (Oxford University Press). 3rd edn., 1983 (New Haven: Yale University Press).

Williamson, William L. 1970. "An Early Use of Running Title and 147 Signature Evidence in Analytical Bibliography [by William F. Poole, 1867]," *Library Quarterly* 40: 245–49.

1978. "A Quest for Copies of the Articles," *The Book Collector* 27: 27–39.

1981. "Thomas Bennet and the Origins of Analytical Bibliography," *Journal of Library History* 16: 177–86.

Willoughby, Edwin Eliott. 1929. "A Note on the Typography of the Running Titles of the First Folio," *The Library* 4th series 9 (1928–29): 385–87.

1932. *The Printing of the First Folio of Shakespeare* (London: Oxford University Press for the Bibliographical Society).

Wilson, F. P. 1945. "Shakespeare and the 'New Bibliography,'" in *The Bibliographical Society* 1945, pp. 76–135. Reprinted, 1970, as a separate volume, ed. Helen Gardner (Oxford: Clarendon Press).

1959. "Walter Wilson Greg, 1875–1959," *Proceedings of the British Academy* 45: 307–34. Reprinted, 1969, in his *Shakespearian and Other Studies*, ed. Helen Gardner (Oxford: Clarendon Press), pp. 219–50.

Wilson, John Dover. 1920. *See* Bayfield 1920.

1934. *The Manuscript of Shakespeare's "Hamlet" and the Problems of Its Transmission: An Essay in Critical Bibliography* (Sandars Lectures 1932; 2 vols.; New York: Macmillan; Cambridge: University Press).

1945. "Alfred William Pollard, 1859–1944," *Proceedings of the British Academy* 31: 256–306. Reprinted in Pollard 1976, pp. 1–57.

Winship, Michael. 1983. "Printing with Plates in the Nineteenth Century United States," *Printing History* 5.2: 15–26.

Womack, Kenneth. *See* Howard-Hill 1999.

Wrolstad, Merald. 1967a. "A Prefatory Note to the First Number," *Journal of Typographic Research* 1: 3–4.

1967b. "Editorial," *Journal of Typographic Research* 1: 343–44.

1971. "Visible Language: The Journal for Research on the Visual Media of Language Expression," *Visible Language* 5: 5–12.

1976. "A Manifesto for *Visible Language*," *Visible Language* 10: 5–40.

1979, 1980. *See* Kolers 1979, 1980.

Wrolstad, Merald, and Dennis F. Fisher, eds. 1986. *Toward a New Understanding of Literacy* (New York: Praeger).

Wyllie, John Cook. 1953. "The Forms of Twentieth Century Cancels," *Papers of the Bibliographical Society of America* 47: 95–112.

编年索引

148

1909	Bradshaw. Jenkinson. Pollard (A. W.).
1912	British Association for the Advancement of Science. Roethlein.
1913	McKerrow.
1914	Greg. McKerrow.
1916	Farnham. Grant. Legros. Pollard (A. W.).
1920	Bayfield. Pollard (A. W.). Satchell. Wilson (J. D.).
1921	Greg.
1923	Morison. Pollard (A. W.). Schwenke.
1924	Chapman.
1925	McKerrow.
1926	Morison. Pollard (A. W.). Pyke. Redgrave. Thomas.
1927	McKerrow.
1928	Bloomfield. Bradley. Sadleir. Sobry. Tinker. Updike.
1929	Paterson. Tinker. Willoughby.
1930	Chapman. Greg. McIlwraith. Morison. Mumby. Sadleir.
1931	McKerrow.
1932	Carter (J.). Greg. Tinker. Willoughby.
1933	Greg. Johnson (F. R.).
1934	Carter (J.). Greg. Johnson (A. F.). Pollard (G.). Wilson (J. D.).
1935	Simpson.
1937	Price. Tannenbaum.
1938	McManaway. Ovink. Pollard (A. W.). Thomas.
1939	Bowers. Greg.
1940	Bain (D. C.). Greg. Hinman. Paterson. Tinker.
1942	Bald. Bowers. Doran. Greg. Hazen. Hinman.
1943	Sparrow.
1944	Morison.
1945	*Bibliographical Society.* Francis. Greg. Simon. Wilson (F. P.). Wilson (J. D.).
1946	Bill. Church. Tschichold.
1947	Bowers.
1948	Bond. Bühler. Carter (J.). Renner. Stevenson. Williams (P.).
1949	Bowers. Bühler. Gaskell (P.). *Graphic Forms.* Knotts. Todd.
1950	Bowers. Greg. Todd.
1951	Bland. Gibson. Sadleir. Stevenson. Todd.
1952	Bowers. Carter (J.). Todd.
1953	Walker. Wyllie.
1954	Bowers. Jackson (W. A.). Stevenson. Walker.
1955	Bowers. Burt. Greg. Hinman. Jacob. Steinberg. Walker. Warde.
1956	Foxon. Hoy. Povey. Todd. Walker. Williamson (H.).
1957	Bruccoli. Bühler. Davis. Kirschbaum. Morison.
1958	Bronson. Bruccoli. Carter (H.). Carter (J.). Davis. Febvre.

149

Martin. Todd. Williams (G. W.).
1959   Bowers. Burt. Gaskell (P.). Morison. Povey. Wilson (F. P.).
1960   Glaister. Gray. Greg. Morison. Povey.
1961   Dawson (G. E.). Simmons. Stevenson.
1962   Steele. Stevenson. Turner.
1963   Bland. Bruccoli. Day. Dreyfus. Hinman. Howard-Hill.
Morison. Steele.
1964   Bowers. Fleeman.
1965   Bowers. Honigmann. Lee (M.). Povey. Turner.
1966   Bowers. Bradshaw. Erdman. Fogel. Greg. Hellinga (L.). Hellinga
(W.). Maxwell. McKenzie. Sayce. Tanselle. Turner.
1967   Crutchley. Simmons. Sparrow. Stevenson. Turner. Wiggins.
Wrolstad.
1968   Hinman. Maslen.
1969   Gardner. McKenzie. Sparrow.
1970   Burnhill. Foxon. Gardner. Twyman. Williamson (W. L.).
1971   Bowers. Burnhill. Hartley. Tanselle. Wrolstad.
1972   Barker. Bradshaw. Davison. Gaskell (P.). Howard-Hill. Machiels.
Morison. Shaw (D.).
1973   Howard-Hill. McKenzie.
1974   Doh. Gray. Immroth. McKerrow. Norrie. Scragg. Tanselle.
Turner.
1975   Bowers. Flores. Foxon. Shillingsburg.
1976   Abbott. Gerard. Howard-Hill. McKenzie. Newell. Pollard
(A. W.). Roper. Wrolstad.
1977   Bowers. Davison. Howard-Hill.
1978   Hartley. Myers. Williamson (W. L.).
1979   Bouma. Darnton. Eisenstein. Kolers. McLeod. McMullin.
Needham. Shillingsburg. Tanselle. Twyman. Wrolstad.
1980   Barker. Bouma. Bradshaw. Hartley. Howard-Hill. Kolers.
Luborsky. McKitterick. Morison. Sadleir. Stokes. Waller.
Wrolstad.
1981   Barber. Barker. Bradshaw. Burnhill. Fabian. Hartley. McKenzie.
McKitterick. Tanselle. Vander Meulen. Williamson (W. L.).
1982   Blayney. Chartier. Gilson. Hellinga (L.). Martin. Needham.
Prown. Tanselle. Teigen. Vander Meulen. Vivet.
1983   Barker. Cahill. Carpenter. Collins. Kusko. McKitterick.
McMullin. Mitchell. Perfect. Rookledge. Schwab. Tanselle.
Wick. Winship.
1984   Bradshaw. McMullin. Shady. Shand. Stokes. Tanselle. Vander
Meulen. Werstine.
1985   Ball. Needham. Johnson (B. C.). Stoddard. Tanselle.

150

1986	Fisher. Gascoigne. Gray. Hammond. Lepschy. McKenzie. McKitterick. Paisey. Pantzer. Petrucci. Rhodes. Tanselle. Took. Twyman. Wrolstad.
1987	Barker. Briem. Draudt. Foster. Goldfinch. Hellinga (L.). Higgins. Jowett. Montgomery. Needham. Schoonover. Spector. Tanselle. Taylor. Wells.
1988	Daly. Fleming. Foot. Harris (M.). Heninger. Hodnett. Höltgen. Lottes. Myers. Needham. Roberts. Tanselle. Vander Meulen. Weiss.
1989	Hellinga (L.). Hobson. Jackson (M. P.). Tanselle. Vander Meulen.
1990	Baines. Barker. Elam. Needham. Twyman. Weiss.
1991	Blayney. Drucker. Foxon. Hayford. Lancaster. Maslen. McGann. McLaverty. Swann. Tanselle. Vander Meulen. Weiss.
1992	Conley. Davison. Levenston. McKenzie. McKitterick. Moore. Parkes. Roberts. Tanselle. Weiss.
1993	Aubin. Grendler. Harvey. Kirsop. Lappin. McGann. McKenzie. McKitterick. McMullin. Needham. Tanselle. Tribble.
1994	Boghardt. Brack. Drucker. Esrock. Ezell. Kaufmann. McKitterick. McLeod. McMullin. Needham. O'Keeffe. Pearson. Rück. Tanselle.
1995	Drucker. Eggert. Greetham. Janssen. Pickwoad. Tanselle.
1996	Amory. Blayney. Heller. Hinman. Maguire. Masters. Rogers. Saenger. Tomlinson. Trevitt.
1997	Kinross. Rosenthal. Tanselle. Vander Meulen.
1998	Bowden. Greg. Rosenblum. Tanselle. Todd. Twyman. Vander Meulen.
1999	Bain (P.). Baker. Hill. Howard-Hill. King (S.). Kyles. McLeod. McKenzie. Shaw (P.). Tanselle. Weiss. Womack.
2000	Bill. Bray. Burke. Fleeman. Handley. Henry. Kinross. Levin. McLaverty. McLeod. Morris. Mosser. Needham. Renner. Saffle. Schmidgall. Smith (S. E.). Stoddard. Sullivan. Tanselle. Tschichold.
2001	Benton. Bornstein. Gutjahr. Love. Tanselle. Werstine.
2002	Love. McDonald. McKenzie. Smith (S. E.). Suarez. Tanselle.
2003	Agüera y Arcas. Jensen. King (E. M. B.). McKitterick. McMullin. Smith (M. S.). Snyder. Suarez. Vander Meulen.
2004	Dawson (R.). Dickinson. Erne. Gants. Gaskell (R.). Harris (N.). Honigmann. Kidnie. Rodriguez. Tanselle.
2005	Brooks. Clegg. Farr. Hailey. Maguire. McLeod. Tanselle.
2006	Harris (N.). Howard-Hill. Krupp. Littau. Needham. Shaw (D.). Thomson.
2007	Hellinga (L.). Lavagnino. Needham. Taylor. Weiss.
2008	Belanger. McMullin. Vander Meulen.

151

233

主题导览

理论，历史，生平

书志分析的理论

Introductions：Bradshaw 1870. Greg 1914. McKerrow 1927, pp. 175－263. Bowers 1964. McKenzie 1986. Needham 1990, pp. 241－43. Tanselle 1992b. Harris（N.）2004a. Vander Meulen 2008.

List of the scholarship：Tanselle 2002a, sections 9A1 and 9C.

Examples：Clarke 1806. Horne 1814. Bradshaw 1870, 1889, 1904, 1909, 1966, 1972, 1980, 1981, 1984. Copinger 1893, 1894. Proctor 1905. Pollard（A. W.）1908, 1926, 1976. Greg 1914, 1930, 1932, 1933, 1945, 1966, 1998. McKerrow 1914, 1927, 1974. Price 1937. Tannenbaum 1937. Bald 1942. Doran 1942. Bowers 1949a, 1950, 1952, 1954, 1955, 1959a－b, 1964, 1966, 1971, 1975. Todd 1949. Kirschbaum 1957. Honigmann 1965b. Wrolstad 1967a－b, 1971, 1976. McKenzie 1969, 1993, 1999, 2002. Davison 1972, 1977. Shaw（D.）1972. Tanselle 1974, 1979, 1981, 1989b, 1993a, 1995a, 1998, 1999. Werstine 1984. Stoddard 1985, 2000. Pantzer 1986. Draudt 1987. Jackson（M. P.）1987. Hellinga 1982, 1989. Weiss 1988, 1999b. Amory 1996. Heller 1996. Hill 1999.

书志分析的历史

Introductions：Francis 1945. Tanselle 1982, 1984.

List of the scholarship：Tanselle 2002a, sections 1C2 and 1F.

Examples：Pollard（A. W.）1916. Updike 1928. *Bibliographical Society* 1945. Francis 1945. Wilson（F. P.）1945. Morison 1963a. Foxon 1970. Williamson（W. L.）1970, 1978, 1981. Myers 1978. Tanselle 1981a,

1982, 1984, 1992b, 1997. McKitterick 1983. Wells 1987. Needham 1988, 1990, 1994a, 2006. Roberts 1988, 1992. Davison 1992. Blayney 1996. Maguire 1996. Vander Meulen 1997, 1998, 2008. Burke 2000. Smith (S. E.) 2000, 2002. Snyder 2003. Harris (N.) 2004a. Honigmann 2004. Belanger 2008.

分析书志学家的生平

Introduction: Tanselle 1988.
List of the scholarship: Tanselle 2002a, section 1G1.
Examples: *Thomas Bennet (1673-1728)*: Gibson 1951. Williamson (W. L.) 1978, 1981. *William Blades (1824-90)*: Reed 1891. Myers 1978. *Fredson Bowers (1905-91)*: Tanselle 1993b, 1994. Todd 1998a. *Henry Bradshaw (1831-86)*: Prothero 1888. Jenkinson 1889. Myers 1978. Stokes 1984. McKitterick 1986. Needham 1988. *John Carter (1905-75)*: Dickinson 2004. *Nicolete Gray (1911-97)*: Twyman 1998b. *W. W. Greg (1875-1959)*: Wilson (F. P.) 1959. Greg 1960. Rosenblum 1998. *Charlton Hinman (1911-77)*: Bowers 1977. Smith (S. E.) 2000. *D. F. McKenzie (1931-99)*: Love 2001. Tanselle 2004. *R. B. McKerrow (1872-1940)*: Greg 1940a. Immroth 1974. McKitterick 1994. *Stanley Morison (1889-1967)*: Barker 1972a. *A. W. Pollard (1859-1944)*: Pollard (A. W.) 1938. Wilson (J. D.) 1945. Roper 1976. *Robert Proctor (1868-1903)*: Pollard (A. W.) 1904a. Johnson (B. C.) 1985. *Talbot B. Reed (1852-93)*: Morison 1960. *Michael Sadleir (1888-1957)*: Sadleir 1951, 1980. Carter (J.) 1958. *Paul Schwenke (1853-1921)*: Needham 1990. *Allan H. Stevenson (1903-70)*: Needham 1994a. *William B. Todd (1919-)*: Todd 1998a. *Gerard van Thienen (1939-)*: Needham 2006. *Alice Walker (1900-82)*: Howard-Hill 1999. Maguire 2005. *Merald Wrolstad (1923-87)*: Briem 1987.

制作线索分析

排字研究：通过分析铅字以及/或者字体识别印刷作坊   153

Introductions: Bradshaw 1870. Weiss 1990, 1991. Tanselle 1999, section Ia, pp. 8-14.
Related background: Morison 1926. Gaskell (P.) 1972, pp. 9-39, 207-13.
List of the scholarship: Tanselle 2002a, sections 9D2 and 9E3.
Examples: *15th century*: Maittaire 1719. Ames 1749. Herbert 1785. Panzer 1793. Dibdin 1810. Holtrop 1856. Blades 1861. Bradshaw 1870, 1889,

1904，1909，1966，1972，1980，1981，1984. Schwenke 1896. Proctor 1898. Haebler 1905. Hellinga（L.）2007. *16th-17th centuries*：Weiss 1992.

排字研究：藉由排字实践识别印刷作坊或者它们的地域归属

Introductions：Sayce 1966. Mitchell 1983. Janssen 1995.
List of the scholarship：Tanselle 2002a, section 9E15.
Example：*18th century*：Dawson 2004.

排字研究：通过考察其拼写、大写、缩略和标点等习惯识别具体的排字工

Introductions：Hinman 1963, I, 180−226. Howard-Hill 1963. Blayney 1982, pp. 151−77. Tanselle 1999, section Ib, pp. 14−17.
Related background：Bayfeld 1920. Bowers 1965. Howard-Hill 1972, 2006. Werstine 2001.
List of the scholarship：Tanselle 2002a, sections 9E8−10 and 9G2.
Examples：*16th-17th centuries*：Satchell 1920. Willoughby 1932, pp. 56−59. Wilson（J. D.）1934. Hinman 1940. Williams（P.）1948. Walker 1953, 1954, 1955, 1956. Bowers 1959, pp. 77−85; 1964, pp. 176−97. Honigmann 1965a. Turner 1966, 1974. Howard-Hill 1973, 1976, 1977, 1980. Flores 1975, pp. 1−17. Hammond 1986. Werstine 2001.

排字研究：通过考察其标题、说话者标识以及舞台指示语的排版习惯识别具体的排字工

Introductions：Hinman 1963, I, 178−79. Blayney 1982, pp. 177−79.
List of the scholarship：Tanselle 2002a, section 9E11.
Examples：*16th-17th centuries*：McIlwraith 1930. Wilson（J. D.）1934. Hinman 1940. Walker 1953, 1954. Bowers 1959, pp. 87−88. Howard-Hill 1976, 1980. Werstine 1984.

154 　　排字研究：通过考察右对齐习惯识别具体排字工

List of the scholarship：Tanselle 2002a, sections 9E7 and 9G2.
Example：*16th-17th centuries*：Doh 1974.

排字研究：通过被替换的铅字、翻转的铅字、调换与连体字母来识别具体的排字工

List of the scholarship: Tanselle 2002a, sections 9E12–14

排字研究：通过考察排字框条的行宽识别具体排字工

List of the scholarship：Tanselle 2002a，section 9E6.
Examples：*16th-17th centuries*：Moxon 1683. McKenzie 1973. Hammond 1986，pp. 137–42．

排字研究：通过对可识别破损铅字（以及花饰和边框线）、铅字短缺、行线与间距的分析确定页面排字的顺序

Introductions：Hinman 1963，I，52–150，154–71. Blayney 1982，pp. 57–58，90–94，124–25，176–77; 1991，pp. 9–14. Tanselle 1999，section Ia，pp. 8–14. McLeod 2005，pp. 46–56. Weiss 2007，pp. 216–19.
List of the scholarship：Tanselle 2002a，sections 9D3，9E2，9E4–5，and 9G2.
Examples：*16th-17th centuries*：Bennet 1715. Pollard 1909，pp. 134–35. Greg 1921. McKerrow 1925. Bond 1948. Gibson 1951. Hinman 1955. Williams (G. W.) 1958. Turner 1962，1965，1966，1967，1974. Hammond 1986. Weiss 1999a.

印刷研究：纸张分析

Introductions：Stevenson 1961a，1962a. Tanselle 1971. Vander Meulen 1984，1988a. Needham 1994a，2000. *See also* Stevenson 1951.
Related background：McKerrow 1927，pp. 97–108. Simmons 1961. Stevenson 1967a. Gaskell (P.) 1972，pp. 57–77，214–30. McMullin 1984. Schoonover 1987. Needham 1994b，2007.
List of the scholarship：Tanselle 2002a，sections 9D5，9F2，9G5，and 9H4.
Examples：*15th century*：Bühler 1957. Stevenson 1962b，1967b. Needham 1982，1985，1993，2007. Schwab 1983. *16th-17th centuries*：Greg 1908 (cf. Pollard [A. W.] 1906a). Stevenson 1948，1954. Blayney 1991. Weiss 1999b. Hailey 2005. *18th century*：Hazen 1942. Stevenson 1954; 1961b, pp. clxxvi–clxxx. Vander Meulen 1981，pp. 47–58; 1984; 1991，pp. 154–55. *19th-20th centuries*：Carter，Pollard 1934，pp. 42–55. Barker 1987，pp. 111–27. McMullin 2003，2008. Rodriguez 2004.

印刷研究：组版与开本的判定

Introductions: Gaskell (P.) 1972, pp. 78-109. Tanselle 2000. *See also* Povey 1956.

List of the scholarship: Tanselle 2002a, sections 9D6, 9F3-4, 9G6, and 9H5.

Examples: *15th century*: Needham 1987, 1994b. *16th-17th centuries*: Jackson (W. A.) 1954. Dawson 1961. *18th century*: Vander Meulen 1982. McMullin 1983, 1993a. *19th-20th centuries*: Steele 1962, 1963. McMullin 1993a, 2003, 2008. Rogers 1996. Rodriguez 2004.

印刷研究：通过栏外标题和边框线的分析识别龙骨版

Introductions: Hinman 1963, I, 154-78. Blayney 1982, pp. 122, 124-25. Tanselle 1999, section IIa, pp. 18-24. McLeod 2005, pp. 56-58. Weiss 2007, pp. 220-22, 484-85.

Related background: Poole 1867. Williamson (W. L.) 1970.

List of the scholarship: Tanselle 2002a, sections 9D7, 9F5-6, and 9G7.

Examples: *15th century*: Bain (D. C.) 1940. Bühler 1948. *16th-17th centuries*: Pollard 1909, pp. 134-37. Willoughby 1929; 1932, pp. 21-24, 42-46. Johnson (F. R.) 1933, pp. 16-17. McManaway 1938. Bowers 1939, 1942, 1947. Hinman 1942. Turner 1962, 1965, 1966, 1974. McLeod 1979. *18th century*: Vander Meulen 1982.

印刷研究：印刷书帖的分析

List of the scholarship: Tanselle 2002a, sections 9E16, 9F7, 9G8, and 9H7.

Example: *19th-20th centuries*: Tanselle 1991a.

印刷研究：针眼位置的分析

Introduction: Tanselle 1999, section IIb, pp. 24-28.

List of the scholarship: Tanselle 2002a, sections 9D8, 9F8, and 9G9.

Examples: *15th century*: Wallau 1888. Schwenke 1900. Pollard (A.W.) 1908, pp. xiv-xv, xxi. Stevenson 1967b, p. 342. Needham 1982, p. 417. Stoddard 1985, item I. *16th-17th centuries*: Povey 1956. *18th century*: Foxon 1956. Maslen 1968. Vander Meulen 1981, p. 62; 1989, p. 307.

156   印刷研究：通过铅字啮痕证据判定哪一面先印

Introductions: Povey 1960. Tanselle 1999, section IIc, pp. 28-31.

List of the scholarship: Tanselle 2002a, sections 9D9, 9F9, and 9G10.

Examples: *15th century*: Wallau 1900, p. 280. Needham 1994a, p. 27. *16th–17th centuries*: Povey 1956, p. 270; 1965. *18th century*: Povey 1959, p. 257. Vander Meulen 1981, pp. 61–62; 1989, p. 302.

印刷研究：停机修正和校对分析

Introductions: Hinman 1963, I, 226–334. Blayney 1982, pp. 188–218. Tanselle 1999, section IId, pp. 31–41. McLeod 2005, pp. 27–45, 57–60.

Related background: Simpson 1935. Hinman 1968. Moore 1992. Smith (S. E.) 2000, 2002.

List of the scholarship: Tanselle 2002a, sections 9D10, 9F10, and 9G11.

Examples: *15th century*: Schwenke 1923. *16th-17th centuries*: Willoughby 1932, pp. 62–65. Greg 1940, pp. 40–57. Bowers 1947. Flores 1975, pp. 18–40. *19th-20th centuries*: Eggert 1995. Schmidgall 2000.

印刷研究：对于来自承重铅字以及其他本不拟着墨的材料的印刷分析

Introduction: Tanselle 1999, section IIe, pp. 41–43.

List of the scholarship: Tanselle 2002a, sections 9D11 and 9F11.

Examples: *15th century*: Stoddard 1985, items 4, 7. Harris (N.) 2004b. *16th–17th centuries*: Blayney 1982, p. 140. Stoddard 1985, item 5. Paisey 1986. McLeod 2000.

印刷研究：替换叶分析

Introductions: Wyllie 1953. McLeod 2005, pp. 61–71.

List of the scholarship: Tanselle 2002a, sections 9D12, 9F12, 9G13, and 9H13.

Examples: *16th-17th centuries*: Stevenson 1954. *18th century*: Chapman 1924, 1930. Stevenson 1954. Gaskell (P.) 1959.

印刷研究：印刷数字记号的分析

Introduction: Tanselle 1999, section IIf, pp. 43–51.

List of the scholarship: Tanselle 2002a, sections 9G4 and 9H3.

Examples: *18th century*: Gaskell (P.) 1949. Knotts 1949. Todd 1949, pp.6–38; 1950; 1951; 1952; 1956; 1958. Povey 1959. Fleeman 1964. Tanselle 1966b. McMullin 1979, 1983, 1994. Vander Meulen 1981, pp. 63–64; 1989; 1991, pp. 153–54. Dawson 2004.

Introduction：Tanselle 1999, section IIg, pp. 51-54.
List of the scholarship：Tanselle 2002a, section 9H8.
Examples：Bruccoli 1957, 1963. Shillingsburg 1979.

印刷研究：通过对图版磨损或变更以及胶印模糊的分析识别印次

Introduction：Tanselle 1999, section IIh, pp. 54-57.
List of the scholarship：Tanselle 2002a, section 9H9.
Examples：Bruccoli 1958. Steele 1963. Shillingsburg 1975. Abbott 1976（offset slur）. Winship 1983.

印刷研究：通过对插铅变化的分析识别印次

Example：Kyles 1999.

图版材料生产研究

Introductions：Bland 1951, pp. 107-52. Twyman 1970a, 1998a. Gaskell（P.）1972, pp. 154-59, 266-73. Gascoigne 1986. Gaskell（R.）2004.
Lists of the scholarship：Gaskell（P.）1972, pp. 399, 408. Tanselle 2002a, sections 7E2, 7F2, 7G2.
Example：McLeod 1999.

装订生产研究

Introductions：*Custom bindings*：Gaskell（P.）1972, pp. 146-53. Pearson 1994. Pickwoad 1995. *Publishers' bindings*：Gaskell（P.）1972, pp. 231-50. Tomlinson 1996. Krupp 2006.
Lists of the scholarship：Gaskell（P.）1972, pp. 398-99, 406-7. Tanselle 2002a, sections 8D2, 8E.

设计要素分析

心理研究

List of the scholarship：Tanselle 2002a, section 6J1.
Examples：Sobry 1799. Sandfords 1888. Huey 1908. British Association 1912. Roethlein 1912. Legros 1916. Pyke 1926. Tinker 1928, 1932. Updike

1928. Paterson 1929, 1940. Morison 1930a-b. Ovink 1938. Simon 1945.
Burt 1955, 1959. Warde 1955. Williamson (H.) 1956. Lee (M.) 1965.
Wiggins 1967. Wrolstad 1967a-b, 1971, 1976, 1986. Burnhill 1970. 158
Hartley 1971, 1978, 1980, 1981. Kolers 1979, 1980. Twyman 1979,
1981, 1986. Waller 1980. Swann 1991.

文化研究

Related background: Scragg 1974. Parkes 1992. Howard-Hill 2006.
List of the scholarship: Tanselle 2002a, section 6J2.
Examples: Morison 1923, 1944, 1957, 1963b, 1972, 1980. *Graphic Forms*
1949. Bland 1951. Bronson 1958. Gray 1960, 1974, 1986. Needham 1979.
Barker 1981. Ball 1985. Petrucci 1986. Hodnett 1988. Hobson 1989. Foxon
1991. Conley 1992. McKitterick 1992, 1993a-b, 2003. Grendler 1993.
Drucker 1995. Saenger 1996. Kinross 1997. Foot 1998. Bain (P.) 1999.
Burke 2000. Morris 2000. King (E. M. B.) 2003. Farr 2005. Littau 2006.
Thomson 2006.

美学研究

List of the scholarship: Tanselle 2002a, section 6J3.
Examples: Sparrow 1943, 1967, 1969. Church 1946. Newell 1976. Luborsky
1980. McKenzie 1981. Foster 1987. Higgins 1987. Heninger 1988. Elam
1990. Drucker 1991, 1994. Foxon 1991. Conley 1992. Levenston 1992.
McGann 1993. Tribble 1993. Ezell 1994. Kaufmann 1994. McLeod 1994.
Bornstein 2001. Gutjahr 2001.

运用物质证据的相关领域

作者归属

Introduction: Love 2002.
List of the scholarship: Erdman 1966, pp. 395-523.
Examples: Farnham 1916. Pollard (A. W.) 1923. Hoy 1956.

图书收藏与出处研究

Introductions: Carter 1948, 1952. Pearson 1994. Tanselle 1998b.
Lists of the scholarship: Pearson 1994. Tanselle 2002a, section 1D.

图书史：图书社会史，包括卖书，藏书和读书（亦可参看上面的图书收藏）

Introductions: Tanselle 1981b, 1983. Barker 1990. McKenzie 1992, 1993. Suarez 2003. Vander Meulen 2003.

159 Related background: Prown 1982. Pearson 1994. Rosenthal 1997.

List of the scholarship: Tanselle 2002a, sections 1D3, 1E, and 3J.

Examples: Febvre 1958. McKenzie 1976. Darnton 1979. Eisenstein 1979. Martin 1982. Stoddard 1985, 2000. McKitterick 1986, 1992, 2003. *See also* Cultural study *and* Aesthetic study *above*, p. 158.

抄本学与古文书学

List of the scholarship: Tanselle 2002a, sections 9J6, 9J8, and 9J9.

描写书志学

Introductions: Bowers 1949b. Vander Meulen 1988b. Tanselle 1992a.

Related background: Pollard (A. W.) 1906. Greg 1934. Foxon 1970.

List of the scholarship: Tanselle 2002a, part 4.

Examples: Capell 1760. Sadleir 1928. Johnson (F. R.) 1933. Greg 1939. Hazen 1942. Gaskell (P.) 1959. McKenzie 1966. Tanselle 1966a, 1985, 1987, 1999. Foxon 1975. Vander Meulen 1981. Gilson 1982. Fleming 1988. Todd 1998. Fleeman 2000. Gants 2004. Harris (N.) 2006.

司法语言学

List of the scholarship: Tanselle 2002a, sections 9H14 and 9J9.

Examples: Carter 1934. Barker 1983, 1987.

铅字、纸张、插图、装订、印刷以及出版的历史

Introductions: McKerrow 1914, 1927. Gaskell (P.) 1972.

Related background: *Type*: Morison 1923, 1926, 1930b, 1944, 1963b, 1980. Johnson (A. F.) 1934. Needham 1982. Perfect 1983. McKitterick 1992, 2003. Agüera y Arcas 2003. Hellinga (L.) 2007. *Paper*: Stevenson 1967b. Needham 1994b, 2007. *See also* Presswork study: analysis of paper *above*, pp. 154-55. *Illustration*: Bland 1951. Gascoigne 1986. Hodnett 1988. Gaskell (R.) 2004. *See also* Study of the production of pictorial material *above*, p. 157. *Binding*: Sadleir 1930. Carter (J.) 1932. Needham 1979. Ball 1985. Hobson 1989. Pearson 1994. Pickwoad 1995. Tomlinson 1996. Foot 1998. Morris 2000. King (E. M. B.) 2003. Krupp

2006. *See also* Study of the production of bindings *above*, p. 157. *Printing and publishing:* Moxon 1683. McKerrow 1913. Legros 1916. Pollard (A. W.) 1926. Mumby 1930. Steinberg 1955. Glaister 1960. McKenzie 1966. Twyman 1970a−b, 1990, 1998a. Needham 1982. Pantzer 1986. Maslen 1991. McKitterick 1992, 2003. Hellinga (L.) 2007. *See also* Book history *above*, pp. 158−59.

Lists of the scholarship: Gaskell (P.) 1972, pp. 392−411. Tanselle 2002a, 160 parts 3 and 5−8 (including suggestions for basic reading).

文本校勘与学术性整理

Introduction: Tanselle 1989a, 1995b.

List of the scholarship: Tanselle 2002b (including suggestions for basic reading).

Examples: Lee (S.) 1902. Bradley 1928. McKerrow 1931. Price 1937. Greg 1942, 1950a, 1955. Bowers 1950, 1955, 1959b, 1964, 1975. Todd 1951. Walker 1956. Davison 1972. Werstine 1984. Tanselle 1986, 1991b, 2001, 2005a−b. Wells 1987. McGann 1991.

索引

（索引页码为原书页码，即中译本边码）

拜内克图书馆 Beinecke Library，114

版本指纹 fngerprinting（to identify editions），103

版次 editions：~ 识别 identifcation of，103；~ 规模 sizes of，44-45. 另参
印次 *See also* impressions

版面 forme：~ 定义 defned，16，38，44；内版 inner，38. 另参开本 *See
also* format

邦德 Bond，W. H.，37-38

鲍登 Bowden，Ann，105

鲍尔 Ball，Douglas，112

鲍尔德 Bald，R. C.，25-26，95

鲍尔斯 Bowers，Fredson，4，22，25，55，91，95；学术生涯 career，
93-94，107；论书志学方法 on bibliographical method，22-24；论麦肯齐
on McKenzie，28；论 19 世纪的排字工 on 19th-century compositors，58；
论校样 on proofreading，45-46；论页头 on running-titles，37，43，45，
48

鲍耶 Bowyer，William，27，54，56，95

贝恩 Bain，D. C.，105

贝恩 Bain，Peter，113

贝菲尔德 Bayfeld，M. A.，98

贝朗格 Belanger，Terry，94

贝内特 Bennet，Thomas，8，89

β 射线照相 beta-radiographs，56，106，107

本顿 Benton，Megan L.，86

比尔 Bill，Max，113

比勒 Bühler，Curt F.，23，48，49，105

彼得鲁奇 Petrucci，Armando，114

边白 margins. 参看排印 *See* typography

编织纹（帘纹）chainlines，9，38，47，55. 另参印刷研究：纸张分析
与组版及开本的判定 *See also* presswork study：analysis of paper and
determination of imposition and format

标点：~ 历史 punctuation：history of，109

标题 headings，33，34，153

波拉德 Pollard，A. W.，18，21，29，90，91，92，93，95，96，97，99；
大英博物馆书目 British Museum catalogue，12，13-14，51；论格雷
格 on Greg，91；论莎士比亚文本的印刷 on printing of Shakespeare，
15-17，43；论拼写 on spelling，59，99；《简名目录》*Short-Title
Catalogue*，92

波拉德 Pollard，Graham，56

波维 Povey，Kenneth，54，103-04

伯恩斯坦 Bornstein，George，86

马努蒂乌斯 Manutius, Aldus, 106
马斯伦 Maslen, Keith, 95, 104
马斯特斯 Masters, Richard, 108
马辛杰 Massinger, Philip, 33
迈尔斯 Myers, Robin, 90
迈泰尔 Mattaire, Michael, 9
麦根 McGann, Jerome J., 62, 67, 84-85, 109
麦基尔雷思 McIlwraith, A. K., 33
麦克基特里克 McKitterick, David, 5, 90, 91, 92, 93, 111, 113; 论印本
    与写本的关系 on relation of books and manuscripts, 114; 论对印刷设计的
    反应 on responses to typography, 80-81
麦克莱弗蒂 McLaverty, James, 83
麦克劳德 McLeod, Randall, 100, 102, 105, 116
麦克罗 McKerrow, Ronald B., 92, 93, 97, 99; 《书志学概论》 Introduction
    to Bibliography, 4, 17-18, 92; 论装饰 on ornaments, 37, 102; 论按页码
    顺序排字 on seriatim setting, 100; 论拼写 on spelling, 33; 论不同版次的
    检验 on tests for editions, 103
麦克马纳韦 McManaway, James G., 48
麦克穆伦 McMullin, B. J., 54, 55, 57, 58, 106
麦肯齐 McKenzie, D. F., 45, 91, 95, 98, 108; 论作者对印刷设计的运
    用 on authorial use of typography, 82-83; 论书志学方法 on bibliographical
    method, 25, 26-29, 35, 40, 102; 论剑桥大学出版社 on Cambridge
    University Press, 96-97; 论文化线索 on cultural clues, 75-76; 论
    印刷数字记号 on press figures, 55; 论校勘 on textual criticism, 84,
    114-15
芒比 Munby, A. N. L., 93
麦尔维尔 Melville, Herman, 59
美国书志学会 Bibliographical Society of America, 80
《弥撒特辑》 Missale speciale, 50, 106
米德尔顿 Middleton, Thomas, 40, 101
米切尔 Mitchell, C. J., 97
描写书志学 descriptive bibliography. 参看书志描写 See bibliographical description
莫克森 Moxon, Joseph, 98
莫里森 Morison, Stanley, 7, 69, 74, 90, 111; 论书志学概念 on concept
    of bibliography, 113; 论字体和图书设计的文化联想意义 on cultural
    associations of letterforms and book design, 73, 77-79, 80, 81; 论字
    体设计的历史 on history of type designs, 111, 113; 论字体的易识性
    on legibility of type, 71-72, 110; 论里德 on Reed, 89
莫里斯 Morris, Ellen K., 112
莫里斯 Morris, William, 85

穆尔 Moore，J. K.，103

施米特加尔 Schmidgall, Gary, 108
施耐德 Snyder, Henry L., 105
施瓦布 Schwab, Richard N., 107
施文克 Schwenke, Paul, 12, 49, 51, 91, 105
史蒂文森 Stevenson, Allan H., 52, 94, 105, 106; 论纸张分析 on paper
  analysis, 50–51, 53, 55, 107
史蒂文斯 Stevens, Wallace, 109
史密斯 Smith, Michael S., 105
史密斯 Smith, Steven Escar, 103
书帖 signatures: ~分析 analysis of, 59, 91, 97, 103, 155; ~定义 defined,
  13, 17
书志分析: ~与科学 bibliographical analysis: and science, 18–19, 20, 95;
  ~批评 criticisms of, 25–29, 94–96; ~定义 definition of, 1–2, 3–4,
  60, 62–64, 88, 113; ~理论基础的历史发展 historical development of
  theoretical basis for, 6–30, 151–52; ~中的归纳推理 inductive reasoning
  in, 24, 25–26, 27, 32, 35, 52, 95; 从事~者的生平 lives of those
  engaged in, 152; 15世纪书籍 ~of 15th-century books, 6–14, 48–52;
  16、17世纪书籍 ~of 16th- and 17th-century books, 15–28, 31–47;
  18世纪书籍 ~ of 18th-century books, 52–56, 79–80, 82–84; 19、
  20世纪书籍 ~ of 19th- and 20th-century books, 56–59, 84–85. 另参
  图书设计; 排字工研究; 印刷研究 See also book design; compositor
  study; presswork study
书志学会 Bibliographical Society [London], 5, 17, 18, 19, 20–21, 22,
  76, 89, 91, 92, 108; ~创立 founding of, 11–12
书志描写 bibliographical description, 93, 104, 159; ~所用的对勘程式
  collation formula in, 14, 91; ~定义 definition of, 3, 4, 19, 46, 56,
  104; ~中的扉页转录 title-page transcription in, 89, 91
《书志学研究》 Studies in Bibliography, 22–23, 25, 26, 48, 53, 55,
  94
水印 watermarks, 38–39, 47, 58, 105. 另参印刷研究; 纸张分析和
  组版及开本的判定 See also presswork study; analysis of paper and
  determination of imposition and format
司法应用研究 forensics, 5, 159
司各特 Scott, Walter, 105
斯宾塞 Spenser, Edmund, 115
斯蒂尔 Steele, Oliver, 57
斯克拉格 Scragg, D. G., 109
斯库诺弗 Schoonover, David, 107
斯派罗 Sparrow, John, 85–86, 115
斯坦伯格 Steinberg, S. H., 109

图书在版编目（CIP）数据

分析书志学纲要 /（美）坦瑟勒著；苏杰译. —杭
州：浙江大学出版社，2014.7
书名原文：Bibliographical analysis: a
historical introduction
ISBN 978-7-308-12981-7

Ⅰ. ①分… Ⅱ. ①坦… ②苏… Ⅲ. ①图书-编辑学
Ⅳ. ①G232.2

中国版本图书馆 CIP 数据核字（2014）第 043616 号

分析书志学纲要
[美] G. 托马斯·坦瑟勒 著　苏杰 译

策划编辑	周　运
责任编辑	王志毅
营销编辑	李嘉慧
装帧设计	罗　洪
出版发行	浙江大学出版社
	（杭州天目山路 148 号　邮政编码 310007）
	（网址：http://www.zjupress.com）
制　作	北京百川东汇文化传播有限公司
印　刷	北京中科印刷有限公司
开　本	880mm×1230mm　1/32
印　张	9.125
插　页	8
字　数	185千
版 印 次	2014年7月第1版　2014年7月第1次印刷
书　号	ISBN 978-7-308-12981-7
定　价	40.00元